신앙생활의 갈등에 대한 상담

목사님,
질문 있어요!

신앙생활의 갈등에 대한 상담

목사님, 질문 있어요!

- 초판 1쇄 발행 2013년 10월 30일

- 지은이 조서구
- 펴낸이 조유선
- 펴낸곳 누가출판사

- 등록번호 제315-2013-000030호
- 등록일자 2013. 5. 7.
- 주소 서울시 강서구 염창동 282-19 현대아이파크 상가 B 102호
- 전화 02-826-8802 팩스 02-826-8803

- 정가 14,000원
- ISBN 979-11-950635-4-3 03230

목사님, 질문 있어요!

신앙생활의 갈등에 대한 상담

조서구 지음

출판사
누가

어릴 때는 부모님께 무던히도 물었다.

초등학교 때는 선생님께 당돌하게 물었다.

학생 때는 전도사님이 당황할 정도로 물었다.

집사 때는 목사님께 눈치 보며 빗대어 은근슬쩍 물었다.

목사 때는 모든 사람들로부터 무참히도 질문을 받고 또 받았다.

참 웃긴다.

아직도 해야 할 질문이 산더미 같은데, 남의 질문에 답을 해야 하다니…

지나온 발걸음을 돌아보니 한 걸음 한 걸음 걸었던 발자국 자리에 내 발자국이 아닌 주님의 발자국들만 보인다.

이해할 수 없는 그 수많은 문제들을 삶의 현장에서 풀어주셨고, 때로는 답을 몰라 답답해하며 울기도 했었는데… 이제 와서 돌아보니 그 때 벌써 답을 내 손에 쥐고서 그렇게 발을 동동거렸던 내 모습이 보인다.

부질없이 따지며 잘난 척 했던 일이 무식의 소치였고, '무식한 놈이 용감하다'는 식으로 이해도 못하면서 말씀이기에 외쳤던 그 말씀들이 오히려 진리였더라는 것을 이제야 조금 깨닫는다.

나 같은 사람이 목회를 해 오다니…

참 우리 교회 당회원들과 모든 교인들이 대단하다. 그 긴긴 세월을 잘도 참아주었으니 말이다.

그러고 보니 소중하지 않은 사람이 없다.

나를 사랑해 주시고, 덮어주시고, 밀어주시고, 믿어주신 분들... 그 고마움에 대해 인사도 제대로 드리지 못하고 있으니 참 못난 인간이다.

그럼에도 불구하고 지금도 함께 마음을 나눌 수 있는 동역자들이 내 곁에 있으니 나는 참 행복한 목사다.

무엇보다 나를 지도자로 여겨 이것저것 물어주시고, 시원찮은 답을 받고도 좋아하며 고마워해 주신 성도들에게 감사할 따름이다.

강단에서 설교하고, 내려와서 성도들의 삶을 지도하는 나를 두고 '자기나 잘 하지! 집에서나 잘 하지!' 하지 않고, 나를 사랑과 존경과 믿음과 격려로 대해준 아내와 자녀들이 참 고맙다.

그동안 받았던 상담에 대해 답했던 글들을 몇 가지 정리해 보았다.

교회생활, 신앙생활을 하면서 답답해하는 분들에게 조금이라도 도움이 되었으면 좋겠다.

2013년 6월 어느 날

노스웨스턴 대학 도서관에서

2장 | 신앙과 교리

2부. 개인과 생활

3장 | 개인 신앙

4장 | 가정생활

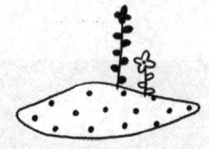

5장 | 직장생활과 인간관계

1부

교회와 교리

교회생활 · 신앙과 교리

1장
교회생활

1. 교회가 모든 신앙생활의 우선이어야만 하는가?

교회에 다니면서 어릴 때부터 지겹게 들어온 말이 있다. '하나님 중심, 말씀 중심, 교회 중심'이라는 말이다.

그런데 너무나 지당한 말씀이지만 어디 그렇게 살기가 쉬운가? 그런 삶의 표준을 어릴 때부터 듣고 들어 마음에 새긴다는 것은 특별한 은혜임이 분명하다. 왜냐하면 나도 모르게 마음에 새겨진 교훈은 내 삶을 움직일 수 있는 신앙의 동력이 되기 때문이다. 예수를 믿는 그리스도인이 주님께서 피 흘려 세우신 교회를 중심해서 산다는 것은 당연한 일이다. 그런데 실제로 열심히 교회생활을 하는 사람에게 일어나는 갈등들이 있다.

예컨대 교회에서 열심히 섬기다 보면 교회 일뿐만 아니라 여러 연합회나 기독교 단체도 섬기게 되기 마련이다. 교회의 일과, 연합회나 단체의 일이 겹쳤을 때 어느 쪽의 일이 더 중요하며, 어느 쪽의 일을 먼저 해야 할 것인가와 같은 문제에 부딪힐 때 고민이 되지 않을 수 없다는 말이다.

Q "신앙생활을 하고 교회를 다니다 보면, 어떤 일들이 우선순위가 되어야 할지 정말 난처할 때가 있습니다. 특히 선교단체에서 하는

일들을 도와주다 보면 교회 일과 겹칠 때가 많은데, 이럴 때 선교단체 일들을 도와주면서도 마음으로는 교회 일들을 하지 못한 것들이 마음에 늘 걸립니다.

예를 들면, 수요예배라든지 금요기도회도 가고 싶은데, 선교단체 일들과 겹치면 가지 못할 때가 많이 있습니다. 그리고 교회에서 맡고 있는 일들도 있는데, 선교단체 일들과 겹치면 어디를 가야 할지… 한 번씩 난감할 때가 있습니다. 선교단체 일들도 하나님의 일이고 교회도 하나님의 일을 하는 곳이고, 정말 갈등이 될 때가 많습니다.

순간순간 지혜롭게 하려고 하지만, 이런 일들이 요즈음 들어 자주 생기니 어떤 일이 우선해야 하는지 모르겠습니다. 그렇다고 주일을 지키지 못하는 것은 아닙니다. 도움이 되는 말씀을 부탁드립니다."

A 정말 신실하게 복음을 위한 섬김의 삶을 살면서도 뭔가 잘못된 신앙생활을 하는 것 같아 갈등하게 되는 일이 종종 있게 된다. 교회 봉사도 하나님의 일이요, 선교단체에서 봉사하는 일도 하나님의 일인데, 어느 쪽을 먼저 해야 하느냐에 대한 문제를 한마디로 단정해서 대답하기 어렵다. 왜냐하면 그 상황과 형편에 따라 달라질 수 있기 때문이다.

'교회'란 믿는 사람들의 모임이다. 그러므로 선교단체도 교회라고 할 수 있다. 믿는 사람들이 모여서 주의 일을 하는 공동체인지라 교회임에 틀림은 없으나, 선교단체를 두고 온전한 교회라고는 할 수는 없다. 다만 교회의 기능 중 일부분을 감당한다고 보면 될 것이다. 선교는 교회가 해야 할 일이다. 그러나 개 교회가 가진 제한성 때문에 선교에 대한 부분만을 두고 볼 때 그 일을 효과적으로 해내지 못할 수가 있다.

이런 약점을 극복하고 전문성을 극대화 시켜 효과적으로 일할 수 있는 곳이 바로 이런 단체들이다. 바로 이런 여러 단체들을 가리켜 패러 처치 para-church 라고 부른다.

교회의 참된 표지는 '말씀의 참된 전파', '성례의 정당한 거행', '권징의 신실한 시행'이다. 그리고 교회의 속성 가운데 첫 번째의 속성이 '통일성(일체성)'이다. 하나님께서 택한 백성을 교회로 부르신 이유는 다양한 사람, 다양한 은사, 다양한 인격과 성품을 가진 사람들이 한 몸을 이루어 살도록 하시기 위함이다.

주일학교 교사가 아이들만 열심히 가르치고 예배에 참석치 않거나, 열심히 전도하고 선교하는 일에만 치우쳐 성도와 교제하는 일이나, 말씀을 배우는 일에 소홀히 하면 안 된다는 말이다.

"그들이 길 갈 때에 예수께서 한 마을에 들어가시매 마르다라 이름하는 한 여자가 자기 집으로 영접하더라 그에게 마리아라 하는 동생이 있어 주의 발치에 앉아 그의 말씀을 듣더니 마르다는 준비하는 일이 많아 마음이 분주한지라 예수께 나아가 이르되 주여 내 동생이 나 혼자 일하게 두는 것을 생각하지 아니하시나이까 그를 명하사 나를 도와주라 하소서 주께서 대답하여 이르시되 마르다야 마르다야 네가 많은 일로 염려하고 근심하나 몇 가지만 하든지 혹은 한 가지만이라도 족하니라 마리아는 이 좋은 편을 택하였으니 빼앗기지 아니하리라 하시니라" _눅 10:38-42

모든 일을 동시에 할 수는 없다는 중요한 예이다. 그렇다면 그리스도인으로서 주일을 지키는 일이나 예배에 참석하는 일은 잘 하고 있지만, 선교단체의 일과 교회에서의 일이 겹칠 때 어느 일을 우선으로 해야 할지에 대해 고민하고 있는 내담자에 대한 적절한 대답은 무엇일까?

원리를 바로 세우라

우선순위의 문제를 다루기 전에 원리부터 바로 세워놓을 필요가 있다.

- 교회 밖의 단체에서 하는 일도 교회 생활의 봉사 중 일부분이다.
- 봉사보다 더 우선하는 것은 예배와 말씀과 기도와 교제와 감사와 찬양이다.
- 하나님의 관심은 내가 하는 '일'에 있는 것이 아니라, 그 일을 통해 이루어지는 '나 자신의 성장'에 있다.

만일 선교단체에 풀타임 full time 으로 섬기고 있는 분이라면, 맡은 일에 최선을 다해야 한다. 평일에는 교회의 봉사보다 그 곳의 일에 우선을 두어야 한다는 말이다. 그리고 주일은 교회에 온전히 투자해야 할 것이다. 만일 평일날 일과 日課 후에라도 시간이 나고 여력이 되면 교회 일도 도울 수 있을 것이다. 교회에 그 보다 더 전문가가 없다면, 그의 남는 시간의 짧고 간단한 봉사도 교회에 유익이 될 것이기 때문이다.

그러나 선교단체의 일로 시간이 없어 교회 일을 못했다 하더라도 할 수 없는 일이다. 왜냐하면 이미 그의 선교 단체에서의 일은 직업이니까 말이다.

그러나 선교단체에 파트타임 part time 으로 봉사하는 분이라면, 교회의 일에 우선순위를 두어야 할 것이다. 경우에 따라 다르긴 하겠지만 교회에서의 봉사가 더 어렵다. 선교단체의 일을 자원해서 섬기는 일은 내가 잘 하는 일을 쉽게 하고도 칭찬을 들을 수 있는 경우지만, 교회에서는 열심히 하고도 칭찬받기 보다는 속상한 경우가 많다.

직장에서야 자기가 잘 하는 일을 중심(전공분야)으로 하면 되겠지만 교회는 그렇지 않다. 교회는 자신의 은사에 맞지 않는 일까지도 해야 하는 곳이다. 내 마음에 들지 않는 사람과 함께 해야 하고, 그를 섬겨야 하는 인간관계의 아픔도 있는 곳이다. 그래서 교회에서의 봉사가 더 어렵다.

교회생활을 하면 할수록 깨닫는 것이 있다면, 하나님께서 '섬기고도 내 마음을 아프게 하고, 갈등을 갖게 하는 사람들이 모인 교회로 나를 부르신 이유'가 여기에 있구나 하는 점이다.

선교단체에서 하는 일도 하나님의 일이고, 교회에서 하는 일도 하나님의 일이지만 원리가 분명히 서면 하나님의 뜻에 따른 우선순위를 결정할 수 있을 것이다. 이런 일이 있을 때마다 내 기분과 감정에 따른 판단으로 우선순위를 결정하면 늘 섬기고도 개운치 않은 갈등이 있을 것이다.

2. 작정 기도, 필요한가?

그리스도인이라면 기도의 중요성을 모르는 사람은 없을 것이다. 기도가 영혼의 호흡이라는 말도 끊임없이 듣는 말일 것이다. 그래서 기도해야 한다는 것은 알고, 또 기도하고 싶은 마음도 있지만 막상 어떻게 해야 할지 몰라 시작하지 못하는 성도들이 많이 있는 것 같다.

어떤 성도님이 이런 상담을 요청해왔다.

Q "목사님, 평안하신지요? 좀 구체적인 질문이 될 수 있지만 '작정 기도'에 대해 궁금합니다. 하나님의 뜻을 알고자 작정 기도를 하는 것이 성경적이라고 들었는데, 그 방법에 있어서 어떻게 하는 것이 성경적이고 좋은 것인지 궁금합니다."

A 당신은 작정 기도를 해 본 적이 있는가?

'작정 기도'란, 그야말로 어떤 목적을 두고 기도의 방법을 스스로 정하여 하는 기도라고 할 수 있다. 즉 어떤 특정한 기간과 시간을 정해놓고 기도하는 것이다. '앞으로 한 달 동안 새벽기도에 참여하면서 어떤 목적을 두고 기도하겠다'라고 한다면 작정 기도라고 할 수 있을 것이다.

또 어떤 기간을 정해놓지는 않았더라도 하나님의 응답이 있을 때까지 계속 기도하는 것도 일종의 작정 기도라고 할 수 있을 것이다.

성경은 '쉬지 말고 기도하라'(살전 5:17)고 말씀한다. 그 어떤 일도 하나님의 은혜가 없이는 이루어질 수 없기 때문이다. 그러나 특별한 방법으로 작정하고 기도한다는 것은, 하나님의 은혜를 사모하는 마음의 특별한 표현이기 때문에 하나님께서 그 기도를 기뻐 받으실 것이다.

사무엘이 이스라엘 백성들을 미스바로 불러 모아 회개의 기도를 하도록 했을 때 하나님은 이스라엘을 회복시켜 주셨다. 히스기야는 병 고쳐 주시기를 바라며 기도했을 때 응답을 받았다. 전쟁이 벌어졌을 때는 편지를 앞에 놓고 기도를 하기도 했다. 이러한 기도는 특별한 경우에 특별히 했던 작정 기도였다.

성도들이 어려운 일을 만났을 때에는 무엇보다 하나님 앞에 그 문제를 가지고 나오는 것은 아주 중요하고 지혜로운 일이다. 어렵고 힘든 문제를 만났을 때도 흔들리지 않고 평소와 같이 기도하면 그것도 믿음이 있는 행동이라고 할 수도 있겠지만, 어린아이 같이 하나님만 전적으로 의지하고 그 문제를 붙들고 작정하여 기도하는 것은 참으로 더 큰 겸손한 행동이 아니겠는가?

그러나 기도의 응답에 대한 바른 자세를 가지고 있어야 한다. 작정 기도만 하면 내가 원하는 대로 다 이루어진다고 생각하면 안 된다.

다윗이 범죄한 후 그 징계로 밧세바에게서 낳은 자식이 병이 들게 된다. 그때 다윗이 작정 기도를 시작한다. 금식하며 밤이 새도록 땅에 엎으려 간구한다. 그러나 일주일 만에 그 아이가 죽는다. 그때 다윗이 일어나 몸을 씻고 기름을 바르고, 옷을 입고 하나님께 경배하고 음식을 먹는다. 즉, 작정하고 기도했음에도 내가 생각하고 원하는 소원대로만 이루어져야 하는 것은 아니라는 것이다. 응답 받지 못한 것이 아니기 때문이다. 비록 다윗이 소원했던 대로 그 아이의 생명이 살아나지는 못했지만, 하나님은 그 기도를 받으시고 솔로몬을 주셨던 것이다.

작정 기도는 하나님이 즐거이 받으신다.

그러므로 그리스도인들에게 작정 기도는 많은 유익이 있다.

우리가 성경의 교훈대로 마땅히 쉬지 말고 기도해야 하겠지만 그렇게 한다는 것이 쉽지 않기에, 특정한 목적과 시간을 정해놓고 작정하여 기도한다는 것은 여간 바람직한 일이 아닐 수 없는 일이다.

'하나님의 뜻을 알기 위해' 작정 기도를 하고 싶다는 내담자의 생각은 정말 중요하고 필요한 기도다. 하나님께서 어떤 방법으로 응답하실지 모른다. 그러나 성경을 통해 확실히 우리가 알 수 있는 것은, 분명히 하나님은 응답하신다는 점이다.

작정 기도의 방법은 형편에 맞게 정하되, 일단 정했으면 최선을 다해 지키도록 해야 한다. 피곤하여 기도도 하지 못하고 정한 자리에 나와 가만히 앉아 있다고 할지라도, 그것은 이미 시작부터 작정된 기도이기 때문에 전지하신 하나님께서 다 아시고 기도로 받으실 뿐만 아니라 더 측은히 여기실 것이다.

신앙은 이론이 아니라 체험이다. 체험해 보기 전에는 알 수 없는 은혜가 분명히 있다. 그러므로 작정 기도를 지금 시작해 보라.

3. 서원기도에 대해

중학교 때 교회에서 실시하는 여름 수련회에 따라갔다가 집회시간에 은혜를 받고 장차 하나님의 종이 되겠다고 서원을 했는데, 그 서원을 지키지 못했고, 그래서 지금까지도 그것이 마음의 짐이 되어 어떤 문제만 생기면 '서원을 지키지 않아서 그런 것이 아닌가'하는 갈등을 하게 된다는 성도들을 종종 보게 된다.

Q "서원기도에 대해 궁금한 사항이 있어서 상담을 해봅니다. 우리가 하나님께 서원한 기도는 반드시 모두 다 지켜야 되는 것인지요?

'입다'가 하나님께 한 서원으로 인해 딸을 번제로 드리는 것을 보았습니다. 주님을 위해 헌신하며 살겠다고 어떤 부분에 대해 서원기도를 했는데, 여러 가지 환경적인 요인들로 인해 하나님께서 정말 그 일들을 내가 하기를 원하시는지에 대한 확신들이 조금씩 사라져 가니 어떻게 해야 좋을지 모르겠습니다. 서원기도를 제가 임의로 드린 것은 아닌지 하는 생각도 들고, 제가 아무리 주님의 일을 위해 살고 싶어도 그 길들을 하나님께서 열어 주시지 않으시면 안 되는 일이라는 생각도 들고…. 하나님께서 모든 길들을 열어 주셨다고 생각했는데, 이제는 그 길들이 막막하게 느껴집니다.

서원기도를 드릴 때 그 마음이 성령님께서 주신 마음인지에 대한 것도 궁금하고, 모두 다 지켜야 되는지에 대한 것도 궁금합니다. 너무 광범위한 질문이 아닌지 모르겠습니다. 늘 성령 충만 하시기 바랍니다."

A 이런 문제는 나 자신의 문제일 수도 있고, 내 자녀가 이런 문

제로 인해 고민하고 있는지도 모를 일이다.

먼저 서원기도에 해한 성경의 몇 가지 교훈을 살펴보자.

"사람이 여호와께 서원하였거나 결심하고 서약하였으면 깨뜨리지 말고 그가 입으로 말한 대로 다 이행할 것이니라"_민 30:20

"네 하나님 여호와께 서원하거든 갚기를 더디 하지 말라. 네 하나님 여호와께서 반드시 그것을 네게 요구하시리니 더디면 그것이 네게 죄가 될 것이니라"_신 23:21

"서원하고 갚지 아니하는 것보다 서원하지 아니하는 것이 더 나으니"_전 5:5

이로 볼 때 하나님께 서원을 했다면 지켜야 하고, 그것도 속히 행하는 것이 좋을 것이다. 아직 서원한 것을 행할 형편이 못된다면 형편이 될 때까지 기다릴 수밖에 없겠지만, 서원한 것을 지금 할 수 있음에도 미루는 것은 죄가 된다고 한 말씀을 가볍게 여기지 말아야 한다.

예컨대, 어떤 문제를 놓고 하나님이 해결해 주시기를 기도할 때 "이 문제를 해결해 주시면 이렇게 저렇게 하겠습니다"라고 서원했고, 그대로 그 문제가 은혜로 해결이 되었다고 하자. 그때 물질을 바치겠다고 서원했으면 물질을 바쳐야 할 것이고, 헌신을 서원했다면 헌신해야 할 것이라는 말이다. 우리는 하나님께 서원한 약속은 신실하게 지켜야만 한다.

그런데 여기에서 생각해 보아야 할 점이 있다.

"무엇이 서원이냐? 서원이라고 했는데도 서원이 아닌 경우가 있느나?" 이런 점에 관한 문제다.

하나님은 우리가 한 모든 말을 다 서원으로 간주하시지는 않는다.

예컨대, 어린아이가 어머니에게 "아빠, 아이스크림 사주면 이제부터 설거지는 전부 제가 다 할게요!" 이렇게 말했다 하자. 그런데 대부분의 아이들이 아이스크림을 얻어먹은 다음에는 안 한다. 할 능력도 없고 말이다. 그렇다고 어머니가 약속을 어긴 자식은 벌을 받아야 한다고 매를 때릴까 하는 말이다. 어린아이가 한 말인데……

하나님은 우리가 한 말에 올무를 걸고 평생 쫓아다니면서 매를 드시는 분이 아니다. 철없는 나를 위해 독생자를 아끼지 않으신 분이시다. 그러나 정말 서원다운 서원을 했다면 '해로울지라도 지키라'고 강하게 말씀하신다.

서원에 대한 기준

그렇다면 서원에 대한 기준은 무엇일까?

성경에 이런 서원의 기준을 명확하게 말씀해 주고 있지는 않다. 그러나 그 가운데서 '민수기 30장'이 많은 도움을 준다.

민수기 30장의 내용을 보면 어린 여자가 서원을 했을 경우, 그 서원이 곧바로 서원이 안 된다고 한다. 아버지가 듣고 인정을 해야 서원이 성립된다고 한다.

또 결혼하지 않은 여자가 결혼을 하기 전 서원을 했다 할지라도, 그 남편 될 사람이 그 서원을 인정해야 서원으로 인정될 수 있다고 한다.

즉 "내가 결혼을 하면 1년은 독방을 쓰겠습니다"라는 서원을 스스로 했다 할지라도 남편 될 사람이 허용치 않으면 하나님도 서원으로 인정하지 않으시겠다는 뜻이다. 결혼한 부부의 경우도 상대의 인정이 있어야 서원이 성립될 수 있다고 한다.

그런고로 말씀을 통해 미루어 알 수 있는 것은, 어릴 때 수련회에 가서 "나는 목사가 되겠습니다"라고 했다면, 서원이 될 수도 있고 안 될 수도 있다. 또 결혼한 분의 경우 한 사람이 서원했다 할지라도 그 서원이 서원 될 수도 있고 안 될 수도 있다는 말이다.

그러나 스스로 책임을 홀로 질 수 있는 사람이 서원을 했다면 해로울지라도 지켜야 할 것이다. 그러면 하나님께서 더 큰 은혜를 베푸실 것이고 말이다.

성경의 정신을 따라 스스로 자기가 한 서원의 성격을 잘 규명해 볼 때 합당한 서원이라고 판단된다면 신실하게 지켜야 한다.

만일 지금 서원을 지키려 해도 길이 열리지 않고 있다면, 자신이 한 그 서원이 바른 서원이었는지를 더 살펴보아야 할 것이다.

하나님은 우리의 말에 올무를 거는 분이 아니시다. 우리를 사랑하시는 아버지이시다. 지킬 수 없는 서원을 지키도록 요구하시는 분이 아니시라는 말이다.

4. 방언기도에 대해

내가 청년 시절에 어떤 집회에 참석했다가 충격을 받은 일이 있다. 강사 목사님이 하시는 말씀이 "방언을 하지 못하는 교인은 성령을 받지 못한 사람이다. 성령도 받지 못하고 교회를 섬기면 인간 냄새만 풍기고 교회에 손해만 끼치게 된다"는 요지의 말과 함께, 방언 받기 위해서 안수기도를 받으라고 했었다.

사실 방언기도를 하시는 분들이 무척 부러웠었다. 나 스스로 초자연적인 세계를 넘나든다는 자체가 얼마나 신비스러운 일이며, 그런 경험을 통해 믿음이 더욱 확고해 질 것 같은 마음에서 방언을 사모하며 안수 기도를 받은 경험이 있다. 그렇다면 정말 방언기도는 성령을 받은 증거이며 모든 성도는 다 방언을 해야만 하는 것일까?

교회 안에는 방언을 하는 사람보다는 못하는 사람들이 훨씬 더 많다. 그런 교인들 가운데 많은 사람들이 내가 청년 때 가졌던 생각을 가지고 있다.

Q "방언기도는 아무나 할 수 있다고 하던데 정말 그런가요? 그럼 저도 할 수 있겠네요? 방언기도란 어떤 것인가요? 어느 전도사님이 저를 위해 방언으로 기도를 해주시면서 예언도 해주셨습니다. '제 동생은 커서 목사가 될 것이고, 저는 연예계 방면으로 일을 하게 될 것'이라고 말이죠. 사실 저는 연예인이 되고 싶거든요. 그런데 미래는 하나님만 아시는 것이 아닌가요? 미래를 볼 수 있는 은사도 있나요? 저는 그 부분이 믿기지 않아요. 그리고 방언기도 할 때요, 자기 자신도 모르는

말을 하던데 그건 하나님께서 능력을 주시는 건가요? 정말 궁금해요."

A "질문 가운데 어느 전도사님께 방언으로 기도를 받았는데 미래에 대한 예언을 해 주셨다고요? 오늘날도 하나님은 자신의 뜻대로 예언을 해 주실 수 있습니다. 하나님이시니까요. 그리고 성령의 역사는 그 어느 누구도 제한할 수 없습니다. 그러나 하나님은 한 분이시고, 성령님도 같은 하나님이시기 때문에 혼란스럽게 일을 하시는 분이 아니십니다.

예언 기도를 하면서 "너는 목사가 될 것이고, 너는 커서 연예인이 될 것이다." 이런 식의 예언 기도라는 것은 일단 문제가 있습니다. 차라리 "너는 영적 지도자로서의 자질이 엿보이니 앞으로 교회 지도자가 되었으면 좋겠구나. 너는 예술적 기질과 탤런트 기질이 있으니 연예인이 될 수도 있겠구나!" 이런다면 오히려 더 예언적일 수 있습니다. 우리가 생각하고 판단하며 헤아릴 수 있는 지혜도 하나님이 주신 예지에 속하는 것이기 때문입니다. 그러나 만일 하나님이 그런 식으로 한 사람 한 사람의 앞날에 대해 예언을 해 주신다면, 날마다 예언 받아서 살아야지 성경말씀 보고 배우며 들을 필요가 있을까요?"

방언 기도가 다 예언 기도는 아니다. '사도행전 2장'의 오순절 성령 강림 사건에 나오는 방언은 정확한 외국어였고, '고린도전서 12장, 14장'에 나오는 방언은 하나님께 기도할 때 사탄이 사람이나 환경으로부터 방해받지 않고 영으로 기도할 수 있는 좋은 은사이다. 그래서 바울 사도는 방언이 자기에게는 유익이 되지만 그것이 교회 안에서 덕으로는 "알아듣지 못하는 일만 마디의 방언보다도, 깨달은 마음으로 하는 다섯 마디 말이 더 낫다"(고전 14:18-19)고 했다.

방언 기도만 특별한 은사가 아니라, 모든 하나님의 은사는 다 특별한 축복의 은사다.

당신이 방언의 은사를 받지 못했는가? 그렇다면 찾아보라. 하나님께서 주신 방언 못지않은 은사가 분명히 있을 것이다.

그리고 오순절 성령강림 사건을 근거로 "성령이 임하시면 반드시 방언을 해야 한다"라고 하면서 방언이 성령임재의 증거라고 한다면, 방언뿐만 아니라 바람소리도 들려야 하고, 머리 위에 불의 혀같이 갈라지는 것도 보여야 하지 않겠는가?

물론 신학적으로, 교단적으로, 교회사적으로 '성령론'에 관한 부분은 지금까지도 주장하는 바에 차이가 있지만, 성도들이 방언의 문제 때문에 신앙생활에 손해가 될 정도로 갈등하는 것은 바람직하지 않을 것이다. 그런고로 '방언의 은사를 받은 사람'의 입장에서는 비신앙적으로 나아가지 않도록 더 조심하고 지도자의 조언을 받으면서 신앙생활 해야 할 것이며, '받지 못한 사람'은 받은 사람을 비난하거나 스스로 열등한 사람으로 여겨서도 안 될 것이다.

5. 진정한 용서에 대해

그리스도인으로서 마땅히 말씀대로 순종해야 함에도 그대로 살지 못할 때 겪는 갈등들이 있다. 어디 한두 가지이겠는가 마는, 그 가운데 용서해야 할 사람임에도 용서가 안 되어서 갈등하고 있거나, 갈등해 본 경험들을 다 가지고 있을 것이다.

Q "진정한 용서가 뭘까요? 사람을 미워하는 것이 형제를 살인 하는 것과 같다고 성경에서 읽었고, 또 목사님 설교 말씀을 통해서도 들었습니다. 하지만, 사람인지라 제게 상처를 주는 사람을 용서하기가 정말 힘이 듭니다. 어떻게 해야 되는지 알고, 또 그 사람을 향한 미워하 는 마음을 없애 달라고 기도를 하지만, 막상 그 사람을 보면 제 안에는 여전히 그 사람을 미워하는 마음이 듭니다. 이럴 때는 어떻게 기도하 는 것이 좋을까요?

누군가를 미워하는 제 마음 역시 답답합니다. 미워하지 않으려고 노 력하는데, 막상 그 사람을 보면 나의 마음과는 다른 행동이 나와서 어 떻게 해야 좋을지 모르겠습니다. 진정한 용서를 위해 어떻게 하면 좋 을까요? 제가 용서해야 되는 줄 알지만 그렇게 되지 못하는 제 모습이 너무 답답합니다."

A 사실 용서는 하고 싶은데 용서는 안 되고, 미워하지 말아야 함 에도 그 사람을 보면 미운 마음이 생기는 이 문제는, 어쩌면 모든 그리 스도인들이 가진 문제라고 해야 할 것이다. 다만, 이런 문제로 상담을 요청할 정도로 갈등하고 고민하고 있는 사람이 있는 반면에, 갈등조차

하지 않고 살아가는 사람이 있을 뿐이라고 해야 옳을 것이다.

그런고로 용서의 문제 때문에 기도하고 있는 이 성도의 경우라면 하나님께서 사랑하시는 사람임이 분명하다.

그런데 '마음속으로 용서가 되고, 미운 마음이 없어지고 저절로 용서할 마음으로 바뀌게 되어야만 기도의 응답일까?' 하는 문제다.

이미 돌아가신 분이지만, 세계가 존경하는 화란의 '코리텐 붐'이라는 할머니의 이야기가 주는 교훈이 있다.

의지적 용서

코리텐 붐 할머니는 자기의 가족이 유태인을 숨겨 주었다는 것 때문에 독일 사람들에게 잡혀 '라벤슨부르크'라는 수용소에서 지옥과 같은 감옥생활을 하게 된다. 코리의 언니였던 베티는 바로 그 감옥에서 죽었다. 그러나 코리는 극적으로 살아났고 전쟁은 끝이 난다.

하나님은 이 코리의 마음속에 자기를 핍박했던 독일 사람들에게 하나님의 사랑과 용서의 복음을 전하도록 역사하셨다. 그래서 코리는 독일의 마을을 다니면서 사랑의 복음과 치유의 복음과 용서의 복음을 전한다. 코리의 집회는 인산인해를 이루었으며, 집회가 끝나면 사람들이 다가와 코리의 손등에 키스로 인사를 했다.

어느 날 평소처럼 말씀을 전하고 난 후, 코리는 인사를 하려고 줄을 서 있는 사람들 가운데서 자기가 꿈에도 잊을 수 없었던 라벤슨부르크 수용소의 악랄한 간수의 얼굴이 보였다. 온갖 간악한 짓을 저질렀고, 바로 언니의 목숨을 빼앗아 간 장본인이 바로 자기 눈앞으로 다가오고 있었다. 바로 이때의 일을 코리 할머니의 책에 이렇게 기록해 놓고 있다.

"그 순간 내 피는 거꾸로 솟는 것 같았습니다. 내게서는 한마디 대답만 솟아 나왔습니다. '하나님, 저 사람만은 용서할 수 없어요. 저 사람만은 용서할 수 없어요!' 그러나 하나님은 말씀하셨습니다. '용서해라' '할 수 없어요.' '용서해라' '할 수 없어요. 마음에도 없는 용서를 어떻게 해요? 할 수 없어요!' '용서해라'…"

그 사람은 계속 내 앞으로 다가오고 있었습니다. 그 순간 하나님의 음성이 들려 왔습니다. '나는 네게 용서할 마음이 있는가 아닌가를 묻고 있는 것이 아니다. 용서해라. 이것은 명령이다. 용서하겠는가?'

그 말을 듣고 나는 의지적으로 팔을 내밀어 내 앞에 다가와 있는 그 사람을 끌어안았습니다. 순종했습니다. 그런데 바로 다음 순간, 그 사람을 끌어안은 순간, 나는 진심으로 그를 용서하고 있는 나 자신을 발견했습니다. 주님의 명령에 순종했더니, 그 다음에 내게 순종할 수 있는 능력을 주셨습니다……"

우리가 오해하는 부분이 있다.

사랑이나 용서란, 내 마음속에서 우러나와서 하는 것이라야 진정한 사랑이고 용서라고 생각한다는 점이다. 그러나 참된 순종이란, 그러한 마음이 내게 없을지라도 말씀이기에 순종하여 사랑을 베푸는 사람, 마음으로 용서가 되지 않지만 말씀이기에 순종하여 '말'로 용서를 선포하고 '행동'으로 끌어안아 주는 사람! 이런 사람이 '하나님께서 찾으시는 참된 순종의 사람'이라는 점이다.

용서가 안 되는 그 사람을 의지적으로, 이를 악물고 용서를 선포하고, 억지로 미소를 짓고 다가가 손잡아주기를 시도하는 것! 이것이 주님께서 원하시는 참 용서의 순종의 행위라는 점을 기억해야 할 것이다.

6. 억지로 하는 교회 봉사, 계속해야 하는가?

참으로 할 일이 많은 세상이다. 한창 놀아야 할 초등학생조차 바쁜 세상이다. 경제발전과 함께 인간의 윤택한 삶을 위해 제공되고 있는 다양한 문화 콘텐츠들은 오히려 사람들을 더 바쁘게 만들고 있다.

그래서 교회봉사는 점점 더 어려워져가고 있다. 과거와 꼭 같은 시간과 열정으로 교회봉사에 참여한다 할지라도, 그 헌신에 따르는 부담감은 과거에 비해 훨씬 더 클 수밖에 없다.

교회는 교회대로 아이들과 성도들을 세속문화로부터 보호하기 위해 더 다양한 신앙훈련 프로그램에 참여시켜야 하는데, 이를 위한 봉사자들은 더 많이 필요한 실정이다. 그래서 믿음이 있고, 신실한 성도들은 이중 삼중으로 봉사를 요구받게 된다.

다음 질문이 이러한 상황을 잘 대변해 주고 있다.

Q "목사님, 주님의 일을 하는데 있어서 무조건 순종하는 게 옳은 일인가요? 말주변이 없어서 거절하다가도 설득당하고 말거든요. 사람이 상처 입을까봐… 또 성격상 거절도 잘 하지 못하고, 너무 많은 일 때문에 사실 예배 마치고 돌아가는 길이 공허할 때가 많습니다. 제 안에서 먼저 예배가 회복되어야 하는데, 그렇지가 못하네요. 그런데도 올해 맡은 직분들을 끝까지 감당해야 되나요?"

A 과도한 봉사 때문에, 즐겁게 신앙생활을 하지 못할 뿐만 아니라 예배드리는 일조차 힘들어 한다면 문제가 아닐 수 없는 일이다. 특히 성품상 거절을 잘 하지 못하는 사람이라면, 거룩한 교회 일에 거절

한다는 것은 더더욱 어려운 일이다. 거기에다가 부탁하는 사람이 교역자라면 더 큰 부담을 가질 수밖에 없는 일이다.

그러나 봉사에 지쳐서 영적으로 자유를 누리지 못한다는 것은 잘못된 일이 아닐 수 없다.

그리스도인은 무엇보다도 예배를 통해 은혜를 받아야 한다. 특히 선포되는 말씀의 역사로 인해 감사와 감격으로 충만한 삶을 살아야 한다. 봉사도 그 결과에 의해 기쁨으로 드려지는 것이어야 함은 두 말 할 여지가 없다.

이런 경우에는 담당 교역자나 부서 책임자와 진지하게 의논할 필요가 있다. 대부분 "너무 힘듭니다. 어렵습니다." 푸념하듯이 하소연을 한다. 그러면 "우리 교회에서 형제(자매)가 못한다면 누가 합니까? 지금 잘하고 계시는데 금년만 더 수고를 해 주십시오." 그래서 또 어쩔 수 없이 허락하게 되고, 이로 말미암아 신앙생활 자체에 큰 손해를 보게 되는 분들이 많은 것이 현실이다.

이런 분에게 필요한 조언이 있다.

'내가 그 일을 그만두면 일이 안 될 것'이라고 생각하지 말라는 것이다.

교회의 주인은 주님이시고, 주님은 자신의 교회를 직접 이끌어 가시기에 누구를 시키든 교회는 세워져 가게 되어 있다. 그래서 감당하기 힘든 일에 짓눌려 있으면서도 '내가 아니면 안 된다'는 생각 때문에 거절하지 못할 때가 많다.

특히 봉사를 요청하는 사람의 입장에서는 그가 그 일에 적임자라고 생각하기 때문에 부탁을 하는 것이고, 한두 번 거절을 해도 강권하는 이유는 할 수 없을 만큼 문제가 되리라고 생각하지 않기 때문이다.

이럴 때 말주변이 없는 사람의 경우에는 면전에서 진지하게 거절할 수 없게 되는 경우가 대부분이다.

이럴 때는 편지를 쓰는 것도 좋은 방법이다. 지금 맡고 있는 일이 이런 저런 일들이고, 감당하기에 너무 힘들어 예배도 제대로 드리지 못하는 자신의 형편을 글로 써서 보내면 대부분 해결될 것이다.

생각을 바꾸어 보라

여기에서 또 하나 생각해 보아야 할 점이 있다.

자신이 힘들고 영적으로 침체되어 있는 이유가 정말 과도한 봉사의 일 때문인가에 대해서 말이다. 많은 경우에 실제로 봉사(일)가 원인이 아닌 경우가 많기 때문이다.

어떤 사람은 주일 아침부터 저녁까지 이리 뛰고 저리 뛰고, 여기 저기 정신없이 불려 다니느라 파김치가 되면서도, 그렇게 봉사할 수 있다는 사실 하나만으로도 감사하고 기뻐하는 사람도 분명히 있다.

따라서 일 자체가 원인이 아니라, 그 일을 하면서 함께 일하시는 분과의 인간관계가 문제일 수도 있고, 그 일에 보람을 느끼지 못하거나 가치가 느껴지지 않기 때문일 수도 있다. 그럴 때 느낌으로는 '일 자체가 너무 과중하기 때문'이라고 생각될 수 있다는 점이다.

과거 어떤 분이 상담을 통해, 교회 봉사 때문에 어려움을 호소해 와서 모든 봉사를 잠시 쉬도록 해 드린 적이 있었다. 본인도 쉬면서 다시 영육 간에 재충전을 해보겠다고 했었다. 그런데 그 결과는 정반대였다. 어깨를 짓누르고 있던 봉사를 놓아버리면 자유를 찾을 수 있을 것 같았고, 예배드리는 일에 충실할 수 있을 것으로 생각을 했었는데 그렇지 않더라는 것이다.

처음에는 굉장히 홀가분하다고 느꼈었는데, 오히려 영적으로 더 스트레스를 받게 되더라는 것이다. 마치 직장에서 퇴직한 사람이 처음에는 아침 일찍 출근하지 않아도 되고, 직장 일과 상사로부터 받는 스트레스가 없어서 편안함을 느끼다가, 조금만 시간이 지나면 파김치가 되어 퇴근하던 그때보다 훨씬 더 고통스런 나날을 보내는 것과 같은 경우였던 것이다.

그래서 그는 시간이 갈수록 신앙생활이 더욱 침체되기 시작했고, 더 나아가 예배생활도, 성도의 교제생활까지 소극적으로 바뀌어 교역자들이나 부서장들을 멀리하게 되고, 심지어 다른 교회로 옮겨야겠다는 생각까지 하게 되더라는 것이다.

그러므로 교회 봉사의 과중함 때문에 어려움을 겪고 있는 성도라면, 마음과 생각을 적극적이고 긍정적으로 바꾸는 노력도 필요할 것이다. 하나님께서 아무에게나 맡기시지 않는 교회의 거룩한 일에, 하나님과 사람들에게 인정을 받아 요청을 받게 되었다는 것은 특별한 선택과 부르심의 은혜가 아닐 수 없다.

특히 교회의 형편상 거절할 수 없는 입장이라면 기왕에 해야 할 봉사, 즐겁고 기쁘게 하리라는 태도와 결단이 필요하다. 교회 봉사에 대한 감사와 기쁨은 열매 때문이 아니라 일을 맡겨주신 주님의 은혜 때문이다.

그래도 감당할 수 없을 만큼 짐이 무겁다면, 다 벗으려 하지 말고, 한 가지 만이라도 적극적이고 기쁨으로 감당하는 쪽을 선택하는 것이 좋을 것이다. 왜냐하면 한꺼번에 짐을 다 내려놓으면 더 큰 영적침체가 올 수도 있기 때문이다.

나는 목사이지만, 어떨 때는 저 멀리 도망을 치고 싶을 때가 있다. 너무 힘이 들어서 차라리 주님 앞에 빨리 갔으면 좋겠다고 생각될 때도 있다. 감당할 수 없는 어려움이 밀려오고, 목사이기에 상담할 대상조차 없어서 홀로 끙끙대면서 오직 스스로 짐을 져야만 하고, 그 결과에 대해서 홀로 책임을 져야 하는 짐을 벗어버리고 싶을 때가 많다.

그러나 뒤돌아보면 힘에 부대낄 만큼 어려울 때가 더 은혜로운 때였음을 알게 된다. 스스로 절망에 가까운 침체의 나락으로 떨어지는 그때에 주님이 직접 일해 주셨다는 것을 지나고서야 뼈저리게 깨닫고 있다.

그러므로 그리스도인들은, 힘에 겨울 정도로 일을 맡겨주신 주님께 감사하면서, 일을 너무 잘하려고만 하지 말아야 할 것이다. 부족함 때문에 실수할 수도 있기 때문이다. 그때마다 '허허' 웃을 수 있도록 훈련해야 한다. '그럼에도 날 사용하고 계시는 주님! 정말 대단하십니다!' 이런 거룩한 담대함을 길러야 한다. 그때 바울과 같이 우리도 '내가 약할 그때가 곧 강함이라'고 고백할 수 있게 될 것이고, 그때 그리스도의 능력이 임하게 될 것이기 때문이다.

주를 위한 수고는 큰 축복이다.

"사람마다 먹고 마시는 것과 수고함으로 낙을 누리는 그것이 하나님의 선물인 줄도 또한 알았도다"_전 3:13

"또한 어떤 사람에게든지 하나님이 재물과 부요를 그에게 주사 능히 누리게 하시며 제 몫을 받아 수고함으로 즐거워하게 하신 것은 하나님의 선물이라"

_전 5:19

7. 상처받지 않고 교회생활 할 수 없을까?

상처 입은 사람이 상처를 치유하고 위로 받기 위해 교회를 찾는 것
이고, 그래서 신앙생활 하는 것이 아니겠는가?

그런데 오히려 교회에서 상처받고, 교회로 인해 더 인생이 고통을
받게 된다면 도대체 교회에는 왜 나가야 하겠는가? 오히려 교회에 조
금 더 깊이 들어가, 조금 더 열심히 신앙생활을 하게 되면 받게 되는 상
처! 그 이유가 뭘까?

Q "한 가지 생각에 빠지면 헤어날 줄 모르는 제 성격 때문이겠
지만, 요즘 너무 힘들어요. 사실 많은 것을 받으며 살아가면서도 온전
히 기뻐할 줄 모르고, 한 가지 못 마땅한 일 때문에 고민에서 빠져나오
지 못하는 나 자신이 한심하기도 합니다.

요즘 교회생활에서 섬기고 봉사하는 일에 힘든 것이 아니라, 사람과
의 관계 속에서 많이 지쳐 있습니다. 어떤 분이 시간이 지나면 다 해결
될 것이라고 위로해 주었습니다만, 가슴이 더 답답해지기만 합니다.

많은 인간관계 속에서 생활하시는 목사님께 여쭤보면 답이 나올 것
같아서 이렇게 글을 올려봅니다.

어떤 일에서 오는 압박감이나 피곤함이야 쉬면 되겠지만, 사람과의
관계에서 오는 아픔들은 쉴 수도 없게 만들어버립니다. 제가 다른 사
람에게 주는 상처는 대수롭지 않게 여기면서, 내가 받는 상처가 왜 이
렇게 크게 느껴지는지…. 인간의 간사함이 이리도 끝이 없는 것 같습
니다. 교회에서 맡은 일을 함에 있어서, 은혜가 넘칠 때는 엄청난 기쁨
이 오지만, 은혜가 떨어질 때는 더욱 큰 아픔과 슬픔으로 다가오는 것

같습니다.

사람에게 칭찬이나 대가를 바라는 것은 아님에도, 자꾸 서로가 서로에게 신뢰를 잃어가는 것 같고, 이러다가 내가 지독한 독단적이고 이기적인 모습으로 굳어져버리지나 않을까 걱정이 됩니다.

진정으로 지체를 사랑하고 신뢰할 수 있는 사람이 되고 싶습니다.

그런데 너무 심한 사람이 있습니다. 신앙 이전에 기본적인 상식이 있잖아요. 더 이상 같이 말을 섞고 싶지 않은 마음으로 함께 일하며 지낸다는 자체가 고통이고 고역입니다. 천사 같은 사람과 같이 신앙생활하고 싶다는 것은 아니지만, 바닥이 훤히 보일 정도로 이기적이고 간악한 모습으로 일하는 사람을 만나지 않을 수는 없을까요?

공개적으로 저의 이름과 상대의 이름을 말 할 수 없어서 애매한 질문이 되어버린 점을 용서하십시오. 다만 진정한 위로의 말 한마디가 그리워서 이렇게 두서없는 글을 남깁니다."

A 신앙생활과 인간관계에 대해

모든 일에 진정으로 위로해 주실 분은 오직 예수 그리스도뿐이다.

왜냐하면 주님만큼 우리의 모든 아픔을 다 잘 아시는 분은 없으시기 때문이다.

"우리에게 있는 대제사장은 우리의 연약함을 동정하지 못하실 이가 아니요, 모든 일에 우리와 똑같이 시험을 받으신 이로되 죄는 없으시니라" _히 4:15

우리의 연약함과 아픔과 좌절과 배신당함과 인간관계 속에서의 괴로움 모두를 우리 주님은 직접 당해 보셨기에 체휼(體恤-직접 경험하셨기에 다 아시고 우리를 긍휼히 여기심)하신다는 것이다.

세상 그 어느 누구도 주님만큼 우리의 아픔을 잘 아시는 분은 없다. 그래서 진정한 위로는 예수 그리스도로부터만 올 수 있다.

그런데 주님께 위로를 받는 방법은 여러 가지다. 설교 말씀을 통해, 성경을 읽고 묵상하는 시간을 통해, 기도를 통해, 또 이와 같은 상담을 통해… 심지어 어린아이의 대화를 통해서도 주님의 위로를 경험할 수 있다.

바로 이 글이 주님의 위로를 얻는 도구가 되기를 바란다.

인간이 살아가면서 가장 원초적인 고통이 있다면, 바로 배고픔에서 오는 고통일 것이다. 배가 고프면 상대가 보이지 않는 법이다. 그러나 배고픔을 지나면 상대가 보이고 관계가 형성된다.

인간이 함께 공동체를 이루어 살아가면서 겪게 되는 여러 가지 고통들이 있지만, 배고픔의 고통보다 더 큰 고통은 인간관계에서 오는 고통이다.

그런데 분명히 해 두어야 할 점이 있다.

이 인간관계의 아픔은 내가 살아 있는 한 계속 될 것이라는 점이다. 오히려 이것이 내가 살아 있음의 증거다. 그만큼 피할 수 없는 인간의 숙명이라는 말이다.

즉, 지금 당하고 있는 인간관계의 문제만 해결되면 끝나는 것이 아니라, 또 다른 사람과의 관계에서 오는 아픔을 만나게 된다. 이런 뜻에서 나온 속담들이 얼마나 많은가!

'발바리새끼들이 쫓겨 가자 미친개가 뛰어든다.'

'여우를 피하니 이리가 나온다.'

'노루를 피하니 범이 나온다.'

인간이 사는 세상에서 이 인간관계의 문제는 평생을 겪어야 할 일임을 기억하고 살아야 한다는 말이다.

그러므로 인간관계에 문제가 생겼을 때는, 상대방의 문제만 보고 거기에 집중하면 내가 더 큰 고통을 받게 된다. 그래서 상대방의 문제보다는 나 자신의 문제가 더 중요하다.

이런 일이 생긴 것은 내가 상대에게 거는 기대가 너무 컸기 때문이 아닌지, 혹은 내 자존심의 문제는 아닌지를 살펴야 한다.

먼저 상대방에 대해 '어떻게 그럴 수 있는가?'라는 생각을 바꾸어야 한다. 왜냐하면 그럴 수 있기 때문이다. 오히려 그 정도인 게 다행스러운 일이라고 생각해야 한다. 왜냐하면 더 심한 사람을 만날 수도 있었으니까….

그런데 상대방보다는 내게 문제가 더 있을 수 있다는 점이다. 내가 그를 포용하지도 못하고, 용서하고 받아주지도 못하며, 또 이런 일 가지고 고민하고 상처받는 나 자신이 미워서 견딜 수 없어하는 나 자신의 문제 말이다.

'상대방도 그럴 수 있고, 나도 그럴 수 있다'는 관대함이 필요하다.

예수님은 사랑하는 제자에게 배신을 당하셨다. 사랑하는 자기 백성들이 "저 예수를 십자가에 못 박으라"고 소리를 질렀다. 배신과 상처로 따지자면 주님만큼 인간관계에서 실패하신 분이 세상에 어디 있겠는가?

그런데 그 주님께서 "원수를 사랑하라"고 하셨다. 그 예수님의 마음을 가리켜 '나보다 남을 낫게 여기는 마음'이라고 한다.

이렇게 되면 이것이 인간관계의 굴욕이나 실패로 끝나고 마는 것인가? 하늘나라 상급은 있겠지만 이 땅에서는 실패와 손해가 되고 마느냐는 말이다.

그렇지 않다.

주님께서는 이렇게 말씀하셨다.

"누구든지 자기를 높이는 자는 낮아지고, 누구든지 자기를 낮추는 자는 높아지리라" _마 23:12

결국 인간관계의 승리는 내 자존심을 끝까지 세우는 데 있는 것도 아니고, 상대방의 잘못을 받아내고 굴복시키고, 그 못된 행위를 고쳐 버려야 승리하는 것이 아니라는 말이다.

인간관계 기술

어떤 분이 '인간관계 기술'에 대해 이렇게 말했다.

1. 인간관계는 나의 입장에서 시작하면 실패한다. 그러나 상대 입장에서 시작하면 성공한다.

2. 나를 내세워 인간관계를 시작하면 실패한다. 그러나 상대를 먼저 배려하면 성공한다.

3. 나를 칭찬하며 시작하는 인간관계는 실패한다. 그러나 상대를 칭찬하면서 시작하면 성공한다.

4. 이해해 주기를 바라고 인간관계를 시작하면 실패한다. 그러나 이

해를 하고 시작하면 성공한다.

5. 인사를 받으려고 시작하면 인간관계는 실패한다. 그러나 인사를 먼저 하면 성공한다.

6. 잘난 것을 보이려 하면 인간관계는 실패한다. 그러나 나의 부족함을 보일 때 인간관계는 성공한다.

7. 받기만을 바라면 인간관계는 실패한다. 그러나 대접을 하려고 하면 인간관계는 성공한다.

8. 용서를 받고자 하면 인간관계는 성공하지 못하나, 용서를 하면 인간관계는 성공한다.

9. 남의 잘못을 지적하는 것부터 시작하면 인간관계는 성공하지 못한다. 그러나 칭찬으로 시작하면 성공한다.

10. 내가 하기 싫은 일을 상대에게 부탁하면 인간관계는 성공하지 못한다. 그러나 상대가 귀찮게 여기는 일을 대신 해주면 인간관계는 성공한다.

11. 들어주기를 바라면 인간관계가 성공하기 어렵다. 그러나 최선을 다해 들어줄 때 인간관계는 성공한다.

12. 나를 알아주기를 고대하면 인간관계는 성공하기 어렵다. 그러나 상대를 먼저 알아주려 노력하면 인간관계는 성공한다.

사실 이것은 어떤 특별한 이론이 아니라, 성경말씀을 바꾸어 놓은 것에 불과하다. 한마디로 '나보다 남을 낮게 여기며 사는 사람이 성공한다'는 말이다. 또 '누구든지 자기를 높이는 자는 낮아지고, 누구든지 자기를 낮추는 자는 높아지리라'고 하셨다.

그러므로 믿음이 필요하다. 이 말씀에 겸손하게 순종하는 믿음 말이다.

사실 상대를 미워할 것도 없고, 자신을 향해 한탄할 것도 없다. 따지고 보면 지금 내가 만난 인간관계의 문제라는 것은 성공적인 인생을 향해 나아가는데 필요한 도구이기 때문이다.

나보다 그를 낮게 여겨버리라.

내 마음이 넓어서도 아니고, 포용력이 있어서도 아니고, 용서해 줄 만한 성자라서가 아니라, 나는 그럴 위인이 못되지만 예수님이 하라시니까 눈 찔끔 감고 순종하는 평범한 그리스도인이 되라는 말이다.

그때 주님께서 주시는 평안이 따스한 봄볕처럼 스며들게 될 것이다.

너무 어렵게 생각하지 말라.

상대에게도 자신에게도 너무 큰 기대를 걸지 말고 말이다. 그러면 자유를 잃게 된다.

자유 하라. 먼저 자신과 자존심으로부터 자유 해야 할 필요가 있다. 그리고 자존심을 재빨리 '주존심主存心'으로 바꾸어버리라.

내가 지금까지 경험한 바로는, 인간관계의 문제를 나 스스로 풀려고 하면 더 엉키고, 오해가 더 커지고, 일이 더 어렵게 되더라는 것이다. 그러나 인간관계보다 먼저 하나님과의 관계임을 인식하고 엎드려 그냥 말씀에 순종할 때, 나도 모르는 사이에 그 문제가 풀려 있었다.

하나님의 말씀은 언제나 진리다.

"사람의 행위가 여호와를 기쁘게 하면 그 사람의 원수라도 그와 더불어 화목하게 하시느니라"_잠 16:7

그리스도인은 수많은 인간관계 속에서 절망하고 상처받는 자가 아니라, 오히려 그를 통해 승리와 성공과 축복의 길로 나아가게 되는 사람들이다. 그래서 하나님은 구원받은 자를 정말 다양하고, 복잡하고, 다 다르고, 이상한(?) 사람들이 모여서 인간관계를 맺고 살아야 할 교회로 부르셨다.

그래서 교회가 축복의 통로다.

8. 교역자로 인한 갈등

가끔, 아니 자주 목사나 교회 지도자들의 비리나 영적 지도자로서의 삶에서 벗어난, 오히려 보편적인 그리스도의 삶에서 조차 일탈된 행동으로 세상 사람들에게조차 비판의 대상이 되는 뉴스를 언론 방송을 통해 접할 때가 많다. 그로 인해 복음전도가 방해를 받고, 교회가 세상으로부터 조롱을 받게 될 뿐만 아니라, 강단에 서서 말씀을 전하기가 민망할 때가 한두 번이 아니다.

이런 소식을 일반 성도들이 들을 때, 그 마음이 어떠할 것인가에 대해서는 더 언급할 필요가 없을 것이다.

Q "먼저 안부를 여쭙니다. 늘 최선을 요구하시고 또 함께 해 주시는 것에 감사를 드립니다. 제가 늘 안타까워했던 것에 대해 여쭙고 토로하고 싶어서 글을 올립니다.

제가 생각하는 올바른 교회관은 서로를 세우며 훈련받는 지성소로서의 역할이라 생각합니다. 이를 위해 교역자들은 성도를 세우고 양육해서 '보배이신 우리 주님을 밝히 드러내는 것이라 생각합니다. 성도들 문제는 접어두고, 교역자들에 대해 말씀드릴까 합니다.

우리 선진들의 유산이 되어버렸는지 모르겠지만, 교역자들의 모습이 많이 귀족화 된 것 같습니다. 또한 귀가 닫혀서 아무 것도 듣지 못하고, 어떤 때에는 듣지 않으려는 모습을 볼 때 안타까운 생각이 듭니다. 후배들을 보면서도 바른 양육과 질타도 필요하건만 그들이 두른 보호막을 볼 때에는 미래가 암울해 보입니다.

저에게는 이런 부분이 너무 크게 보이기에 힘들 때가 많습니다. 목사님, 도와주세요."

(A) 교역자에 대한 자신의 생각을 그냥 에둘러서 피력했지만, 오늘날 일어나고 있는 영적지도자들의 모든 문제들에 대한 분노와 함께 답답한 마음을 토로하는 것이라고 생각할 수 있을 것이다.

글의 내용으로 보아서는, 본인이 섬기고 있는 교회의 부교역자들을 두고 하는 이야기인 것 같지만, 실상 담임목사인 나 자신을 포함하여 이 시대의 모든 영적지도자를 향한 외침이라고 생각이 된다.

질문 속에 '교회관'을 언급하고 있는데, 실상 오늘날 일어나고 있는 교회의 문제는 이 잘못된 교회관에서 오는 것이라고 해야 할 것이다. 저마다 교회는 이래야 한다 저래야 한다고들 하지만, 많은 사람들(영적 지도자를 포함한)이 잘못된 교회관을 가지고 교회 생활을 하고 있다는 것이 큰 문제라는 점이다.

'교회가 어떤 곳인가?' '교회가 어떠해야 하는가?' '교회에서 세움을 받은 각 직분자들의 사명은 무엇이며, 어떤 태도로 봉사해야 하는가?' '하나님께서 택한 백성들을 왜 곧 바로 천국으로 데려가지 않으시고 이렇게 문제가 많고, 말썽이 많고, 허물이 많은 죄인들이 모인 교회로 불러 신앙생활을 하라고 하셨는가?' – 이런 부분에 대한 성경적인 교회관이 바로 정립되지 않은 채, 교회 출석의 연수나 관록으로, 어떤 영향력으로 세움을 받아 곧장 교회봉사의 현장에 투입되다 보니, 봉사와 섬김이 오히려 문제를 일으키고 말더라는 것이다. 그가 목사라고 할지라도 말이다.

교회가 왜 이렇게 교회답지 못한 걸까?

그런데 문제는, 내가(성도 각자) 이런 교회답지 못한 교회 안에서 신앙생활을 해야 한다는 점이다. 왜냐하면 교회관이 바른 사람들이 모인 교회다운 교회, 거룩한 교회는 지상에 없기 때문이다.

우리 모두가 인정하고 있듯이 교회는 문제가 많은 곳이다. 죄인들이 모인 곳이고, 아무리 그들을 성숙한 교인으로 훈련시켜 놓았다 하더라도, 훈련되지 못한 새로운 죄인들이 날마다 들어와야만 교회이기 때문이다.

무엇보다도 성도들의 신앙생활 가운데, 교역자에 대한 생각과 태도는 그 어떤 것보다 중요한 부분이라 할 것이다. 왜냐하면 그들을 통해 하나님의 말씀이 전달되고, 또한 그것이 하나님의 방법이시기 때문이다.

그런데 문제는 오늘날 사회적으로 교역자를 영적지도자로서 존경하기가 힘들다는 점과, 또 내가 생각하는 기준에 맞는 교역자가 흔치 않다는 점이다(단언컨대 없을 것이다).

그렇다면 일단 내가 먼저 생각을 바꾸는 수밖에 없지 않겠는가? 그들 때문에 내가 손해 볼 수 없으니까 말이다. 그들의 문제는 그들 자신이 하나님과 해결해야 할 몫으로 남겨두고 일단 나 자신부터 살펴보자.

교역자라고 해서 별반 다르게 생각할 것이 없다는 점이다. 그들 스스로 소명을 받아 복음을 위해 헌신하며 봉사하고 있을 뿐이지, 성도들이 생각하는바 '교역자는 이래야 한다'라고 하는 조건에 맞아서 세워진 것이 결코 아니라는 점이다.

만일 성도들이 생각하는 기준의 조건에 맞는 교역자를 찾아서 신앙생활을 하려 한다면, 그는 교역자로 인한 상처가 많을 수밖에 없을 것이다. 결코 그런 조건에 맞는 성자(?)를 찾지 못할 것이고, 그 결과 많은 교회를 전전해야 할 것이다.

성경에 나오는 신실한 주의 종들도 다 약점을 가진 자들이었다는 점이다. 허물이 있었고, 주의 종이 될 만한 자격을 갖추어서 된 자가 없었다. 비록 하나님의 선택을 받아 세움을 받은 사람들이었지만, 그렇다고 해서 완벽하게 실수 없이 사명을 감당한 종들도 없었다.

사실 누구에게나 '죽기 전에는 고칠 수 없는 약점'들이 있다. 그가 목사요 사도라고 할지라도 말이다. 그 위대한 하나님의 종 바울 사도도 그가 가진 약점 때문에 몸부림을 쳤다면, 오늘날 교회를 섬기고 있는 교역자들 중 이 일 때문에 엎드리지 않아도 될 사람은 단 한 사람도 없을 것이다.

그런데 만일 이런 일 때문에 '넌 주의 종의 자격이 없다'라고 한다면 백번 옳은 말일 것이다. 그러면 그렇다고 툭툭 털고 '자격이 없으니까 그만 두자' 이렇게 해야 한다는 말인가?

고쳐야 할 것이다. 노력하고 또 노력해야 할 것이다.

그러나 고친다고 다 되는 것은 아니다. 설사 내가 원하는 대로 고쳤다고 할지라도, 다른 어떤 성도에게는 그것이 또 다른 허물과 약점이 될 수도 있기 때문이다.

교역자의 생활 기준

질문에 나오는 '귀족화 된 교역자'에 대한 부분을 보자.

이 질문 앞에서 나는 '내가 귀족화 된 교역자인가? 귀족화가 되지 않으려면 어떻게 해야 할 것인가?'를 생각해 보았다.

먼저 한 칸짜리 셋방으로 이사를 해야겠다. 한 칸짜리 사글세방에 사는 성도들도 있는데 아파트에 산다는 자체가 그에게는 귀족생활로 보일 수 있을 것이니 말이다. 그리고 타고 다니는 승용차도 팔아야겠다. 대부분의 성도들이 어렵게 살고, 버스와 지하철을 타고 다니는데 승용차를 타고 다닌다는 자체가 귀족생활이니까 말이다. 그리고 옷 입는 것이나, 먹는 것 등등 귀족이 되지 않기 위해서 무엇을 어디까지 고쳐야 할까를 생각하니 난감하기만 하다.

물론 질문의 의도가 이런 것이 아니라는 점을 잘 안다. 다만 보는 사람의 입장에서는 그 어떤 모습으로 살아도 귀족화된 교역자로 보는 사람이 있을 것이라는 점을 말하는 것이다.

어떤 분은 "목사님, 죄송합니다. 좀 더 잘 해드리지 못해서 죄송합니다. 좀 더 좋은 차 사드리지 못해서 죄송합니다. 불편한 점이 얼마나 많으세요?…." 이러는 분도 있다. 자기는 어렵게 살면서도 말이다.

이런 면을 이용하여 자기의 부귀영화만 챙기려는 지도자가 있다는 점도 잘 안다. 그 점에 대한 이야기는 뒤로 미뤄두자. 어차피 하나님의 심판의 저울은 정확할 테니까 말이다.

반면에 주님 앞에 섰을 때, 사람들의 눈에는 귀족같이 산 것 같았던 사람이 칭찬을 받고, 귀족과는 먼 삶을 산 것 같아 보였던 사람이 귀족화된 삶을 살았노라고 책망을 받는 사람도 있을 거라는 점도 염두에 두어야 할 것이다.

'내 형제들아 너희는 선생 된 우리가 더 큰 심판을 받을 줄 알고 선생이 많이 되지 말라'(약 3:1) '너는 세상에서 자기 상을 다 받았느니라'(마 6:2) - 이 말씀을 붙들고 삼가 조심하지 않는 지도자들은 그들대로 하나님께 맡겨 두라. 공평하신 하나님을 믿는다면 말이다.

교역자 때문에 스트레스 받지 말라. 나만 손해일 뿐이다. 교역자 고치려다가 오히려 나 자신이 손해 볼 수 있다는 말이다. 오히려 불쌍히 여기고, 또 존경하도록 노력하는 편이 훨씬 경제적(?)일 것이다. 왜냐하면 성자 찾아 헤매며 세월을 낭비할 만큼 인생이 길지 않기 때문이다.

오히려 성경은 이렇게 말씀하고 있지 않은가?

"가르침을 받는 자는 말씀을 가르치는 자와 모든 좋은 것을 함께하라. 스스로 속이지 말라. 하나님은 업신여김을 받지 아니하시나니 사람이 무엇으로 심든지 그대로 거두리라" _갈 6:6-7

교역자는 성도들의 신앙을 위해 필요한 하나의 도구일 뿐이다. 도구는 도구로 사용하는 것으로 그쳐야 한다. 다만 그 도구, 하나님께서 날 위해 주셨으니 귀하게 여기면 귀하게 쓰일 것이다. 도구야 제 역할을 못하면 도구의 주인이신 하나님께서 버리실 것이지만, 도구를 욕하다가 도구를 주신 하나님의 마음을 상하게 할 수도 있음을 잊지 말아야 할 것이다.

9. 교회당 건축에 관하여

요즘 와서 교회당 건축 문제 때문에 세간 사람들의 입에 오르내리는 일들이 많아졌다. 특히 유명한 대형교회들이 엄청난 재정을 들여 매머드로 건축하면서 사회적인 문제로 부각되었는데, 따지고 보면 그에 대한 비판도 불신자가 아닌 교인, 세속의 사회가 아닌 교계 내부의 사람들에 의해서 제기되고 발전되고 사회적으로 이슈화시킨 면이 많다 할 것이다. 사실 몇몇 교회에 국한된 문제지만, 이것을 마치 기독교 전반의 보편적인 문제인 것처럼 대두되는 점이 너무 안타깝다.

신학을 준비하고 있는 어떤 청년이 이 점에 대해 조심스럽게 질문을 해 왔다.

Q "저 혼자 생각하고 고민하고 해결하기에는 지식에 한계를 느끼게 되어서 질문을 드립니다. 저는 친구들과 기독교에 대한 대화를 하면서, 요즘 가장 많이 듣는 말이 '교회를 왜 그렇게 크게 짓느냐?'는 질문입니다. 처음에는 '사람이 많아지니깐 그렇지….' 하고 웃으면서 대답을 하고 넘겼는데, 한번은 진지한 분위기 속에서 그 질문을 해온 친구에게 대답을 할 수가 없었습니다. 제가 그 친구들에게 제대로 된 대답을 한다고 해서 그 친구들의 생각이 변화될 것 같지는 않지만, 그래도 어떤 대답이 성경적인 대답인지 알고 싶습니다. 솔직히 말하자면 이 질문은 신학을 준비하고 있는 저 자신에게도 묻고 싶은 질문이기도 합니다."

A 사실 대부분의 교회들은 너무 작아서 거룩하신 하나님께 예

배드리는 장소로서는 너무 초라한 것이 현실이다. 그래도 감사한 것은, 하나님께서 건물을 보시고 임재하시거나, 건물을 보시고 은혜를 베푸시는 것이 아니라는 점이다.

그런데 오늘날 소위 대형교회들이나, 또 새로 짓는 대부분의 교회들은 조금이라도 더 크게, 조금이라도 더 아름답게, 좀 더 좋은 시설을 갖추려고 애들을 쓴다. 몇몇 교회들은 상상을 초월할 정도의 물량을 쏟아 부어 교회당을 짓는 것도 사실이다. 그래서 '그렇게 건물에 쏟아 붓는 돈으로 불쌍한 사람 구제하고, 복음적인 일에 사용해야 하는 것 아니냐?'고 비판들을 하고 있다.

그러나 그런 비판만이 옳다고만 할 수 없다.

하나님은 큰 교회당에만 임하시고 작고 초라한 교회당에는 오시지 않거나 관심이 없으신 분이 아니시지만, 그렇다고 작은 교회당이라고 임하시고 큰 교회당에는 오시지 않는 분도 아니시다.

오직 그 교회가 얼마나 하나님을 사랑하고, 교회답게 세워져 있으며, 모인 성도들이 얼마나 말씀에 순종하며 복음적으로 사느냐에 관심을 두실 뿐이다.

여기에서 '교회당을 왜 그렇게 크게만 지어야 하느냐?'라는 질문과 반대로 '그러면 교회당은 작게 지어야 되는 것인가?' 라고 질문을 한다면 어떻게 대답을 하겠느냐는 점이다. '적당히', 혹은 '일반적으로 수긍이 갈 정도'라고 하면 될까?

교회당 건축의 표준을 성도의 숫자에 의해 정할 수도 없다. 성도의 수도 언제 어떻게 변할지 누가 알겠는가? 또 교회마다 형편과 사정이 다르고, 또 모인 공동체의 가치관과 신앙과 또 경제적인 형편이 다를 것이기 때문에 건물의 크기나 건축비의 액수로 기준을 정할 수도 없는 것이다.

중요한 것은 신앙고백적인 정신

다만 크기에 상관없이 교회당을 건축하는 정신만은 분명해야 할 것이다. 그 교회의 형편에 따라서 짓되, 그들의 입장에서 최선을 다하여 크고 아름답고 가치 있게, 최고의 정성을 다하여 지어야 할 것이라는 점이다. 그것이 그들의 신앙고백이기 때문이다. "내 집보다, 내 사업터보다, 내 생명보다 더 귀한 것은 하나님이십니다"라는 신앙고백 말이다.

'학개서'에는 다음과 같은 말씀이 기록되어 있다.

"이 성전이 황폐하였거늘 너희가 이때에 판벽한 집에 거주하는 것이 옳으냐"_학 1:4

"그러면 오늘날의 교회당이 어디 구약의 성전과 같으냐?"라고 하는 분이 있을 것이다.

그러나 '신앙고백적인 면'을 두고 보면, 구약의 성전은 그림자이고 신약의 교회는 실체이지 않는가? 물론 건물이 아니라 교인 한 사람 한 사람의 몸이지만, 그 한 사람 한 사람의 교회의 지체들이 모여서 예배 드리는 교회당이란 주님의 피와 몸 위에 세운 참 성전의 상징이다. 그 래서 신약시대의 그리스도인의 입장에서는, 교회당이 구약의 금과 은으로 지은 솔로몬 성전과는 비교할 수 없이 더 소중한 것이다. 이에 대한 신앙고백이 교회당 건축으로 나타난다면 비록 세상 사람들은 이해

하지 못할지라도 그리스도인이라면 달라야 하지 않을까?

하나님은 사람이 지은 집에 거하실 수 없는 분이시다. 하늘을 보좌로 이 땅을 발등상(발판)으로 삼으시는 분이시다. 우리가 아무리 화려하고 아름다운 교회당을 건축한다 해도 그 건물을 보고 찾아오시는 하나님은 아니시다. 다만 그 교회당에 모이는 성도들의 신앙고백을 보시는 분이시다.

"여호와께서 이와 같이 말씀하시되 하늘은 나의 보좌요 땅은 나의 발판이니 너희가 나를 위하여 무슨 집을 지으랴 내가 안식할 처소가 어디랴"_사 66:1

하나님이 이스라엘 백성들에게 제물을 받으실 때 황소만 가져오라고 하지 않으셨다. 황소를 드릴 수 있는 사람은 황소를, 양을 드릴 수 있는 사람은 양을, 그리고 비둘기밖에 드릴 수 없는 사람은 비둘기를 제물로 드리도록 하셨다.

다만 황소를 드릴 수 있는 사람이 비둘기를 가지고 온다면 하나님이 어떻게 생각하시겠느냐는 말이다. 교회 건축도 이 원리에 의해 기반을 두어야 하지 않겠는가?

교회당을 황소의 제물로 지을 수 있는 교회의 성도들이, 세간의 여론에 굴복하여 혹은 핑계로 비둘기 제물로 짓는다면 하나님께서 기뻐하실까?

이런 신앙적인 가치관이 없는 세상 사람들이야 그렇게 비판할지라도, 우리 그리스도인들의 입장에서는 달리 생각해야 하리라는 것이다. 이 세상에서 가장 귀한 장소는 대통령 궁도 아니고, 국회의사당도 아니고, 재벌의 회장실도 아닌 전능하신 하나님께 예배드리는 장소다.

그렇다면 이 세상에서 가장 귀한 것으로 장식한들 아까울 것이 있겠는가? 물론 하나님이 그 화려함을 보시고 기뻐하시거나 임재하시는 것은 절대로 아닐 것이지만 그렇다고 검소하게, 적당히 해 놓는다고 기뻐하실까?

하나님은 중심을 보시는 분이시다.

즉, 사람들이 볼 때는 아주 볼품이 없는 교회당 같지만 하나님이 보실 때는 화려한 왕궁보다도 더 귀하게 보시는 교회도 있을 것이고, 사람들이 볼 때는 아주 화려한 교회당이라 할지라도 하나님이 보실 때는 그렇지 않을 수도 있을 것이다.

또한 사람들이 벌떼 같이 일어나 '너무 화려하게 지었다' '사치다' 이런 비판을 하는 교회라고 할지라도, 하나님은 그들의 신앙고백을 기쁘시게 받으시고는 "너희가 나를 사랑하는구나. 내가 너희들에게 더해서 주겠다. 내가 더 큰 사명을 너희들에게 맡겨주마!"이렇게 기뻐하실 수도 있을 것이고, '교회는 검소해야 한다.' '너무 화려하면 안 돼!' '교회당은 적당해야 돼!' 하면서 자기 나름대로의 기준으로 지어놓고 자긍심을 가진다 해도, 하나님이 보실 때는 "핑계 좋구나, 송아지를 드리기 싫어서 비둘기 가져와 놓고서는 말은 잘도 하는구나!" 이렇게 말씀하실 수도 있을 것이라는 말이다.

그런고로 우리 그리스도인들의 삶의 정신은 '내일 지구상에 종말이 온다고 할지라도, 오늘 나는 내 교회당에 세상에서 가장 좋은 것으로 채우리라'는 신앙고백적인 삶의 정신이 있어야 한다.

그래서 사람들이 "왜 교회를 그렇게 크고 화려하게 짓느냐?"라는 질문을 해 올 때, 그들이 이해할 수야 없겠지만 "그것이 그리스도인의 가치요, 가장 귀한 신앙고백이기 때문입니다. 예수를 만나고 보면, 하나님의 구원의 은혜를 받고 보면, 그것이 가장 큰 기쁨이요, 즐거움이요, 가장 고귀한 가치가 되기 때문입니다"라고 말할 수 있었으면 좋겠다.

사랑하는 사람에게는 가장 귀한 것을 주고도 또 더 주고 싶은 마음이 있는 것처럼, 나를 사랑하시되 하나님의 독생자의 생명까지 아끼지 않고 주신 그 사랑을 만난 우리들이기에 말이다.

10. 새로 부임하신 목사님, 은혜가 안 되는데…

Q "목사님, 제가 다니는 교회의 목사님이 새로 부임을 해 오셨어요. 1년 6개월이 넘도록 설교 말씀에 한 번도 감동을 받은 적이 없습니다. 아무리 바쁘게 살아도 주일과 수요일에 빠진 적이 없었고, 그 전부터 아동부 교사로 봉사도 하고요. 주일 9시는 기다려지는데 11시는 너무 힘이 들어요. 관리집사님도 새로 오셨는데 항상 교회 문이 잠겨 있고, 바쁘신지 6시 이후에는 사택에도 안 계십니다. 제가 퇴근 후 기도하러 갈 때만 그런지는 모르겠지만, 1년 6개월 전에는 문이 잠겨서 못 들어간 적이 없었거든요. 걸인들이 많이 찾아와서 그렇다고 하더군요.

정말이지 신앙생활이 너무 힘듭니다. 친구들도 여기 있고, 정말 존경하는 집사님들도 많이 계시는데 쉽사리 다른 교회를 가자니 10여 년 동안 정든 친정 같은 교회를 떠나기도 쉽지 않아 고민이 됩니다."

A 그리스도인에게 가장 힘들고 괴로운 일 중 하나가 바로 교회를 옮기는 문제일 것이다. 물론 그냥 교회를 잘 옮기면서도 아무런 영적 아픔을 느끼지 못하는 분들도 있지만, 교회를 사랑하고 또 눈물과 기도와 헌신을 아끼지 않으신 분들이라면 그 영적 고통은 이루 말할 수 없는 일이다. 특히 멀리 다른 도시로 이사를 간 것 때문이 아니라, 교회생활의 어려움 때문에 교회를 옮기려는 형편이라면 말이다.

누가 뭐라 해도 그리스도인에게 교회생활을 함에 있어서 기쁨과 즐거움과 감격이 있어야 함은 두 말할 것도 없다. 다양한 사람들이 모인 공동체인지라 때로는 마음이 상하기도 하고, 인간관계의 아픔도 있을 수 있다. 그러나 같은 피를 나눈 형제가 모인 가정에서도 다툼과 아픔이 있는 법이거늘, 하물며 교회 공동체에서 이런 일이 없을 수가 없는 일이다. 다만 신앙생활 곧 교회생활이라는 것이, 이런 과정을 통해서 더 성숙되어 가고, 믿음이 성장하게 되며, 나보다 남을 낮게 여기는 예수님을 닮아가는 그리스도인이 되어가는 것이라는 점을 알아야 한다.

그런데 이런 훈련을 통해, 회복되고 또 성장과 성숙되어 감에 있어서 결정적인 역할을 하는 것이 예배를 통해서 선포되는 하나님의 말씀에 은혜를 받는 일이다.

개인적으로 성경 묵상을 통해서 깨닫게 되고 치유되기도 하지만, 그러나 하나님은 자기 백성들을 만나실 때 예배를 통해 만나기를 원하시고 말씀하시기를 원하신다. 그래서 그리스도인에게 무엇보다 중요한 것이 바로 예배를 통해 선포되는 '말씀(설교)'에 은혜를 받는 일이다.

그리스도인은 섬기는 교회에서 전해지는 메시지를 통해 책망을 받기도 하고, 깨닫기도 하고, 치유와 회복과 더 큰 은혜의 자리로 나아가게 되는 법이다. 그래서 그리스도인의 신앙생활 가운데 그 어떤 것과도 바꿀 수 없는 것은 섬기는 교회에서 말씀에 은혜를 받는 일이다.

여기에서 한번쯤 우리가 솔직하게 생각해 보아야 할 부분이 있다.

'어떻게 설교에 은혜를 받을 수가 있을까?' 하는 점 말이다.

무엇보다도 가장 큰 책임은 설교자에게 있을 것이다. 영성 있는 설교, 감동력 있는 내용, 탁월한 표현력, 그리고 꿈과 소망과 축복이 넘치는 말씀을 전해야 하는 책임이 설교자에게 있기 때문이다. 아마 목사는 목회의 가장 큰 부담이 바로 이 설교에 있다 해도 과언이 아니다.

설교에 은혜 받지 못하는 이유

그러나 이에 못지않게 중요한 것은 말씀을 받는 자에게도 그 책임이 있다는 것이다. 하나님의 말씀에 은혜 받는 것은, 전하는 자의 영성이나 말 잘함에만 있지 않기 때문이다.

바울이 아테네에서 철학자들이 대답을 못할 만큼 탁월한 화술로 그들을 사로잡았지만 그들이 은혜를 받고 하나님께로 돌아오거나 영적 감동을 받은 것이 아니라 "이 말쟁이가 무슨 말을 하고자 하느뇨?"(행 17:18) 라고 했었고, 바울은 그 후로 "예수 그리스도와 십자가 외에는 알지 않기로 했다"고 말했던 것이다.

여기에서 질문자의 경우를 생각해 보자.

새로 부임하신 목사님을 통해 1년 6개월이 넘도록 설교에 은혜 받은 적이 없다고 했다. 이건 정말 괴로운 일이 아닐 수 없는 일이다. 그런데 그 교회 모든 성도들이 다 그랬느냐 하는 점이다. '새로 오신 목사님께 은혜 받았다고 하는 성도는 한 사람도 없는가? 전보다 더 큰 은혜를 받고 기뻐하며 신앙생활하시는 분은 정말 없는가?' 하는 점 말이다.

정말 심각한 문제는, 목사님이 설교 시간에 유머를 말씀하셨을 때 성도들이 까르르 웃으면서 파안대소할 때 자기는 하나도 우습지 않을 뿐만 아니라, 웃고 은혜 받는 자들이 밉기까지 해진다는 사실이다. 그러면서 점점 말씀을 들을 때 부정적인 쪽으로 적용을 하게 되고, 그것이 더 발전하면 깊은 영적 침체에 빠지게 되는 것이다.

그렇다면 왜 이런 일이 일어나게 되는 걸까?

질문자의 경우를 두고 생각해보면, 1년 6개월 전에 목사님이 새로 부임해 오셨다고 했다. 그리고 그때부터 새로 오신 목사님의 말씀에 은혜를 받지 못하고 있다는 것이다.

이 경우 목사님의 말씀에 은혜를 받지 못하는 경우를 생각해 보자.

첫째로는 목사님이 설교를 너무 못하시기 때문이라고 할 수 있을 것이다.

그러나 그 '못한다'는 것이 무엇을 기준으로 판단 한 것이냐는 점이 문제가 된다. 말씀을 듣는 사람의 수준이 너무 높거나, 아니면 오히려 듣는 사람의 수준이 전하는 목사님의 수준을 따라가지 못하기 때문일 수도 있을 것이다. 물론 설교는 누구나 들어도 쉽고 잘 알아들을 수 있어야 하는 것이긴 하지만, 그러나 듣는 사람의 취향에 따라서 엄청나게 차이가 나는 법이다.

예컨대 설교의 대가라고 하는 그 유명한 곽선희 목사님의 설교가 취향에 맞는 사람이 있고, 세계적인 대 부흥사인 조용기 목사님의 설교가 취향에 맞는 사람이 있다. 이 두 설교자를 향하여 서로 "뭐 설교가 저래?" "나는 저런 설교 싫어!" 한다 해서 "저건 잘못된 설교다!" 이렇게 평가해서 되겠는가 말이다. 그건 내 취향에 맞지 않을 뿐이다.

그렇다면 새로 오신 목사님의 설교에 은혜를 받지 못하고 있다면, 목사님의 문제 이전에 내 취향의 문제일 수도 있을 것이다. 그러나 특별한 분들 외에는 대부분 이런 차이는 곧 해소가 되기 마련이다. 익숙해지기까지 시간이 좀 걸리지만 말이다.

그런데 1년 6개월 동안 전혀 익숙해지지 않았다는 점은 다른 이유가 있지 않을까를 생각해 보아야 한다.

혹 질문자의 경우, 새로 오신 목사님을 향하여 마음의 문을 열지 않고 닫아두고 있는 것이 아닌가? 처음부터 마음의 문을 걸어 잠그고 '내게 설교로 은혜 줘 보십시오!'라는 태도는 아니었느냐는 말이다.

이런 태도는 대부분 교회를 떠나신 전임 목사님을 너무 사랑했던 분의 경우에 잘 나타나는 현상이다.

그리고 후임 목사님을 청빙할 때 자신이 반대했던 분이 오시게 되고, 그 과정에서 다른 성도들과 갈등이 있었을 때, 거기다가 전임 목사님과의 목회 방법, 방향, 스타일이 다를 때 많이 일어나는 현상 중의 하나다.

필자의 경우에, 부임한지 5년이 지날 때까지 마음의 문을 열지 않는 성도를 보았다. 물론 심각한 정도는 아니라 할지라도 정말 사랑하고 존경하며 마음을 활짝 열고 말씀을 오해 없이 감사함으로 받을 때까지는 많은 세월이 필요한 사람이 있다는 것을 깨달을 수 있었다. 그 성도 못지않게 목사는 더 괴롭고 답답하고 인내로 고통스러운 시간을 보내야 한다.

어떤 방법으로든지 담임 목사와 인격적인 관계의 회복이 중요하다. 여기에 문제가 생기면 새로 오신 목사님을 좋아하는 사람들도 싫어지게 되고, 새로 오신 목사님에 의해 은혜를 받고 열심히 일하는 사람들이나, 혹은 그 후에 새로 생긴 새가족들까지 미워지게 되는 심각한 상태까지 나아가게 된다.

질문자의 경우 새로 오신 관리집사님, 그리고 새로 바뀐 교회의 행정과 관리 등에서도 마땅치 못한 생각이 들게 된 경우가 여기에 그 원인이 있을 수가 있다는 것이다.

매일 매 주일을 마음의 고통을 안고 신앙생활과 교회 봉사를 하는 것은 옳지 않은 일이다. 정말 회복이 불가능하다면 교회를 옮겨야 할 것이다. 내 영혼이 사는 것이 더 중요하기 때문에 말이다.

그러나 교회를 옮기기 전, 정말 진지하게 자신을 돌아보아야 할 필요가 있다. 만일 목사님이 아닌 나에게 문제가 있는 경우라면 교회를 옮긴다 해도 해결되는 문제가 아니기 때문이다. 어느 교회나 죄인들이 모이는 곳이다. 평생에 뒤가 돌아 보일 일은 하지 말아야 한다. 만일 교회를 옮긴다면 정말 평생 두 번 다시 교회를 옮기는 일은 없어야 할 것인데, 만일 그렇지 않으면 결국 어디로 가든지 '문제 있는 교인(?)'이 되고 말 것이다.

나의 유익을 위해

이런 경우에 있는 성도라면, 목사님과의 관계 회복을 위해서 진지한 노력과 투자를 해 보라고 권하고 싶다. 바로 '목사님을 인격적으로 존경하는 일'을 위한 투자다.

내가 다른 교회의 목사 임직식 때 '교인 권면'의 순서를 맡았을 경우 주로 하는 권면의 내용을 소개한다.

"그리스도인에게 가장 큰 복은 목사를 잘 만나는 것입니다. 목사는 한 시대에 마음을 합해 주께서 맡겨주신 사명을 감당하는데 마음과 뜻을 같이 할 수 있는 멋진 동역자들을 만나는 것이 가장 큰 복일 것이니 말입니다. 이제 성도 여러분들이 새롭게 영적 지도자를 세우시고 새로운 교회 생활을 시작하게 되셨습니다. 은혜와 축복이 가득한 신앙생활이 되시기 바랍니다. 그런데 교회 생활에 있어서 그 어떤 것보다도 가장 중요한 것은 목사님과의 관계입니다. 목사님을 잘 섬기라는 뜻이 아닙니다. 목사님과의 관계가 중요한 이유는 그분의 입을 통해서 하나님의 말씀이 전해지기 때문입니다. 우리에게 가장 필요한 양식은 하나님의 말씀입니다. 그래서 그 어떤 것보다 중요한 것은 말씀에 은혜 받는 일입니다. 싫든 좋든 하나님께서 여러분에게 주신 메신저는 교회의 목사님이십니다. 그분의 입을 통해 말씀을 받을 때마다 은혜를 충만히 받으시기 바랍니다.

그러나 말씀을 전하는 메신저를 인격적으로 존경하지 못하면, 그 입에서 천사의 말이 나와도 은혜 받을 수가 없습니다. 이것은 자명한 사실입니다. 그러므로 말씀에 은혜 받는 삶을 살기 위해서는 목사님을 인격적으로 존경하셔야 합니다. 목사님을 인격적으로 존경하기 위해서라면 모든 투자를 아끼지 마시기 바랍니다. 목사님 때문이 아니라, 그 분의 입으로 전달되는 하나님의 말씀 때문입니다.

그래서 목사님을 존경하시되, 말씀에 은혜를 받을 만큼 존경하십시오. 이 일을 위해 목사님께 너무 가까이 가지 마십시오. 너무 가까이 가서 그 분의 단점과 부족한 점을 알게 되면 인격적으로 존경하는 마음에 손해를 볼까 염려가 되기 때문입니다. 또한 목사님께로부터 너무 멀리 떨어지지 마십시오. 너무 멀어지면 관심과 사랑과 존경심이 떨어지기 때문입니다. 그렇게 되면 말씀을 받는 데 손해를 보게 됩니다.

그래서 말씀에 은혜를 받기 위해서 목사님을 존경할 수 있을 만큼 거리를 두고 생활하십시오. 이것이 성도의 지혜입니다."

바로 나의 유익을 위해서 하는 말이다.

11. 교회, 왜 그렇게 문제가 많은가?

언제나 그랬지만 요즘 들어 기독교가 세상으로부터 집중포화를 받는 것 같다. 어디 교회 밖으로부터 만이겠는가? 내부적으로는 이단과 맞서야 하는데, 예수를 믿어 구원받은 그리스도인들에게서도 불만의 목소리가 봇물 터진 듯 넘쳐나고 있는 실정이다.

어쩌면 교회에 대한 비판의 목소리가 큰 교인은 의식이 있고 올바른 신앙인이지만, 그저 묵묵히 교회에 순응하는(?) 교인은 뭔가 잘못된 교인 취급을 받기도 하는 때가 아닌가 싶다.

교회가 초대교회처럼 세상으로부터 칭송을 받지 못할망정 왜 그렇게 그들로부터 비난 받아야 하는 문제 많은 곳이 되어버린 걸까?

이에 대한 전형적인 질문이 있다.

Q "저는 장로교회를 다니고 있는 27세 직장인입니다. 3년 전 군 제대 후 친구의 전도로 교회에 나가게 되었고요, 기독교에 대해 많이는 모르지만 세례도 받았고, 청년부 활동도 하고 있습니다.

그런데 요즘 기독교 내에 일어나고 있는 크고 작은 사건들로 인해 여론도 좋지 않고, 또 이런 분위기 때문인지 저 자신이 크게 흔들리고 있습니다. 특히 올해 들어서 비판적인 인식을 많이 갖게 되었습니다. 불교나 천주교 같이 다른 종교는 사회에서 조용히 종교적 영역 안에서 잘 하고 있는 것 같은데, 솔직히 기독교가 좋은 일은 많이 해도, 비리나 문제점도 다른 종교에 비해 눈에 띄게 많은 것 같습니다.

그래서 저를 전도해 준 친구와 이 문제에 대해 이야기를 해 보니까, '교회를 보지 말고 예수님만 바라보라'면서 반기독교 층이 왜곡해서 여

론을 이끌어 가기 때문이라고 하더군요. '세대가 악해서 사탄의 권세에
휘둘리고 있다' 뭐 이런 식으로 대답을 하더라고요.

예수님만 바라볼 것 같으면 교회에는 뭣하러 나갑니까? 그리고 아
무리 여론을 조장한다 해도 아니 땐 굴뚝에서 연기날 일은 없을 거라
생각됩니다. 사탄의 권세 때문이라는 것은 너무 터무니없는 자기 합리
화가 아닐까요? 특히 사탄의 권세? 그건 하나님의 영역인데 인간이 사
탄을 운운할 수 없고, 그렇다고 비기독교인이 마귀에게 씌워서 그런
거라는 논리에는 동의할 수 없습니다. 그걸 기독교 내의 문제로 여기
고 고쳐야지 자꾸 교회 밖에서 오해한다는 식으로 생각하는 것은 이기
적인 것 같습니다. 그런 모습들을 보면서 오히려 더 실망이 됩니다.

그리고 천주교나 또 교회에서 이단이라고 하는 데도 보면, 별반 다
를 바 없어 보이는데, 서로 옳다고 상대를 배척하면서 싸우는 모습이
오히려 상업적인 수단으로 여기는 것 같아 보입니다."

Ⓐ 이런 교회에 대한 생각이 질문을 해온 청년뿐이겠는가? 오늘
날 교회 안에서 신앙생활하고 있는 젊은이들을 비롯한 많은 교인들이
가진 생각이 아닐까? 말로 표현은 하지 않고 있지만 말이다.

이런 질문에 간단하게 답한다는 것은 어려운 일이다. 교회론 전체를
살펴야 할 일이기 때문이다. 다만 질문의 근저에 자리 잡고 있는 교회
에 대한 오해의 문제를 살펴볼 필요가 있다.

왜 기독교의 교회는 말도 많고 탈도 많을까?

상투적인 대답으로 들릴지 모르겠지만, 첫째는 죄인들이 모인 곳이
라서 그렇다. 여기에서 한 가지 분명히 해 두어야 할 점이 있다. '기독

교가 교회 안팎으로 비난을 받고 있는 바로 그 문제 때문에 교회가 교회일 수 있다'는 점 말이다.

주님은 죄인을 부르셨지 의인을 부르시지 않았다. 교회는 세상 사람들보다 도덕적으로 윤리적으로 더 뛰어난 사람들이 모인 곳이 아니다. 그야말로 죄인들이 모인 곳이기 때문에 말도 많고 탈도 많은 것은 오히려 당연한 일이다. 그럼에도 불구하고 주 예수 그리스도의 십자가의 은혜로 영원히 죽을 영혼이 구원받아 하나님의 자녀가 되었기에 '은혜'라고 하는 것이다.

그러나 신분의 변화는 되었지만 주님 재림하실 때까지 죄인의 속성은 그대로 가지고 있는 존재다. 그래서 말씀대로 살려고 노력하는 '의인으로 인정받은 죄인들'이다. 그리고는 이 구원의 은혜를 깨닫고 그 은혜에 감사하면서 또 다른 사람에게 복음을 전한다. 그런데 이 전도의 내용이 바로 '구원 받는 길은 뛰어난 도덕, 윤리적인 삶이 아닌 오직 예수 그리스도를 믿어 구원받는 길 밖에 없음'에 대한 내용이다.

질문 가운데 기독교나 천주교나 소위 이단이나 비슷비슷해 보인다고 했지만, 사실 많은 사람들이 '세상의 종교는 다 같다'고 한다. 그러나 수천 년의 기독교 역사 속에서 그 한마디, 곧 '비슷하다', '같다', '다른 종교도 인정한다' 이 말 한마디만 하면 살 수 있었음에도 " 오직 구원의 길은 하나, 예수 그리스도를 믿는 믿음뿐이다"는 신앙고백 때문에 순교하신 분들은 외골수 광신자들이었기 때문일까? 지금도 바로 깨닫고, 보고, 아는 사람들은 그렇게 신앙생활 하고 있는 것이다.

왜 꼭 같은 실수를 저질렀음에도 불구하고 기독교인들에게는 유난히 돌을 많이 던지고, 왜 그렇게 여론에 떠들고 문제를 확산시킬까? 정말 기독교인들이 유난히 악해서일까?

그렇지 않음에도 불구하고 세상 사람들이 기독교에 관한 한 반감을 가지게 하는 배경에는 사탄의 세력이 존재하고 있다는 것이다. 이것은 어떤 사람의 주장이 아니라 성경이 증거하고 있는 것이다.

교회이기 때문에

교회는 어떤 곳이며, 교회 생활이란 어떤 삶을 말하는 것일까?

이 질문은 '교회를 보지 말고 예수님만 바라보라고들 하는데 그렇다면 교회에는 무엇 하러 다닌다는 말인가?'라는 질문에 대한 답이 그 지침이 될 수 있을 것 같다.

'교회나 사람을 보지 말고 예수님만 보라'는 말을 이렇게 바꾸어야 한다. '교회에는 의인은 하나도 없고 죄인들만 있으니까 그렇게 알고 교회에 나오면 된다'라는 말로 말이다.

이 말은 자칫 기독교의 자기 합리화나 방어적인 말로 생각될 수 있을 것이다. 그러나 '당신은 기독교인이면서 왜 이렇게 저렇게 말씀대로 살지 못하느냐?'로 기독교인의 자격을 따진다면 기독교인이 될 수 있는 사람은 아무도 없다. 다만 그럼에도 불구하고 택해 주시고, 불러주시고, 예수 믿게 하시고, 하나님의 자녀로 삼아주신 것이 기독교의 핵심이다.

그렇다고 '은혜로 구원받았으니 어떻게 살든 상관없다'는 것이 아니라, 과거에도 죄인이었고 여전히 지금도 죄인이지만, 그 신분이 이제 하나님의 자녀가 되었으니 하나님의 자녀답게 살기 위해 애를 쓰며 사는 것이 신앙생활인 것이다. 이미 신분은 바뀌었지만 그 신분에 걸맞게 살지 못하는 것 때문에 가슴을 치며, 그렇게 살기 위해 애를 쓰며 한 걸음 한 걸음 성숙한 그리스도인으로 성장해 가는 것이다.

아직도 허물이 많아 세상 사람들에게 욕을 먹어야 할 삶을 살기도 하지만, 한편으로는 자원해서 아프가니스탄에 가서 순교도 당하고, 그런 사람들을 후원하여 헌금도 하는 것이다.

이 작은 나라의 교회가 파송한 선교사가 미국 다음으로 많고, 이 작은 나라 교회의 성도들이 헌금하여 보내는 선교비가 미국 다음으로 많은 교회가 한국의 교회들이다.

그 가운데에는 공명심에서 혹은 영웅심에서 하는 사람도 있고, 또 방법적인 면에서 이기적으로 보여 사회에 지탄을 받을만한 사람도 있다. 그러나 그것만 주로 부각이 되어 매스컴을 장식하게 되지만, "오른손이 한 것을 왼 손이 모르게 하라"고 하신 주님의 교훈을 따라 조용히 헌신하는 분들이 대부분이라는 사실을 기억해야 할 것이다.

일을 많이 하면 문제도 많이 생기는 법이다.

한국 교회가 이런 저런 일을 많이 하다 보니 이런 저런 부정적인 모습도 나타나고 있지만, 초강대국 미국 다음으로 일을 많이 하는 한국의 교회에서 나타나는 부정적인 면이 이 정도라면, 알려지지 않고 드러나지 않은 아름다운 일들은 얼마나 많을까?

내가 목회를 하면 할수록 깊이 깨닫는 것은, 교회 안에서도 드러나지 않지만, 하나님과의 관계 속에서 그 거룩하고 아름다운 이름을 내가 함부로 부르기조차 어려운 너무나 귀한 사람들이 많다는 사실이다.

나는 오늘도 우리 교회에 죄인들이 들어오기를 기다리고 있다. 주님께서 원하시기 때문에 말이다. 그들은 교회에 들어오는 순간부터 세상 사람들에게 그리스도인이라고 불리게 된다. 전혀 성숙되지 못한 교인이다. 그래서 공명심에서 선을 행해 보겠다고 나선다는 것이 아직 미숙하여 세상 사람들의 눈살을 찌푸리게 만들기도 한다. 사람들은 그런 분들을 보고 기독교를 비판한다.

그러나 나는 그런 분들이 자랑스럽다. 지금 조금씩 자라가고 있기 때문이다. 그런 분들을 부르신 하나님은 더 기뻐하실 거고 말이다. 그리고 믿음 없는 아브라함을 불러 믿음의 아버지로 세우신 것과 같이 지금도 믿음의 사람으로 만들어가고 계시는, 아직 성숙되지 않았지만 지금 성숙되어가고 있는 죄인들이 교회 안에 많다.

그런 교인들이 있기에 교회다. 그들이 성숙되어가고 있지만, 오늘 또 다른 성숙되지 못한 죄인이 들어오기에 교회는 여전히 욕을 먹고 있고, 또 주님 오실 때까지 욕을 먹게 될 것이다. 그래서 교회다.

12. 교회를 옮기는 일에 대하여

교회는 전 우주적이다. 지상의 모든 교회의 머리와 주인은 예수 그리스도이시고, 몸의 각 지체는 모든 교회 성도들이다. 그러므로 이 세상의 모든 교회는 같은 주님의 교회요, 교회에 속한 모든 성도들은 주 안에서 한 가족이다.

다만 한 장소에 함께 모일 수 없고, 언어와 문화와 사회구성과 체제가 같은 사람들이 지 교회로 모여, 그들의 최선을 다해 하나님께 예배 드리고, 섬기고, 주님의 뜻을 따라 사명을 감당하고 있는 것이다.

이와 같은 원리로 한 지역 안에서도 여러 '지 교회支 敎會, Local Church'를 이루고 있는데, 하나님의 말씀에 순종하는 삶에 있어서 그 강조점을 따라 교파별 교단으로 세워져 있는 것이 오늘날의 교회 모습이다.

그래서 어느 지 교회든지, 그곳에서의 최선의 섬김과 봉사는 동일한 하나님의 교회에 대한 섬김과 봉사가 되는 것이다.

그런데 그리스도인으로서 가장 힘들고 어려운 일 가운데 하나가, 최선을 다해 사랑하며 섬기던 교회를 떠나 다른 지 교회로 옮겨야 할 경우다. 직장을 따라 멀리 이사를 가서 본 교회에 출석하지 못하고 가까운 교회로 옮기는 경우가 아닌, 갈등과 상처를 안고 교회를 옮겨야 하는 경우의 고통이란 이루 말할 수 없는 일이다.

Q "저는 모태신앙입니다. 지금 출석하는 교회에서 유아세례도 받았고 유치부를 다니기도 했었습니다. 그런데 부모님께서 여러 가지 이유로 교회에 출석하지 않게 되면서, 초등학교 때 저는 다른 교회를

나가게 되었습니다. 그 교회에서 유년시절을 보내고, 고등학교를 졸업한 후에는 주일학교 교사로 봉사하게 되었습니다.

그런데 언제부터인가 저의 신앙이 점점 흔들리기 시작했습니다. 주님께서 제게 주신 직분도 부담스러워지더니 점차 신앙이 나태해지고 주님으로부터 멀어지려는 것 같은 영적 갈등이 찾아왔습니다. 마음으로는 그래서는 안 된다고 하면서도 저의 신앙은 무너져 가는 것 같았습니다.

그러던 중 저희 부모님께서 다시 주님의 품으로 돌아와 교회를 다니게 되신 겁니다. 바로 부모님께는 본 교회가 되고, 제가 유아세례 받은 그 교회입니다.

식구들이 같은 교회를 출석하기 원하시는 부모님의 의사를 따라 얼마 전부터 부모님이 출석하시고 제가 유아세례를 받았던 교회를 다니게 되었습니다.

저는 예전 교회에서 제게 맡겨진 모든 직분을 내려놓고 새로 시작하는 마음으로 지금의 교회에 출석하게 된 것입니다. 가르치던 아이들 얼굴이 눈에 밟히긴 했지만 우선 저의 신앙과 또 부모님의 신앙과 온 가족의 신앙이 중요했고, 또 저 개인적으로는 새롭게 시작하면서 주님을 처음 만났던 그 신앙으로 돌아가고 싶었던 것입니다.

그러나 시간이 지나면서 예전 교회의 아동부 아이들이 너무 보고 싶네요. 저의 신앙도 더 나아지는 것 같지도 않고요. 집사님, 장로님, 여러 교인들을 거의 다 알고 지내던 예전의 교회와는 달리, 이곳에서는 아는 사람이 아무도 없다는 것이 허전하기도 하고요.

어떻게 하면 저의 신앙이 바로 설 수 있을까요? 이 일을 두고 기도하는데도 자꾸 혼란스러워질 뿐입니다.

그래도 지금 출석하고 있는 교회 목사님의 말씀이 너무 좋아 힘을 얻고 있습니다만, 이런 경우 어떻게 해야 할지 조언해 주시면 감사하겠습니다."

Ⓐ 교회를 옮긴다는 것은 이유를 불문하고 여간 어려운 일이 아니다. 그럼에도 불구하고 교회를 옮겼다면, 이제 새롭게 시작하는 만큼 가슴 벅차고 감격이 넘치는 신앙생활이 되어야 할 텐데, 그렇지 못하다면 얼마나 안타까운 일이겠는가?

다시 예전 교회로

상담을 요청해 오신 분의 경우를 두고 생각해보자.

이제 새롭게 교회를 옮기고 보니, 먼저 섬기던 교회가 생각나고, 가르치던 아들이 보고 싶어진다는 것은 지극히 당연한 일이다.

이 분의 경우 교회를 옮기게 된 표면적인 이유는 부모님 때문이다. 교회를 다니시지 않던 부모님이 다시 신앙생활을 하시면서 '함께 같은 교회에 다니면 좋겠다'는 부탁 때문에 말이다.

만일 교회를 옮긴 이유가 이것뿐이라면 다시 예전 교회로 돌아가는 것도 생각해 볼 수 있을 것이다. 부모님께서 신앙생활을 하시는데 치명적인 손해를 입지 않는다면 말이다.

왜냐하면 지상의 모든 교회는 이단을 제외하고는 모두가 다 하나님의 교회이기 때문이다. 다만 교회마다 신앙생활에 대한 강조점이 다를 수 있고, 모여 있는 성도들의 구성에 따라, 또 영적 지도자인 목사님의 은사에 따른 목회의 방식으로 인해 교회의 전반적인 분위기와 느낌이 다를 수 있기 때문이다.

꼭 같은 교회이지만, 교인들도 자기에게 맞는 교회가 있을 수 있다. 그래서 그 교회에서 추구하는 비전과, 목회자의 설교와, 또 모인 사람들의 품성들이 자기와 잘 맞는 교회를 선택하는 것이야말로 지혜로운 일인 것이다.

이런 이유 때문에 예전에 다니던 교회가 모든 면에서 만족스러웠고, 또 은혜롭게 신앙생활을 하고 있었음에도 불구하고 '오직 부모님 때문에'라는 이유로 자기와 맞지 않는 교회에서 계속 신앙생활을 해야 한다는 것은 바람직하지 않다는 뜻이다.

그러나 교회를 옮긴 이유가 부모님 때문이라는 이유도 있지만, 그 교회에서도 신앙적인 갈등이 있었고, 그래서 다시 한 번 새롭게 출발해 보고자 하는 마음 또한 있어서 자의적으로 교회를 옮긴 이유도 많다면 문제는 다르게 보아야 할 것이다.

왜냐하면 이제 다시 그 교회로 돌아가서 멋지고 아름답게 신앙생활할 수 있다면 당연히 돌아가야 하겠지만, 신앙생활이 흔들리던 차에 뭔가 새로운 돌파구를 찾고자 하는 마음이 있었다면 문제가 다르다는 것이다.

또다시 예전 교회로 돌아가야 하는 이유라는 것이, 직분을 맡았음에도 뿌리치고 나온 것에 대한 부담감과, 막상 나오고 보니까 가르치던 아이들이 보고 싶다는 점 이런 것들 때문이라면 그것은 그렇게 오래가지 못할 수도 있다는 점이다. 오히려 더 큰 갈등에 빠질 수 있고, 그렇게 될 경우에는 영적인 방황이 더 길어지게 될 수도 있다.

새롭게 선택한 교회에 대해 생각해 보자.

유아세례를 받은 교회요, 자신의 뿌리가 있는 교회임에 틀림이 없다.

그리고 부모님이 다시 출석하고 계신 교회이니 그 또한 긍정적이다. 그럼에도 불구하고 막상 교회를 옮기고 보니까 쉽게 적응이 안 돼서 힘들어 하고 있고 말이다.

그렇다면 믿음의 뿌리도 있고, 가족들이 다 함께 출석하고 있는 교회임에도 뭔가 낯선 사람들과의 어색함, 그리고 여러 가지 적응이 안 되는 분위기 때문에 갈등이 있다면 전혀 뿌리도 없고, 가족도 없는 교회를 선택해야 하는 초신자도 있지 않은가?

만일 신앙적으로, 교리적으로, 또 교회의 비전과 신앙생활에 있어서 자신과 맞지 않아서 일어나는 갈등이라면 모르겠지만, 아직 적응되지 못해서 겪는 갈등이라면 감수해야 할 일시적인 갈등일 수도 있다는 것이다.

원하는 바는 아니지만, 오늘날 어쩔 수 없이 교회를 옮겨야 하는 사람들이 많다. 그리고 주님 오시는 날까지, 어떤 사람은 A교회에서 B교회로, 또 어떤 사람은 바로 그 B교회에서 A교회로 옮기는 일은 계속될 것이다. 그리고 그 모든 교회에는 끊임없이 새로운 신자가 들어올 것이고 말이다.

그래서 각 교회마다 '옮겨오는 자'와 '새로 들어오는 자'들은 모두가 다 위와 같은 아픔을 겪게 될 것이 아닌가?

아무리 완벽한 교회라 할지라도 처음 들어오면 서먹하게 되고, 허전함과 외로움을 느끼게 된다. 이를 해소해보려고 교회마다 무던히도 애를 쓰지만 완벽한 새 가족 관리가 되지 못해 애태우고 있는 것이다.

더 적극적으로

여기에서 이런 태도로 바꾼다면 어떨까?

오히려 내가 그 서먹한 관계를 깨뜨리기 위해서 노력하는 일 말이다. 어차피 예전 교회로 돌아가는 일도, 또 다른 제 3의 교회를 찾는다는 것도 어렵다면 기왕에 다시 선택한 교회에서 승부를 걸어보라는 뜻이다.

내가 사람들을 먼저 찾아가 인사하고, 나를 먼저 소개하고 섬김의 자리에 자원해서 나가보라는 말이다. 서먹한 관계는 자기 스스로 깨뜨리는 것이 가장 효과적이고 확실한 방법이다.

이제 교회를 옮겨오거나 새로 들어오는 자들의 마음을 가장 잘 알게 되었으니, 오히려 그들을 위해 헌신할 각오를 해보라는 것이다.

사실 교회에 이런 일꾼들이 얼마나 필요한지 모른다. 이런 일이야말로 생명을 살리는 일이요, 시들어 가는 나무에 물을 주는 일과 같은 사역이기 때문이다.

그러나 불행하게도 교회마다 이런 일을 헌신적으로 감당해 주고 섬겨 주는 일꾼들이 부족하다. 그래서 당신이 더 필요한 것이다.

새롭게 시작한 교회에서든지, 아니면 다시 예전 교회로 돌아가든 적극적으로 교회에 적응하려는 노력을 스스로 해야 할 것이다.

그래서 오히려 서먹서먹해 하는 많은 자들을 돌보아주는 '이 교회가 내 교회요, 내가 여기에서 뼈를 묻으리라'는 각오, 곧 교회의 주인의식을 가지게 되면 전혀 새로운 교회생활이 시작될 것이다.

과거에 대한 부담감과 아쉬움이나 무익한 후회보다는, 과거에 못 다한 섬김과 헌신을 지금 그리고 남은 생애에 주님께 드리는 것이 더 중요함을 잊지 말아야 할 것이다.

13. 주일을 어떻게 지켜야 하나?

　그리스도인으로서 성수주일 즉, 주일을 거룩하게 지키는 문제는 매우 중요한 일이다. 그러나 오늘을 살아가는 그리스도인들이 가진 주일에 대한 생각은 상당히 차이가 나고 매우 대조적인 개념을 가지고 있다. 물론 교파에 따라, 신학적인 해석에 따라 차이가 있을 수는 있겠지만 성경에서 말씀해 주고 있는 원리를 바로 적용하지 못하는데 문제가 크다고 할 것이다. 그래서 교회에서 신앙의 선배들을 따라 배운 것이 삶으로 굳어지고 그것이 진리처럼 되어, '주일에 대해 보수적인 성향을 가진 사람들'은 자유주의적인 성향의 사람들을 비판하고, '자유적인 성향을 가진 사람들'은 보수적인 성향의 사람들을 율법주의자로 취급해 버린다.

　학생 때나 청년 때에 주일성수 문제로 고민을 하다가도, 점점 나이가 들면서는 문제의식조차 없어져 버리기 쉽지만, 신앙생활에 갈등이 일어나기 시작하는 학생들은 곧 잘 이 문제에 대해 고민하며 상담을 해 온다.

Q "고등부 학생입니다. 주일에 공부해도 되는 겁니까? 주일을 하루 종일 교회에서 보내는 것도 아니고, 모든 시간을 말씀을 보고 기도하고 있을 수도 없고, 주일의 남는 시간을 어떻게 보내야 하는 거죠? 텔레비전을 보거나 컴퓨터 앞에 앉아 노는 것보다는 공부를 하는 것이 더 나은 것 아닌가요? 그러나 한편으로 공부하는 목적이 하나님의 영광을 위한 것이 되어야 하는데, 주일에 공부하는 것이 과연 그 목적에 부합되는지 하는 것과, 혹시 자기를 위해서 공부하는 공부를 하나님의 영광을

위한다는 명목으로 합리화시키게 되지는 않을까 고민도 됩니다."

이런 질문도 있다.

"목사님, 주일에 시험 쳐도 되나요? 학교에서 주일날 시험 치는 날이 많아졌어요. 예배라도 드리고 가려해도 저희 교회에는 10시에 예배를 시작하고, 시험은 그 전에 시작하니까 예배를 드릴 수가 없어요. 저녁 예배라도 있으면 마치고 교회에 갈 텐데, 시험 끝나면 저녁이 되니까 드릴 수도 없어요. 교회는 못가더라도 기도하는 마음으로 기도하면서 시험 쳐도 되나요? 친구들은 시험 치러 가지만 전 예배를 빠진 적이 없어서 어떻게 해야 할지 모르겠습니다. 주일예배에 빠지면 주님께서 벌을 내리시지는 않을까 겁도 나요. 어떻게 해야 하나요?"

🅐 이런 학생들에게 과연 어떻게 답을 줘야 하겠는가? 아니 내 자녀에게 어떻게 하라고 해야 하겠는가? 그리고 지금 어떻게 하고 있는가?

사실 주일에 시험을 치르는 일은 헌법적으로도 잘못된 일이다. 아마 학교의 공식적인 방침이 아니라 선생님의 개인적인 열정으로 이런 일이 일어나는 것이라고 본다. 그러나 그것은 엄연히 기독교 신앙에 대한 핍박이 되는 일이기 때문에 공식적으로 항의를 해야 할 것이다.

그러나 지금 이 현실에서는 어떻게 해야 하겠느냐는 말이다.

주일날 공부하는 일만 해도 그렇다. 같은 교회 안에서도 어떤 아이의 부모는 오히려 '예배만 드리고 집에 와서 공부하라'고 강요를 한다. 교회 봉사는 대학 들어가서 해도 늦지 않다고 말한다. 그런가 하면 어떤 부모는 '절대 공부하면 안 된다'고 한다. 그래서 아이들은 갈등하면서 자기 나름대로의 성수주일의 개념을 굳혀나가고 있는 것이 현실이다.

여기에 대한 문제해결을 위해서는 분명한 성경적인 원리를 알아야 한다. 원리가 분명하면 적용은 스스로 할 수 있게 되기 때문이다. 부모도 그렇고 자녀도 마찬가지다.

이 원리를 파악하기 위해서는 '안식일과 주일의 관계'를 분명하게 이해할 필요가 있다.

성경에서는 안식일을 지키라고 했다. 그런데 오늘 우리는 안식일 다음날인 주일을 지키고 있다. 안식교인들은 아직도 토요일, 곧 제 칠일을 안식일로 지키고 있다. 그것이 성경적이라고 하면서 말이다.

그러나 안식일을 지키라고 하신 하나님의 뜻을 알게 되면, 왜 오늘날 우리가 주일을 지켜야 하는지, 그리고 주일을 지키되 어떻게 지켜야 되는지에 대한 원리를 알 수 있다.

안식일의 개념

하나님께서 천지를 창조하시고 제 칠일에 쉬신 것을 기념하고, 하나님의 창조주 되심을 신앙으로 고백하는 날이 바로 안식일이다.

안식일의 특징은 '일하지 말라'는 것이다. 그러나 '일하지 말라'고 하신 하나님의 뜻은, 우리가 일하지 않고 쉬는 '쉼' 자체에 목적이 있는 것이 아니다. 하나님께서 천지 창조의 '일'을 완성하시고, "내가 천지를 완전하게 창조하였느니라" 이렇게 선포하시며 기념하시는 날이 안식일을 제정하신 목적인 것이다.

그런데 하나님께서 우리에게 '천지만물을 창조하신 분은 오직 하나님이십니다!'라는 신앙의 고백을 '일하지 않는 것'으로 받으시고자 하신 것이다. 즉, 일을 하면 하나님을 창조주로 인정하지 않는 것으로 여기시겠다는 하나님의 의지의 표시인 것이다. 그래서 안식일은 그냥 노는 것이 창조주 하나님을 인정하는 신앙고백이 된다.

주일의 개념

그런데 그 안식일에 문제가 생겼다. 하나님의 창조에서 가장 중요한 창조물인 인간이 죄로 말미암아 고장이 나버린 것이다. 그래서 창조가 완성되지 못한 채 고장 난 인간을 고쳐야 하는 하나님의 창조사역의 '일'이 남게 된 것이다.

'요한복음 5:17절'을 보면, 예수님께서 안식일 날 38년 된 병자를 고쳐주신다. 그때 유대인들이 주님께 시비를 건다. '왜 안식일 날 일하느냐?'라고 말이다. 그 때 주님께서 말씀하시기를 "내 아버지께서 이제까지 일하시니 나도 일한다"라는 유명한 말씀을 하신다.

즉, 안식일임에도 하나님께서 안식하지 못하시고 일하신다는 뜻이었다. 그래서 인간을 고치는 일, 하나님의 창조를 완성하기 위해서 예수님이 이 세상에 오신 것이고, 그 일을 하고 계시는 중이라는 말씀이셨다.

예수님이 십자가에 죽으시고 부활하신 날, 바로 죄로 고장 난 인간이 고쳐지는 참 창조의 완성의 날, 그래서 하나님이 드디어 안식하시게 된 날이 바로 오늘날의 주일이 된 것이다.

그래서 진정한 안식일이 바로 '주일'인 것이다.

주일을 지키는 원리

이 원리 위에서 주일을 지키는 문제를 생각해보자.

안식일에 '일하지 말라'고 하신 뜻은 '내가 천지를 창조한 창조주다. 너희들이 이 날을 거룩히 지켜라. 거룩히 지키는 방법은 일하지 않는 것이다. 오직 천지창조는 나 여호와 너희 하나님이 하셨느니라! 그러므로 너희는 안식일날 일하지 말라. 그것을 너희가 나를 창조주로 인정하는 신앙고백으로 받으리라!' 이것이다.

그런데 이제 완전한 창조주이신 하나님, 고장 난 인간을 죄에서 구원하셔서 완전한 창조를 이루신 구원의 주, 생명의 주를 고백하는 날이 바로 주일이 되었다.

그래서 주일날 '일하지 않고 쉬는 것'으로 "나를 죄에서 구원하신 분, 나를 완전케 하신 분은 오직 주님이십니다. 내가 구원받기 위해서 한 일은 손톱만큼도 없습니다. 오직 주님께서 다 하셨습니다"라는 신앙고백이 되는 것이다.

하나님께서 우리에게 '일하지 말라'고 하신 목적은 '하나님을 창조주로, 구원주로, 생명의 주로 인정하고, 고백하고, 그것에 대한 감사를 신앙고백으로 받으시기 위함'이었다. 일하지 않는 것이 목적이 아니라 '하나님에 대한 신앙고백'이 목적이었다는 말이다.

그렇다면 일하지 않고 쉬는 것보다 더 하나님을 영화롭게, 더 하나님을 창조주로, 주님을 구원주로 고백할 수 있는 일을 한다면 하나님께서 책망하시겠는가?

이 원리 위에서 '일을 할 것인가 안할 것인가, 공부를 할 것인가 말 것인가, 시험을 칠 것인가 안칠 것인가?'를 스스로 결정해야 할 문제인 것이다.

그릇보다 그릇에 담긴 내용이 더 중요하다는 사실을 잊지 말 것이다.

어떤 사람은 주일날 일은 하지 않았는데도 하나님께서 보실 때는

'너는 주일을 잘 지키지 못했다'고 하실 사람이 있을 것이고, 땀 흘리며 일을 했음에도 하나님께서 보실 때 '네가 정말 주일을 제대로 지켰구나! 네 신앙고백이 나를 기쁘게 했다'고 하시면서 약속의 축복을 내리실 사람이 있을 것이라는 점이다.

2장
신앙과 교리

1. 군대에서 받은 세례, 다시 받아야 하는가?

언젠가 세례문답을 하던 중이었다. 질문에 대한 대답이 좀 이상하게 느껴져 세례를 받게 된 연유를 물었더니 이미 세례를 받은 분이었다. 즉, 과거 모 교회에서 서리집사로 봉사하며 신앙생활 잘 하다가 시험이 있었고, 몇 년을 쭉 쉬다가 이제 다시 교회에 출석하게 되었다는 것이다. 그런데 그가 다시 세례를 받고자 한 이유가 뭔고 하니 '새롭게 시작하고 싶어서'였다.

이런 질문을 받은 적이 있다. 아니 이와 같은 내용의 질문을 여러 번 받았다.

Q "세례에 대한 궁금한 점이 있어서 글을 올립니다.

저는 예수 그리스도를 영접하고 신앙생활을 조금 하다가 군에 가게 되었습니다. 그런데 훈련소에서 단체로 주는 합동세례를 받았습니다. 생각해보면 믿음으로 받은 것이 아니었습니다. 훈련소 특유의 분위기 속에서 나도 모르게(?) 따라가 받은 세례였다고 생각됩니다. 그 후 신앙생활 열심히 하라는 어머님의 당부도 있었고 해서, 제대할 때까지 나름대로 신앙생활을 열심히 하려고 했던 것 같습니다.

이제 제대를 한 지도 좀 되었고, 지금은 나름대로 열심히 교회를 다니면서 신앙생활 하려고 노력하고 있습니다만, 부모님께서 제가 군에서 받은 세례를 다시 받아야 되는 것 아니냐고 하시는 겁니다.

세례는 한 번만 받으면 되는 것으로 알고 있는데, 부모님의 말씀을 듣고 보니 믿음도 없이 군에서 단체로 받은 세례가 마음에 걸리기 시작했습니다. 이런 마음을 가지고 있을 바에야 다시 받는 것이 더 나을 것 같다는 생각이 자꾸 듭니다. 다시 받아도 문제가 없는지요?"

Ⓐ 군에서 받은 합동 세례뿐만 아니라, 교회마다 세례받기 전 교육을 철저히 시키고들 있지만 의외로 세례의 바른 뜻과 원리를 제대로 모르는 교인들이 많이 있다.

세례란 "나는 하나님의 아들 예수 그리스도를 구주로 믿고, 그의 피로 인해 죄 사함 받았고, 구원받은 것을 믿습니다"라는 신앙고백의 성결 의식이요, 신앙고백의 선포다. 예수님도 세례를 받으셨을 만큼 우리 그리스도인들에게 세례는 아주 중요한 의식이다.

그러나 세례의 의미는 그 의식 자체보다 그 의식이 주는 '상징'과 의식이라는 그릇에 담긴 '내용'이 중요하다.

세례란 하나님 앞에서 '나는 하나님의 아들 예수 그리스도를 나의 구주로 믿습니다'라는 개인적인 신앙고백일 뿐만 아니라, 거룩한 교회 공동체 앞에서 그 신앙을 공적으로 선포하는 행위다.

그래서 교회에서는 세례 받지 않은 사람은 교회의 정식 멤버로 받아들이지 않는다. 왜냐하면 사람이 사람의 마음속을 볼 수 없기 때문이다. 만일 예수를 구주로 믿는 믿음 없이 세례를 받은 사람과, 믿음이 있지만 세례를 받지 않은 사람이 있다면, 교회는 믿음 없이 세례를 받은 사람을 정식 멤버로 받아들이고, 비록 믿음이 있어도 세례를 받지 않은 사람은 멤버로 인정하지 않는다.

왜냐하면 그 믿음의 중심은 오직 하나님만 보실 수 있기 때문이다.

그래서 교회는 교인들이 모인 거룩한 공회 앞에서, 공적 신앙고백 행위인 세례 받은 사람만 정식 멤버(교인)로 인정하고 직분자로 세우거나 봉사의 일도 맡기고 있는 것이다.

그런데 문제는, 신앙도 없이 세례를 받았다면 그 세례가 유효한가 하는 점이다. 특히 군에서 믿음도 신앙고백도 없이 단체로 받은 세례 야 말로 문제가 있지 않느냐는 것이다.

할례를 명하신 하나님의 뜻

구약시대에는 하나님의 자녀라는 성결예식이 '할례'였다. 남자 아이가 태어난 지 8일 만에 받는 할례의 의식은 그 아이가 '택함을 받은 약속의 자녀'라는 상징적인 의미를 가지고 있다. 그러나 그 신앙고백을 부모가 한다. 어린아이가 스스로 의지적인 신앙고백을 할 수 없기 때문이다. 그렇다면 부모의 일방적인 신앙고백에 의해 시행된 할례가 그 아이에게 유효한가 하는 문제가 제기될 수 있다.

그러나 하나님은 이를 명령하셨다. 비록 아이는 아무 것도 모른 채 할례의 의식을 치렀지만, 자라서 그 할례의 상처를 보면서 '나는 태어날 때부터 약속의 자녀로 난 하나님의 자녀다'라는 것을 믿고, 그 믿음을 스스로 신앙으로 고백할 때 그 할례 의식의 효력이 발생하게 되는 것이다.

유아세례가 바로 이 할례의 정신에 근거한 예식이다. 특별히 이 의식이 중요한 이유는 부모의 신앙고백 때문이다. 태어난 아이를 하나님

께서 약속의 자녀로 주셨다는 믿음으로, '내 아이가 자라 스스로 신앙
고백을 할 수 있을 때까지 말씀으로 잘 양육시키겠습니다'라는 신앙의
결단이기 때문에 중요한 의식이 되는 것이다.

그러나 비록 부모의 신앙으로 유아 때 세례를 받았지만, 그 아이가
자라서 부모가 대신했던 그 신앙고백을 스스로 하지 않는다면 그 유아
세례는 의미가 없게 되는 것이다.

그러다가 그가 먼 훗날 주님께 돌아와 "나는 주님을 믿습니다"라고
신앙을 고백하는 순간, 어릴 때 받았던 그 유아세례는 곧 효력을 발생
하게 되는 것이다. 왜냐하면 그 세례는 성부와 성자와 성령의 이름으
로 주어진 것이기 때문이다. 이 신앙고백의 의식을 가리켜 '입교 예식'
이라고 부른다.

신앙고백도 없이 군에서 세례를 받고 제대하여 교회를 떠나 살았다
할지라도, 훗날 주님께 돌아와 신앙을 고백하면 다시 세례 받을 필요
가 없다. 왜냐하면, 비록 군에서 세례를 받을 때는 신앙고백도 없이(빵
하나 얻어먹기 위해서) 받은 세례라고 할지라도 그 세례는 주의 종을 통해
성부와 성자와 성령의 거룩하신 이름으로 주어진 것이기 때문이다.

과거 고백 없이 받은 세례지만, 지금 고백하면 그 세례는 다시 받을
필요 없이 곧 유효해지는 것이다.

이때의 감격은 세례 받는 사람보다 더 클 수 있다. 왜냐하면 '내가
제대로 신앙고백도 없었을 그 때에도 삼위 하나님께서 나 같은 자를
이미 택해 주셨고, 세례로 인을 쳐 주셨구나. 내가 주님을 떠나 살 그때
에도 하나님의 은총이 내게 머물러 있었고, 이렇게 스스로 믿음을 고
백할 수 있도록 인도해 주셨구나!'라는 더 큰 감격과 감사가 될 수 있

기 때문이다.

이 은혜를 가리켜 신학적인 용어로 '불가항력적인 은혜'Irresistible Grace라고 한다. 내가 은혜를 받지 않겠다고 거절하고 고집해도 거절할 수 없이 주어지는 은혜를 말한다.

군에서 세례를 엉터리로 받은 것 같지만, 이미 그때 하나님은 이 거절할 수 없는 엄청난 사랑의 은혜를 주셨던 것이다. 세례 받을 자격이 전혀 없었음에도 불구하고 말이다. 이렇게 보면, 군에서 받은 엉터리 세례가 오히려 더 소중하고 더 귀한 은혜의 세례라고 할 수 있지 않겠는가?

2. 하나님께 회개한 것을 사람에게도 고백해야 참된 회개인가?

Q "저는 주님을 믿지 않던 때에, 세상에 속하여 살면서 영적으로나 육적으로 죄악 속에서 살았습니다. 그러면서도 그것이 죄인 줄조차도 모르고 살다가 하나님의 은혜로 예수를 믿게 되자 비로소 나의 행위가 죄인 줄 알게 되었습니다. 그리고 예수 그리스도를 믿고 회개하고 죄 씻음 받은 확신을 얻게 되었습니다.

그런데 이제 그 죄에서 벗어났고, 생각도 하기 싫고, 또다시 그 죄를 반복하지도 않습니다. 그런데 사람에게 지은 죄는 하나님 앞에서 뿐만 아니라 그 사람과의 관계에서도 자백하고 용서를 구해야 참된 회개라는 말을 듣게 되었습니다. 하나님 앞에서 회개하고 돌이키면 용서해 주시고 기억지도 않으신다고 말씀하셨는데, 반드시 당사자인 사람 앞에서도 용서를 구해야 되는 것인가요?

저는 지금 결혼을 앞두고 있습니다. 결혼할 당사자가 묻지 않았음에도 제가 먼저 과거의 죄를 먼저 고백하고 용서를 구해야 하는 건지 고민이 됩니다. 그렇게 했을 경우 상대가 큰 충격과 상처를 받고 어떤 일이 벌어질지도 모르는데 말입니다.

그리고 한 번 회개한 부분을 송년예배나 성찬식 때마다 계속 반복해서 회개해야만 하는 건지도 궁금합니다."

A 예수를 믿고 죄 사함 받아 새 사람이 된다는 것만큼 감격스러운 일은 없을 것이다. 하나님은 약속하셨다. '그 어떤 붉은 죄라도 양털

같이 희게 되리라'라고 말이다. 그 죄의 종류가 어떤 죄라 할지라도 용서받지 못할 죄는 없다.

우리가 '큰 죄다, 작은 죄다' 하지만, 아무리 작은 죄라 할지라도 예수님의 피로 말미암지 않고는 그 어떤 것으로도 죄 사함을 받을 수가 없다. 반면에 아무리 큰 죄라 할지라도 주님의 피로 씻지 못할 죄도 없다.

하나님 앞에서는 작은 죄와 큰 죄의 구별이 없다. 모든 죄가 다 흉악한 죄일 뿐이다. 다만 그 어떤 죄이든 예수 믿고 회개하면 깨끗하게 사함을 받게 된다.

그런데 문제는 진정한 회개가 무엇인가 하는 점이다.

특히 참된 회개로 인정받으려면 하나님 앞에서 자백하는 것뿐만 아니라, 사람에게도 고백하고 용서를 구해야만 하는 것일까?

그렇다. 죄의 고백은 하나님께도 해야 하지만, 인간관계에 있어서 당사자에게도 용서를 비는 것이 진정한 회개의 행위라고 할 것이다.

형제와 다투고 나서 하나님 앞에 나와 "하나님, 제가 잘못했습니다. 용서해 주옵소서"라는 회개의 기도를 했다고 하자. 그러나 그 다툰 당사자에게는 '미안하다' 혹은 '내가 잘못했다'는 말도 하지 않고 '하나님께 회개했으니 그만이다'라는 태도는 진정한 회개라고 할 수 없지 않겠느냐는 것이다. 그러므로 정말 하나님 앞에서 자신의 잘못을 회개했다면, 그 형제에게 찾아가 자신의 잘못을 인정하고 용서를 구할 때 진정한 회개라고 할 수 있을 것이다.

그러면 이제 결혼할 상대에게 과거의 부정한 행위나, 부끄러운 일에 대해 스스로 고백을 해야만 참된 회개가 되는 것일까?

이렇게 생각해 보자.

하나님께 죄를 고백하고 용서를 구한 다음에, 이해 당사자에게 찾아가 고백하고 용서를 구한다면 그것이 누구를 위해서인가? 나를 위한 것이 아니라 나 때문에 상처받은 상대를 위함이다. 그래서 찾아가 용서를 구할 때 상대방의 상처가 아물게 되고, 위로가 되며 그로 인해 앞으로 아름다운 성도의 교제를 나누도록 하기 위해 잘못에 대한 용서를 구하면서 화해의 손을 내어 밀어야 하는 것이다.

누구를 위한 고백인가

그런데 결혼할 사람에게 묻지도 않는 과거의 부정한 일이나 부끄러운 일을 고백한다면 그것이 누구를 위한 고백이냐는 점이다.

그 고백을 듣는 상대에게 어떤 유익을 주게 되느냐는 말이다. 용서를 구하는 일과 고백이 상대방의 상처를 싸매어 주기 위함이어야 하는데 오히려 상처를 준다면, 그것은 오히려 내 양심의 자유를 얻기 위한 이기주의적인 행위가 아닐까?

혹 '당신이 솔직하게 과거에 대해 고백을 해주니 고맙습니다'라고 말할지도 모르지만, 대부분 깊은 상처를 남기게 될 것이고, 마음속의 신뢰관계는 깨어져 버릴 수 있는 일이다. 그렇다면 과연 하나님께서 그걸 원하실까?

이런 경우의 진정한 회개란, 결혼 상대자에게 고백하는 행위보다는 이제부터 한평생 다시는 부정한 삶을 살지 않고, 정결하게 아내를 위해 헌신하면서 말씀에 순종하여 거룩하게 사는 것이 참된 회개요, 하나님께서 받으실만한 회개의 제사가 될 것이다. 아무리 아내가 될 사람에게 솔직하게 고백했더라도, 또다시 과거의 죄를 반복한다면 회개도 아니고 아무 의미도 없는 것이다.

진정한 회개는 이제부터 그 죄에서 돌이켜 정결하게 사는 삶인 것이다.

반복적인 회개기도가 필요한 이유

그리고 송년예배나 고난주간 혹은 성찬식 때 이미 과거에 회개한 내용의 죄를 떠올리며 반복해서 회개하며 눈물을 펑펑 쏟아 울고 나면 '은혜 많이 받았다. 죄 사함의 은총을 경험했다'라고 생각하는 사람들이 많은데 이것이 옳은가 하는 점이다.

회개는 다시 할 필요가 없고, 용서함도 다시 받을 필요가 없다. 왜냐하면 한번 예수님의 피로 깨끗하게 씻음을 받은 죄는 영원토록 유효하기 때문이다.

다만 이미 회개한 죄에 대해서 눈물을 흘리며 다시 생각하는 것은, 회개를 위한 눈물이 아니라 용서받은 그 은혜에 감사하는 신앙고백의 행위이기 때문에 기억하면 할수록 하나님의 크신 은혜에 더 감사하게 되고, 죄악의 삶으로부터 더욱더 멀어질 수 있기에 유익한 것이다.

용서받은 것을 믿지 못해 회개기도 하는 것이 아니라, 용서받은 기쁨을 더 새롭게 하고 감사가 넘치게 하기 위해서 말이다.

하나님은 인격적인 분이시다. 용서의 확신이 없고, 믿지 못해서 반복적으로 회개기도 하는 것이 아니라, 더 큰 감사의 삶을 위해 과거의 죄를 오늘 또 드러내어 놓고 기도하는 것은 하나님이 기뻐하시는 일이요, 그 자체로서 은혜요 축복이다. 이런 의미에서의 반복해서 하는 기도를 두고 '회개의 기도'라고 한다면, 백 번이건 천 번이건 회개기도는 반복할 수 있다고 할 것이다.

3. 성령 훼방 죄에 대하여

Q "성경을 묵상하는데 의문 나는 부분이 있어 질문을 드립니다.

우리의 구원 문제에 있어서, 모든 죄는 예수를 믿으면 사함을 얻게 되지만, 죄 가운데 성령을 훼방하는 죄는 사함을 받지 못하고 영원한 죄에 처한다고 하는데, 성령을 훼방하는 죄는 어떤 죄를 말하는지 구체적으로 알고 싶습니다.

우리가 신앙생활을 할 때, 성령 하나님의 은혜 속에 거하지 못할 때가 있지 않습니까? 그럴 때 부지중에 또는 바리새인과 같은 시기심으로 성령의 역사를 막고 있는 것은 아닌지 걱정이 됩니다. 그렇게 되면 다시는 회개할 기회가 없어지고 마는지 알고 싶습니다."

A '마태복음 12:31'과 '마가복음 3:29'에 나와 있는 소위 '성령 훼방 죄라고 일컫는 죄는 사함을 받지 못한다'는 뜻이 무엇일까?

사실 그 어떤 죄도 예수 그리스도를 믿음으로 구원 받지 못할 죄는 없다. 예수님이 십자가에서 흘리신 보혈의 피는 그 어떤 죄도 사할 능력이 있다. 그런데 주님께서 '성령을 훼방하는 죄는 사함을 얻지 못한다'고 하셨는데, 그렇다면 성령을 훼방하면 예수를 믿어도 구원을 받지 못한다는 말인가 하는 점이다.

그렇지 않다. 성경은 이렇게 말씀하고 있다.

"보혜사 곧 아버지께서 내 이름으로 보내실 성령 그가 너희에게 모든 것을 가르치고 내가 너희에게 말한 모든 것을 생각나게 하리라"_요 14:26

"내가 아버지께로부터 너희에게 보낼 보혜사 곧 아버지께로부터 나오시는 진리의 성령이 오실 때에 그가 나를 증언하실 것이요"_요 15:26

"진리의 성령이 오시면 그가 너희를 모든 진리 가운데로 인도하시리니 그가 스스로 말하지 않고 오직 들은 것을 말하며 장래 일을 너희에게 알리시리라"_요 16:13

성령의 사역

즉, 성령님의 모든 사역은 '예수님에 대해 가르치시고', '예수님을 증거 하시고', '예수님의 말씀만 하시는 예수님의 영'이시다. 그래서 성령님이 아니시고는 그 어느 누구도 예수님을 알 수도 믿을 수도 없고, 따라서 그 어느 누구도 성령님이 아니시고는 구원을 받을 수가 없는 것이다.

그런고로 예수님께서 말씀하신바 '성령을 훼방하는 것은 사하심을 얻지 못한다'고 하신 뜻은, '예수님에 대한 성령님의 가르치심과, 믿게 하시는 역사를 거역하고 방해하는 자는 구원을 받을 수 없다'는 뜻이다.

심지어 '마태복음 12:32'에서 말씀하시기를 "누구든지 말로 인자를 거역하면 사하심을 얻되 누구든지 말로 성령을 거역하면 이 세상과 오는 세상에도 사하심을 얻지 못하리라"고 하셨다.

그러면 예수님은 거역해도 구원받을 수 있지만 성령님을 거역하면 구원받을 수 없다는 말씀의 뜻은 무엇인가?

설사 말로서 "나는 예수 안 믿는다"고 하며, 심지어 예수님을 욕한다 할지라도 성령의 역사하심을 받아들이는 자는 돌이켜 죄를 자백하고 회개할 수 있게 되어 예수님을 시인하고 믿고 구원받을 수 있는 기회가 주어지지만, 성령님을 거역하면 회개도 못하게 될 것이고, 그래서 구원받을 가능성이 없어지게 된다는 뜻이다.

특별히 본문에서 예수님이 이 말씀을 하게 된 동기는, 주님께서 병자를 고치시고 귀신을 쫓아내실 때에, "예수가 사탄의 힘으로 귀신을 내어 쫓은 것"이라고 말하는 자들을 향해 하신 말씀이다. 그러므로 예수님을 하나님의 아들로 믿지도 않고, 예수님의 하시는 일도 하나님의 능력으로 인정하지도 않는 자들을 향하여 "너희는 지금 성령의 사역을 훼방하고 있는데, 이것이 얼마나 무서운 죄인지를 아느냐?"라고 경고하시는 말씀이었던 것이다.

그러므로 '성령 훼방 죄'란 불신의 죄, 곧 '예수 안 믿는 죄'를 말하는 것이다. 오늘날 그리스도인들이 신앙생활을 하면서 말씀대로 살지 못하고, 때때로 실수도 하며, 성령님의 감동하심에 순종하지도 못하는 그런 상태를 가리키는 말은 아니라는 점이다.

비록 성령님의 인도에 전적으로 순종하지 못할 때가 있을지언정, 예수를 구주로 믿고 있고 하나님을 아버지라고 부르며 말씀을 읽고 묵상하는 사람은 성령의 사람인 것이다.

성령으로 아니하고는 누구든지 예수를 믿을 수 없기 때문이다.(고전 12:3)

4. 천국, 낙원, 하나님 나라, 하늘나라, 셋째 하늘 그리고 천사의 종류

Q "천국과 하나님 나라, 그리고 하늘나라와 낙원, 셋째 하늘은 어떻게 다르고 어떤 경우와 구별하여 쓰여졌나요? 그리고 유다서에 천사장 미가엘이 모세의 시체를 놓고 사탄과 변론을 했다고 하는데 이것은 어떤 내용이며 도대체 천사의 종류와 각각 하는 일들은 무엇입니까?"

A 성경에 나오는 초자연적인 용어들에 대해 궁금해 하는 분들이 많다.

이런 이성과 자연의 세계를 초월한 문제들은, 간단하게 설명할 수 없을뿐더러 신학적으로도 많은 논란이 있는 문제이기도 하다. 그러나 성경을 이해하는데 도움이 될 정도의 기본적인 상식은 필요하기에 간단하게 설명을 해 본다.

천국에 대해서

사실 천국, 하나님 나라, 하늘나라, 낙원, 셋째 하늘 등은 모두가 같은 뜻이다. 다만 이런 용어들을 쓸 때, 같은 천국이지만 그 강조하고자 하는 내용에 따라서 용어를 달리 쓰고 있는 것이다.

예컨대 '하나님 나라'라고 할 때는 우리가 흔히 말하는 천국을 의미하지만 '하나님께서 통치하시는 나라' 즉 불의한 이 세상 나라와는 다른 '의와 거룩과 능력과 사랑으로 가득 찬 완전한 나라'라는 점을 강조할 때 쓰여졌다고 보면 될 것이고, '하늘나라'라고 할 때는, 이 세상의 눈에 보이는 땅의 나라와 대비하여 말하는 것이며, '낙원'이란 슬픔과 괴로움과 고난이 있는 육신의 나라와 대비하여 말할 때 쓰인다고 하겠다.

'누가복음 12:2'에 나오는 '셋째 하늘'이란 '지극히 높고 거룩하고 완전하신 하나님께서 거하시는 곳'을 뜻하는 말이다. 바울이 첫째, 둘째, 셋째라는 공간적 형태의 하늘을 염두에 둔 것이 아니라, 당시 유대인들이 이해하기 쉽도록 그들이 가지고 있었던 '하늘 개념'으로 표현했던 것이다. 즉, 바울이 이런 공간적 개념의 천국을 믿었다는 것이 아니라, 다만 사람들이 생각하는 바로 그 하나님이 계신 가장 높고 높은 천국을 가보았다는 뜻에서 '셋째 하늘'이라는 용어를 썼던 것뿐이다. 그래서 언급된 모든 용어들은 같은 뜻으로 강조에 따라 기록된 말씀이라고 보면 될 것이다.

천사에 대하여

'천사론'은 간단하게 설명할 수 없는 문제다. 천사는 그 자체가 영물靈物이기에 육신으로 있는 우리가 설명할 수 있는 부분이 아니기 때문이다. 다만 성경을 통해 추론해보면 다음과 같이 설명할 수 있을 것이다.

1) 천사의 종류

성경에는 천사에 대해 말할 때 '사자', '하나님의 아들들', '권능 있는 자들', '거룩한 자들', '천군들', '만군', '뭇 군대', '스랍' 등으로 말한다.

천사들은 하나님께서 자신의 뜻을 이루시기 위해 창조하신 장엄한 존재들이다. 그러므로 천사들은 하나님의 뜻을 따라 우주적 활동을 하며, 하나님과 사람의 중재자 역할(예수님의 구원을 위한 중재 역할과는 다른

- 하나님의 심부름과 같은 역할)을 하기도 한다.

아무튼 천사는 크게 두 종류로 나눌 수 있다. 원래 천사들은 거룩한 존재로 창조되었다. 하나님이 인간에게 자유 의지를 주셨듯이 천사들에게도 태도나 행동에 선택의 자유를 주셨다.

그러나 천사들 중 어떤 자들은 하나님의 뜻을 거역하여 배반하고 말았다.

"또 자기 지위를 지키지 아니하고 자기 처소를 떠난 천사들을 큰 날의 심판까지 영원한 결박으로 흑암에 가두셨으며"_유 1:6

그래서 어떤 천사의 무리는 창조주 하나님을 경배하고 섬기는 쪽을 택하였고, 또 어떤 천사들의 무리는 반역하는 쪽을 택하게 된다.

(1) 선한 천사들

성경에 '거룩한 천사들', '하나님의 천사들', '능력의 천사들' 등으로 나타나는데, 그 이름이 언급된 천사는 '미가엘'과 '가브리엘' 두 천사뿐이다. 미가엘은 '유다서 1:9'에 '천사장'으로 언급되어 있고, '다니엘 10:13'에서는 '군장 중 하나'로 언급되어 있다. 또 '계시록 12:7, 8'에는 '선한 천사들의 군대장관'으로 말하고 있다. 즉 그의 휘하 천사들과의 싸움에서 악한 천사들이 패하여 하늘에서 쫓겨난다.

미가엘을 이스라엘의 특별 '보호천사'라고 한다면, 가브리엘은 '천사장'이로되 사자使者로서의 역할을 하는 천사 Chief Messenger Angel 라고 할 수 있다.

"천사가 그에게 이르되 사가랴여 무서워하지 말라 너의 간구함이 들린지라 네 아내 엘리사벳이 네게 아들을 낳아 주리니 그 이름을 요한이라 하라"_눅 1:13

"보라 네가 잉태하여 아들을 낳으리니 그 이름을 예수라 하라"_눅 1:31

"나 다니엘이 이 환상을 보고 그 뜻을 알고자 할 때에 사람 모양 같은 것이 내 앞에 섰고"_단 8:15

이런 역할을 한 천사란 하나님을 찬양하고 하나님의 뜻을 따라 하나님의 자녀들을 지키고 보호하며 섬기는 사역을 감당하는 영적 존재라고 할 수 있다.

(2) 악한 천사들

'마귀와 그의 사자들'로서 자기들의 제 지위를 지키지 못하고 하나님을 배반하므로 거룩한 천사들에 의해 땅으로 쫓겨난 존재들이다.

"하늘에 전쟁이 있으니 미가엘과 그의 사자들이 용과 더불어 싸울새 용과 그의 사자들도 싸우나 이기지 못하여 다시 하늘에서 그들이 있을 곳을 얻지 못한지라 큰 용이 내쫓기니 옛 뱀 곧 마귀라고도 하고 사탄이라고도 하며 온 천하를 꾀는 자라 그가 땅으로 내쫓기니 그의 사자들도 그와 함께 내쫓기니라"_계 12:7-9

타락한 천사 곧 사탄은 악과 패역(불의)의 대표적 우두머리가 되었고, 예수님은 마귀 곧 사탄을 일컬어 '처음부터 살인한 자요 거짓말하며 모든 거짓의 아비'라고 하셨다.

"너희는 너희 아비 마귀에게서 났으니 너희 아비의 욕심대로 너희도 행하고
자 하느니라 그는 처음부터 살인한 자요 진리가 그 속에 없으므로 진리에 서
지 못하고 거짓을 말할 때마다 제 것으로 말하나니 이는 그가 거짓말쟁이요
거짓의 아비가 되었음이라"_요 8:44

천사는 영적인 존재로서 하늘과 땅에서 하나님의 우주적인 뜻을 그
대로 집행하는 존재들이라고 할 수 있다. 또 하나님을 찬양하며 경배
하며 순종한다. 그리고 사람에게 하나님의 사랑과 선하신 뜻을 전달하
는 중재자의 역할도 한다. 특별히 천사는 하나님의 자녀들을 지키고
보호하며 섬기는 일을 한다.

2) 유다서에 기록된 천사장 미가엘이 모세의 시체를 놓고 사탄과 변론했다고 하는 내용에 대해서

이 구절은 자체만 놓고 볼 때는 해석하기 어려운 구절이다. 그러나
전체 문맥을 놓고 볼 때 쉽게 이해할 수 있다. 유다서는 이단의 불의와
이단을 경계해야 함을 강조하기 위해 기록되었다.

유다는 교회에 가만히 들어온 이단(4절)들에 대해 기록하면서, 그들
의 교만에 대해 말하고 있다. 특히 유다는 9절에서 위경에 나오는 '모
세의 승천기'를 인용한다. 이단들의 교만을 꾸짖기 위해 예화를 들어
설명을 한다고 할 수 있는 것이다.

위경에 나오는 '모세의 승천기'에 보면, 모세가 죽자 하나님의 명을
받은 천사장 미가엘이 모세의 시체를 치우려고 한다. 그때 마귀가 나

타나 시체의 소유권이 자기에게 있음을 주장하는데, 이때 천사장 미가엘은 하나님의 명을 받고 하는 일로써 방해하는 마귀를 당장 심판할 능력이 있었지만, 심판이나 보응에 관한 모든 것은 하나님의 주권에 있음을 보여주기 위해 사탄을 능멸하지 않고 다만 "주께서 너를 꾸짖으시기를 원하노라"라는 말만 함으로써 미가엘 자신을 억제하는 모습을 보인다.

그래서 천사장 미가엘조차 하나님의 주권과 영광을 거스르지 못하는데 감히 하나님의 주권과 영광을 거스르는 이단, 곧 거짓 교사들의 교만이 얼마나 큰 죄인가를 강조하고 있는 내용이다.

5. 예정론에 대하여

'하나님이 만세전에 나를 자녀로 작정해 놓으셨다면 나는 그냥 놀아도 될까? 아무 것도 할 필요가 없잖아! 난 어차피 구원받았으니 열심히 신앙생활 할 필요가 없지 않으냐 말이야!'

내가 학생 때 예정론에 수긍할 수 없어서 교역자들에게 수없이 질문했던 말이다.

그런데 이제 내가 목사가 되어 이런 질문을 받는다.

Q "예정론이 어려운 문제라는 것은 알고 있습니다. 예정론을 처음 언급한 분이 '칼빈'이라고 알고 있는데, 칼빈이 말한 예정론에 대해 알고 싶고, 또 그 예정론이 신학자들 사이의 의견과 지금의 각 교단(장로교, 침례교, 감리교, 성결교, 오순절 등)의 예정론에 대한 의견을 알고 싶습니다."

A 사실 '예정론'에 대해서는, 한마디로 그 어느 누구에게도 명확한 답변을 들을 수 없을 것이라고 생각된다. 왜냐하면 여기에는 모순矛盾이 존재하기 때문이다. 이런 점에서 마치 '삼위일체 교리'와 비견할 수 있을 것이다. '결코 나누어질 수 없는 하나이면서 셋이고, 결코 통합될 수 없는 셋이면서 하나다' – 이런 교리를 어떻게 이해의 차원에서 설명할 수 있겠는가?

그럼에도 불구하고 설명하려고 하다 보니, 수백 년을 두고 그 엄청난 희생을 지불한 후, 여러 종교회의에서 신학자들의 논쟁을 통해 제정된 결론들이 오늘날 우리가 알고 있는 '교리'들이다. 그런데 놀라운 것은 논리적 설명으로 이해해 보려고 하는 사람들은 단 한 사람도 이해한 사람이 없는 반면, 이해의 문제를 떠나 믿음으로 받아들인 사람들은 아무 모순적 갈등 없이 이해했다는 사실은 '신비'라고밖에 설명할 수 없을 것이다.

칼빈(칼뱅)의 주장

특히 칼빈이 주장한 예정론을 각 교단이 어떻게 받아들이고 있는지에 대한 질문은 간단히 대답할 수 있는 문제가 아니다. 이에 대한 신학적이고도 복잡한 역사적 교리 논쟁과, 또 그 과정, 그리고 종교회의의 결과들은 너무나 방대하기 때문이다.

칼빈이 주장한 예정론이란, 단순히 칼빈의 이론만으로 설명되는 문제가 아니다. 칼빈이 이런 주장을 하게 된 배경에는 그 반대 이론에 대한 반증으로 시작된 것이기에, 당시 다른 신학자들의 주장이 설명되어야 한다. 천재적인 신학자들이 생명을 걸고 논쟁했던 내용들을 간단하게 설명한다는 자체가 어렵다는 것이다.

칼빈의 주장을 이해하려면 먼저 칼빈이 쓴 '기독교 강요'라는 책을 읽어볼 필요가 있다.

예컨대 상권 제 17장 '섭리 교리에 대한 올바른 적용은 우리에게 큰 유익을 준다'라는 단원에서 1)하나님의 방법의 의미 2)우리는 하나님의 통치를 존경하는 마음으로 감찰해야 한다 3)하나님의 섭리는 우리의 책임을 약화시키지 않는다 4)하나님의 섭리는 인간의 숙고熟考와 조화된다 5)하나님의 섭리는 우리의 약함을 무죄로 하지 않는다 6)신자의 위안이 되는 하나님의 섭리 7)하나님의 섭리의 유효성 8)하나님의 섭리에 대한 확신은 모든 역경에서 우리를 돕는다 9)중간 원인을 경시하지 않는다 10)하나님의 섭리에 대한 확신이 없는 한 우리는 비참한 존재이다 11)하나님의 섭리에 대한 확신은 기쁜 마음으로 하나님을 신뢰하게 만든다 12)하나님의 '후회'에 대하여 13)성경은 인간의 이해를 고려하여 하나님의 '후회'를 말한다 14)하나님께서는 자신의 계획을 단호하게 실행하신다 - 이런 주제만으로도 예정론에 대한 그의 이론이 얼마나 방대한지를 잘 보여준다.

또 중권 제 21장 '영원한 선택 : 하나님께서는 이 선택에 의해 어떤 사람은 구원에 또 어떤 사람은 멸망에 처하도록 예정하셨다'라는 단원에서는 1)예정론의 필요성과 그 유익 : 호기심의 위험성 2)예정의 교리는 성경에서만 찾아야 한다 3)둘째 위험성 : 선택의 교리에 대해 침묵하는 것 4)이 교리에 위험성이 있다고 하는 것을 부인한다 5)하나님의 예정과 의지 : 이스라엘의 선택 6)둘째 단계 : 이스라엘 백성 개인들에 대한 선택과 위기 7)실제적인 선택으로서의 개인의 선택 - 이와 같이 그의 예정론은 방대하다.

'기독교 교리사'에 대한 책들을 보면 예정론에 있어서 루터와 칼빈의 논쟁이 다루어져 있다. 같은 동료 개혁가들이면서도 미묘한 성경해석의 차이를 살펴 볼 수가 있다. 예컨대 '롬 8:28-30', '롬 11:32', '엡 1:4-5', '요 10:27-28', '겔 18:23, 32' 등의 구절에 대한 상이점과 유사점을 찾을 수가 있다.

'칼빈주의와 알미니안주의'를 비교한 책들도 있는데, 화란의 신학교수 알미니우스 James Arminius 가 주장한 다섯 가지의 교리에 대해 칼빈이 반박한 글을 가리켜 소위 '칼빈주의 5대 교리'라고 한다. 서점에서 쉽게 구할 수 있는 책이기에 읽어보면 도움이 될 것이다.

어떤 교단은 칼빈의 예정론을 강조하고, 어떤 교단은 만인구원설을 강조하고 있지만 어떤 쪽을 주장하든 모순이 따를 수밖에 없다는 점이다. 즉, 칼빈주의의 예정론은 '구원의 확신과 은혜에 대한 감사'라는 면에서 유익이 있지만, '모든 사람은 구원을 받을 수 있다'는 보편적 구원론에는 약점을 보여 전도의 열의가 식어질 수 있다.

웨슬리의 주장

웨슬리는 '무조건적인 하나님의 택하심'에 대해 수긍하지 않는다. 오히려 구원받은 사람이 다시 멸망할 수 있다고 믿는다. '히브리서 6장'과 같은 말씀을 근거로 '하늘에 속한 은사를 맛보고 성령에 참예한바 된 사람들이 떨어질 수 있으며, 회개할 기회가 없을 수 있다'고 주장한다.

그래서 그보다는 개인적 회심, 철저한 신앙생활, 성례전을 통해 주어지는 하나님의 은혜를 중요하게 생각한다. 또한 믿음으로 하나님께 의롭다고 인정받는다는 칭의론을 '그리스도인이 성령에 의해 거룩한 사람으로 자라가기 위한 전제'로 주장한다. 그래서 적극적인 복음전파, 거듭남의 은혜, 하나님에 대한 절대적인 경외, 죄를 멀리하는 거룩한 마음, 하나님의 구원과 사랑을 상징하는 그리스도의 십자가를 강조한다.

그러나 예정론을 숙명론과 같이 생각하면 문제가 되겠으나, 구원론적인 관점에서 이해를 하게 되면 매우 큰 유익이 된다. 위험하고 악한 마귀가 지배하는 세상에서 그리스도인들에게 구원의 확신을 가지게 하여 책임과 의무를 담대하게 감당할 수 있게 해 주며, 그 어떤 박해를 받더라도 인내로 꾸준히 말씀에 순종하도록 하는 동력이 된다.

믿음의 선진들이 삼위일체의 모순을 은혜로 받아들였듯이, 예정론도 그렇게 받아들이면 좋을 것이다.

6. 왜 하나님은 에덴동산에 선악과나무를 두셨는가?

'하나님이 인간을 사랑하신다면 왜 에덴동산에서 죄짓도록 내버려 두셨을까? 왜 선악과나무를 만들어 놓으셨을까? 전지하신 하나님이 인간이 죄 지을 것을 뻔히 아시고 계시면서도 그렇게 하셨다면 인간이 지은 죄에 대한 책임은 과연 인간에게만 있는 것인가?' 이런 생각 안 해 본 사람이 있을까?

교회의 교역자들이 지금도 끊임없이 받고 있는 질문 중 하나일 것이다. 과연 이 질문에 대해 어떻게 하면 명쾌하게 답변을 할 수 있을까?

Q "이문열의 '사람의 아들'을 읽어보셨는지요? 언제나 제가 궁금해 하던 내용이 들어있더군요. 저희 집은 가족이 전부 기독교인들이라 그런 걸 가끔 묻곤 하는데 엄마 아빠 두 분 어느 쪽도 정확한 답을 못 주셨습니다.

내용인즉, 하나님께서는 아담과 이브가 선악과를 따먹을 줄 알면서도 에덴동산에 선악과를 두고 따먹지 말라 하셨습니다. 또한 가인이 동생을 죽일 거란 것을 알고 계셨으면서도 가인을 세상에 두셨습니다. 왜 그랬을까요? 책에서는 이런 질문을 한 사람이 악마의 자식이라고 불리더군요. 책을 다 읽고도 정확한 이해를 하지 못했습니다. 처음부터 미래를 알고, 그것에 대해 심판하실 거라면 애초부터 인류를 만들지 않았더라면…. 그런 생각을 해 봅니다."

A 결국 '인간의 죄는 하나님의 책임이지 않는가?'에 대한 질문이다.

특히 이문열 씨가 쓴 '사람의 아들'이라는 소설은, 작품 속의 등장인물들을 통해 작가 자신의 기독교적 신앙에 대한 회의와 갈등을 그려놓은 작품이라고 할 수 있다. 즉, 예수님 당시 시대에 기독교를 부정했던 '아하스 페르츠'의 이야기를 현대 사회에서 반 기독교적 이념과 행동을 보이는 '민요섭'과 '조동팔'의 이야기로 에워싼 액자 구조의 소설이다. 민요섭이 일기 형식으로 쓴 아하스 페르츠의 이야기는, 모순되고 고통스러운 현실을 벗어나기 위해 하나님의 은총보다는 현재의 자유와 정의의 실현이 더욱 가치가 있는 것이며, 하나님은 더 이상 인간에게 간섭하거나 믿음을 강요하지 말라는 내용이다.

이 작품은 문학적인 가치로서는 높이 평가를 받고 있지만 성경적인 것은 아니다. 어디까지나 소설일 뿐이다. 특히 아하츠 페르츠라는 인물은 성경에 나오는 인물도 아니며, 전설상의 인물을 소설 속에서 재창조하여, 작가가 만든 반신적反神的이며 이성을 존중하는 인간을 만든 것이고, 어쩌면 그를 통해 작가 자신의 마음을 표출한 것이라고 볼 수 있다. 즉, 세계의 모순에 괴로워하며 그것에 눈감고 있는 하나님의 침묵에 대해 불평을 하고 있는 것이다.

아무튼 오늘날 많은 사람들로부터 찬사를 받기도 하고, 나름대로의 문학적 가치를 인정받는 작품이지만, 작가 자신의 신앙적 갈등과 회의를 표현하기 위해 성경이 말씀하고 있는 메시지를 왜곡하여, 많은 사람들에게 신앙적 갈등을 일으키게 하는 소설이나 영화가 곧잘 나오고 있다.

불신자들이나 평신도들에게는 어쩌면 인간들이 품고 있는 갈등과 모순에 대해 고발하는 형식인지라 공감을 일으키고, 대중들에게 어필하고 있지만, 조금만 신학적인 안목이 있고 성경의 핵심적 메시지와 분명한 기독교의 신앙을 가진 사람이라면, 신앙적으로는 전혀 가치가 없을 뿐만 아니라 복음에 반하는 내용의 작품들임을 알 수 있다.

오늘날 이런 소설이나 영화와 같은 작품들이 예술의 탈을 쓰고 쏟아져 나오고 있다.

인간의 죄는 누구의 책임인가?

그렇다면 하나님께서 인간이 선악과를 따먹을 줄 아시고도 왜 선악과나무를 에덴동산에 두셨느냐, 또 가인이 동생을 죽일 줄을 다 아셨을 텐데도 왜 그대로 죄 짓도록 그냥 두셨을까?

모든 세대의 사람들이 질문해 온 문제이고, 또 앞으로도 끊임없이 제기될 질문이다. 이성을 가진 사람이라면 이 질문을 할 것이니까 말이다.

특히 죄 지을 줄 알고도 사람을 만드셨고, 선악과를 따서 먹을 줄 알고도 선악과나무를 에덴동산에 두셨으니 죄에 대한 책임을 인간보다는 그 원인을 제공한 하나님께 두어야 하지 않느냐는 것이다.

왜 그러셨을까?

여기에 대한 전형적인 대답이 '하나님은 인간을 기계로 만드시지 않고, 모든 것을 선택할 수 있는 자유의지를 주셨기 때문이다'라고 설명을 한다. 그만큼 인간을 창조하시되 인격적으로 창조하셨다는 말이다. 그래서 자기 의지를 가지고 행한 일에는 자기가 책임을 질 수 있는 인격으로 만드셨다는 것이다.

그래도 이해가 안 되기는 마찬가지다. 설사 그렇다고 할지라도 왜 선악과를 만들어 놓고 유혹을 당하게 하셨느냐는 것이고, 또 왜 뱀이 유혹하도록 그냥 내버려 두셨느냐는 것이며, 아담이 지은 죄에 대한 책임을 내가 받아야 하느냐는 이 질문은 수없이 반복되어 왔고, 앞으로도 계속될 질문일 수밖에 없을 것이다.

여기에 대한 답은 무엇일까?

이 세상 그 어떤 신학자도 '내가 이해 할 수 있도록' 설명해 줄 수 없을 것이다. 다만 분명한 것은, 성경말씀대로 되었고 또 그렇게 되고 있다는 점이다.

"왜 하나님, 이렇게 하셨습니까? 책임은 하나님께 있습니다! 나는 죄에 대한 책임이 없습니다"라고 소리를 지른다 할지라도, 부인할 수 없는 분명한 사실은 성경에 기록된 그대로 인간은 그 죄 때문에 고난을 당하고 있고 또 죽는다. 즉 '정녕 죽으리라'고 하신 하나님의 약속 그대로 되고 있다는 사실이다.

또 땅이 저주를 받을 것이고, 인간이 가는 길에 가시덤불과 엉겅퀴를 내리라고 하신 말씀 그대로 땅위에 사는 모든 인생은 고난의 길을 걸어가고 있다.

그러나 더 놀라운 사실은, 그럼에도 불구하고 하나님은 인간을 그대로 버려두지 않으시고 영원한 죽음의 자리에서 영생의 자리로 갈 수 있는 길을 내어 주셨다는 사실이다.

하나님은 우리를 너무나 사랑하셔서 독생자 예수 그리스도, 아니 자기 자신이 인간의 몸을 입고 오셔서 십자가를 지셨고 구원의 길을 열어주셨다.

그러므로 '왜 인간을 죄짓도록 만드셨느냐, 왜 아담의 죄 때문에 내가 죽어야 하느냐?'에 대한 의심이나 불만보다는 '하나님이 자신의 생명을 주시기까지 나를 사랑하신 사랑'과 '독생자 예수님을 죽이심으로 나를 살려주신 하나님의 사랑'에 대해 감사해야 하는 것이 아니겠는가 말이다.

우리가 이해할 수 없는 일은 도처에 깔려 있다. 태양을 봐도, 별을 봐도, 우주를 보아도 도무지 이해할 수 없다.

하나님이 말씀으로 우주를 창조하셨다는 사실을 어떻게 이해할 수 있겠는가? 그러나 하나님이 만드신 우주가 우리의 눈앞에 있고, 오늘도 태양이 이글거리며 밤하늘의 별은 반짝이고 있다. 내가 이해가 되든 안 되든 말이다.

오직 믿음으로

죄의 문제, 구원의 문제도 이해의 문제가 아니라 지극히 현실적인 문제이며 또 믿음의 문제일 뿐인 것이다. 그래서 '하나님의 말씀은 이해하고 믿는 것이 아니라, 믿고 보면 이해가 된다'는 것이다.

성경은 '하나님은 사랑이시라'고 한다.

"하나님이 우리를 사랑하시는 사랑을 우리가 알고 믿었노니 하나님은 사랑이시라 사랑 안에 거하는 자는 하나님 안에 거하고 하나님도 그의 안에 거하시느니라"_요일 4:16

인간을 창조하신 것도 하나님의 사랑이시고, 자유의지를 가진 자로 창조하신 것도 하나님의 사랑이요, 에덴동산 안에 금단의 열매를 선악과 한 그루만 두시고 수만 가지 좋은 열매를 다 먹게 하신 것도 하나님의 사랑이요, 창조주 하나님의 말씀에 순종하게 하시는 기계가 아닌 자유의지로 섬길 수 있는 인격체로 만들어 주신 것도 하나님의 사랑이요, 자신의 자유의지로 불순종하여 금단의 열매를 따먹는 죄를 지었음에도 불구하고 하나님 자신이 내 죄를 짊어지시고 죽으심으로 자신의 약속을 지키시고 구원해 주신 것도 하나님의 사랑이 아닌가?

다만 이것은 오직 믿음으로만 이해할 수 있는 일이요, 장차 하늘나라에 가게 될 때 얼굴과 얼굴을 맞대고 보듯 우리 하나님의 마음과 사랑을 확실하게 이해하게 될 것이다.

하나님은 사랑이시다. 다만 믿음으로 받는 자에게만 은혜가 은혜 될 뿐이다.

7. 천주교에도 구원이 있는가?

당신의 가족이나 친척이나 가까운 지인 가운데 성당에 나가는 천주교 신자가 없는가? 특히 요즘 개신교의 젊은 성도들 가운데 교회를 떠나 천주교로 개종하는 사람들이 늘어나고 있다는 통계가 있다.

그런데 기독교 인구 통계를 낼 때 천주교인과 개신교인 심지어 이단에 속한 자들까지 포함시키고 있다. 그리고 많은 사람들이 천주교는 큰 집, 개신교는 작은 집 정도로 여기고 있다는 사실이다.

Q "목사님, 정말 궁금합니다. 동생이 얼마 전 하나님께 매를 많이 맞고 교회로 돌아왔습니다. 그런데 동생의 부인, 곧 제수씨는 천주교회에 다니고 있는 관계로 얼마 전에는 성당에 다녀왔다고 합니다. 그래서 '천주교회에 가면 안 된다'고 말했더니 '천주교나 기독교나 다 하나님과 예수님을 믿는데 굳이 구분할 필요가 있느냐?'는 것입니다. 몇 가지 천주교의 폐단에 대해 말해줬습니다만, 왜 천주교에 출석하는 것이 잘못되었는지에 대해 명확하게 말해주지는 못했습니다.

목사님, 천주교에도 진정한 구원이 있을까요?

기독교만이 참된 종교임을 시원하게 답변할 수 있었으면 좋겠습니다."

A 천주교와 개신교와의 교리논쟁은 천 년이 넘는 역사이고, 또 수많은 사람들이 순교의 제물이 된 역사다.

천주교의 교리가 잘못되었다고 반기를 든 사람은 바로 '마틴 루터'라는 것은 모두가 잘 아는 사실이다.

그는 경건한 천주교 신부였으며, 천주교에서 가르치는 교리를 따라 구원을 얻고자 그 어느 누구보다도 열심히 공부하고, 믿고, 실천했던 사제였다. 그럼에도 그가 '천주교의 교리가 잘못되었다'고 할 수 있었던 것은, 성경을 읽을 수 있는 사제 곧 신부였기에 가능한 일이었다.

당시 평신도들은 감히 성경을 읽을 수 없었고, 신부가 읽어주는 것만 듣고 '아멘' 할 따름이었다. 그런데 성경을 읽다보니 천주교에서 가르치는 구원에 대한 교리나, 삶의 지침이 잘못되었다는 것을 깨닫고 바로잡고자 한 것이었다.

그는 '천주교가 잘못되었으니 나는 탈퇴한다'라든가, '천주교를 뒤집어엎고 배척하여 종교혁명을 일으키자'라는 것이 아니었다. 천주교에 몸을 담고 있는 신부로서 '천주교에서 가르치는 교리 중, 이런 저런 것들은 성경의 가르침과 다르지 않느냐? 이런 것에 대해서 토론하고 살펴보기를 원한다.'라는 의도에서 95가지 항목을 적어서 비텐베르크 대학 정문에 써 붙였던 것이다. 이 일이 중세의 역사와 더 나아가 전 세계의 역사를 뒤흔들어버리는 사건이 될 줄은 루터 자신도 몰랐던 것이다.

이때부터 루터는 쫓기는 몸이 되었고, 숨어서 한 일이 바로 성경을 독일어로 번역한 일이었다.

라틴어로만 되어 있어서 사제들만 읽을 수 있었던 성경이 독일어로 번역이 되자 영적인 혁명이 화산처럼 폭발했다.

평신도들이 성경을 읽어보니 '어, 아니잖아! 사제들이 가르친 것과 다르잖아! 이건 하나님의 뜻이 아니라 사람들이 만든 교리잖아!' 이렇게 되어 천주교의 존립기반이 뿌리째 흔들려버렸던 것이다.

이렇게 되자 소위 반종교개혁Counter Reformation 이라는 천주교 내에서의 개혁이 일어나기도 했지만, 대부분의 잘못된 교리는 그대로 이어져 내려오고 있다.

우리 그리스도인들이 상식적으로 알아야 할 내용을 간단히 소개해 본다면 다음과 같다.

구원관

성경은 '오직 구원은 예수 그리스도를 통해서만 가능하다'고 말씀한다. 이것은 성경의 핵심 내용이다. 구약과 신약의 핵심 교훈은 오직 예수 그리스도로 말미암아 구원 받을 수 있다는 것이다. 물론 천주교에서도 하나님을 믿고 예수 그리스도를 믿는다고 한다. 십자가를 늘 목에 걸고 다니고, 교황이 가지고 다니는 지팡이에는 십자가에 달리신 예수님의 형상이 달려 있다. 그래서 그들도 예수를 믿는다고 한다.

그러나 예수님만이 유일한 구원의 근거라고 하지는 않는다. 예컨대 그들은 마리아도 구원의 은총을 가지고 있다고 한다. 그래서 천주교의 찬양의 내용은 예수 그리스도에 관한 내용보다도 마리아에 대한 찬양이 훨씬 더 많다. 소위 '아베 마리아'라는 제목만 해도 얼마나 많은가? 그들은 마리아를 신모神母라고 한다. 예수님은 거룩하신 분이시기 때문에, 그에게 직접 요구하는 것보다는 자비로운 마리아를 통해서 그리스도의 은총을 받을 수 있다는 것이다. 이는 마치 예수님을 더 존경하고 공경하고 높이는 것 같지만 성경을 정면으로 거스르는 일인 것이다.

"내가 진실로 진실로 너희에게 이르노니 문을 통하여 양의 우리에 들어가지 아니하고 다른 데로 넘어가는 자는 절도며 강도요"_요 10:1

"내가 문이니 누구든지 나로 말미암아 들어가면 구원을 받고 또는 들어가며

나오며 꼴을 얻으리라"_요 10:9

"예수께서 이르시되 내가 곧 길이요 진리요 생명이니 나로 말미암지 않고는
아버지께로 올 자가 없느니라"_요 14:6

그들은 마리아의 이름으로 기도한다. 뿐만 아니라 소위 천주교에서
인정한 성인들에게도 기도하고 빈다. 예컨대 예수님의 제자들이나 또
는 이승훈 같은 성인들은 그들 자신들이 구원받고도 남는 선행을 했기
때문에, 그 남은 선행을 다른 사람을 구원하는 은총으로 나누어 줄 수
있다는 것이다. 이것은 성경의 가르침과는 전혀 다른 인간이 만든 교
리일 뿐인 것이다.

형 상 숭 배

하나님은 '우상숭배하지 말라'고 하셨을 뿐만 아니라, '우상을 만들
어 섬기지 말라'고 하셨다. 아무 형상이라도 만들지 말라고 한 것은, 그
것이 설사 하나님을 섬기는 것이라 할지라도 형상을 만들어 섬기는 것
은 금하신 일이다.

그런데 천주교에서는 이를 정면으로 거역하고 있다. 성당에 들어가
면 형상 일색이다. 예수님의 형상뿐만 아니라 기둥마다 제자들의 형
상, 마당 곳곳에는 그들이 정한 성인들의 형상을 만들어 세워 놓고 그
형상 앞에서 기도하고 섬기고 있다. 그들은 그 행위에 대해 '그것이 다
른 신을 섬기는 것이 아니기 때문에 우상숭배가 아니다'라고 하지만,
하나님의 말씀을 거역하는 불신앙적인 행위의 대표적인 일인 것이다.

예컨대 가톨릭 국가인 필리핀의 그 유명한 '퀴아포' 성당에 들어가

보면, 왜 가톨릭을 가리켜 '서양 불교'라고 하는지를 이해할 수 있다. 기둥마다 형상이 달려 있고 그 밑에는 헌금함이 놓여 있다. 예수님의 형상은 유리관 속에 넣어두고 팔과 다리만 내어놓았는데, 사람들이 그 손과 발을 얼마나 많이 만지면서 빌었던지 다 닳아버려서 발과 손만 잘라서 새것으로 바꾸어 붙여 놓은 것을 볼 수 있다. 확언컨대 이것은 성경의 교훈이 아닌 것이다.

교황제도

그들은 교황을 가리켜서 '베드로의 후계자'라고 한다. 그래서 주님께서 베드로에게 천국 열쇠를 주었는데, 지금은 그 후계자인 교황이 천국의 열쇠를 가졌다고 주장한다. 그러므로 교황의 말은 곧 주님의 말과 같아서 거역할 수 없으며, 더 나아가 교황은 오류와 잘못이 있을 수 없는 무오한 사람이라고 한다.

이것이 그들의 조직 운영에 가장 기본이 되는 철칙이기 때문에, 천주교는 가장 강력한 조직체가 되어 있는 것이다. 그 어떤 자도 허물 수 없는 조직과 질서와 강력한 영적 통치력이 주는 매력은 강력한 종교적 심성을 불러일으켜 사람들을 끌어들이고 있는 것이다.

그래서 그들의 미사는 경건하고, 카리스마적이며, 독특한 종교적인 분위기를 나타내게 되므로, 사람들은 개신교의 무질서해 보이는 예배보다는 천주교의 경건한 의식에 끌리게 되는 면이 있다.

그러나 교황은 베드로의 후계자가 결코 될 수 없다.

도대체 누가 교황을 베드로의 후계자로 세워주었다는 말인가? 베드로가 죽기 전에 유언으로 남겼는가? 아니면 후에 부활하신 주님이 나타나셔서 교황 즉위식이라도 열어 주신 적이 있는가? 그들 스스로 모여서 베드로의 권위를 부여하고 조직의 수장으로 세운 것뿐이다.

　그 외 고해성사의 문제, 선행과 구원의 문제 등 여러 가지 문제가 있지만, 가장 중요한 문제인 구원의 문제만 좀 더 생각해보자.

　인간의 구원은 하나님만이 하실 수가 있다.

　하나님께서는 자신의 독생자 예수 그리스도를 통해서만 가능하다고 말씀하셨다. 그런데 천주교에서는 마리아를 통해서, 여러 제자들이나 성인들을 통해서도 가능하다고 한다. 뿐만 아니라 선한 행위를 통해서 구원을 받을 수 있다고 한다. 그래서 소위 천주교의 역사 가운데 로마교회는 '사람들이 살아있는 동안 지은 죄를 용서받을 수 있는 길이 회개와 단식, 로마 순례, 십자군 원정의 참여 등을 통해 가능하다'고 했고, 16세기 초 교황 레오 10세가 성 베드로 대성당의 증축 비용을 마련하기 위해 독일에서 면죄부를 판매한 사건은 너무나도 유명하다. 그때 면죄부 판매를 맡은 수도승 '테젤'은 "면죄부를 산 돈이 금고에 짤랑 떨어지는 소리가 남과 동시에 면죄부를 산 본인은 물론 부모 친지의 영혼까지 연옥의 불바다를 튀어나와 천국에 가게 된다"고 했던 것이다.

천주교에도 구원이 있는가?

　그렇다면 '천주교에도 구원이 있는가?' 하는 문제다.

　이 문제는 그렇게 간단하게 답하기에는 곤란하다. 왜냐하면 비록 천주교에 다니는 사람이라 할지라도 '구원의 길은 오직 한 길, 예수 그리스도를 구주로 믿는 믿음뿐임을 믿는다. 그래서 나는 날 위해 피 흘려 내 죄를 씻어주신 예수 그리스도를 나의 구주로 믿는다'라는 믿음이 있는 자는 구원을 받을 것이다. 마리아나 다른 성인들을 믿어서가 아니고,

또 어떤 선행을 통해서가 아니라 오직 예수 그리스도를 믿음으로만 구원을 받는다는 믿음이 있다면 누구에게나 구원은 가능한 것이다.

그러나 하나님을 믿고, 예수님을 믿고, 성경을 믿는다고 하면서도 한편으로는 하나님이 가장 싫어하시는 형상을 만들어 섬기며 그 앞에서 비는 것은 하나님을 얼마나 욕되게 하는 일인가?

예수님의 육신의 어머니인 마리아는 참으로 복된 여인이다. 성경도 복된 여인이라고 기록하고 있다.

그러나 그것은 마리아가 여인 중에서 오직 유일하게 그리스도의 육체적인 어머니로 택함을 받았기에 참으로 복된 여인이라는 말이지, 그가 신적인 권위를 가졌다거나, 예수님과 죄인 사이에서 중보자가 될 수 있다는 것은 아니다. 마리아의 형상을 만들어놓고 그를 숭배하고 그 앞에서 기도하고 섬기는 행위는 비성경적이요, 반 성경적인 것이다. 더 나아가서 그를 신모神母라고 하며 하나님의 반열에 세우는 누까지 범하고 있는 것이다.

그러므로 비록 예수를 믿는다고 하는 천주교인이라고 할지라도, 하나님이 이토록 싫어하시는 비성경적인 생활을 하는 것이 과연 옳은 일이겠는가 하는 점과, 천주교인들이 선행으로도 구원을 얻을 수 있다는 그들의 교리를 따라 개신교인들보다 더 착하게 살고, 더 선을 많이 행하며 산다고 할지라도 그것은 본질적인 문제가 아닌 것이다.

그래서 '천주교에도 구원이 있느냐?'하는 질문에 '있다, 없다' 대답하기 보다는, 설사 있다할지라도 구원받은 자가 천주교에 몸을 담고 그런 비성경적인 종교행위를 한다는 것이 옳은 일이겠는가 하는 점과, 또한 그런 가르침 속에서 '오직 그리스도만이 유일한 구원주'라는 신앙을 가질 수 있을까 라는 점이 문제인 것이다.

8. 지도자의 죄와 교회의 시험에 관해

어떤 교회에서 사역하고 계신 교역자로부터 상담을 요청받았다.

Q "제가 존경하는 목사님 두 분이 제 7계명의 문제로 시험에 든 사실 때문에 괴로워하고 있습니다. 한 분은 정신적인 간음죄를 지었고, 또 한 분은 육체적인 간음죄를 지었다는 사실을 알게 되었습니다. 이럴 때 제가 어떻게 해야 할지 너무 고민이 됩니다. 가까이에서 섬기는 사람으로서 그냥 기도만 하고 있어도 될 일이 아닌 것 같은데 어떻게 하면 좋을까요?"

A 오늘날 이 시대는 그 어느 시대보다 성적인 미혹이 많은 시대이다. 마귀 사탄은 이 문제로 함정을 파고 올무를 놓고 그물을 치고 걸려들기만을 기다리고 있다. 그 어느 누구도 '나는 괜찮다. 나는 자신 있다'라고 할 수 없는 부분이 바로 이 부분이다.

하나님께서 가장 싫어하시고 예민하게 반응하시는 죄가 '간음죄'라고 생각한다. 왜냐하면 그것이 곧 '우상숭배의 죄를 상징하고 있기 때문'이다.

이스라엘 백성들이 하나님을 떠나 우상 숭배할 때 언제나 하나님은 "너희가 간음했다"라고 하셨다. 그래서 오늘날 하나님은 간음죄를 짓는 자들에게 가혹한 징계를 하시는 것을 보게 되는데, 하나님이 가장 싫어하시는 우상숭배의 상징으로 여기시기 때문이라고 생각한다.

만일 거룩한 공동체를 지도하는 영적인 지도자가 이런 죄를 지을 때는 하나님이 더 강하게 징계하시는 것을 교회 역사를 통해서 생생하게 보아오고 있는 것이 사실이지 않는가?

그래서 목사는 세 가지를 위해 생명 걸고 기도해야 한다는 말이 있다. 첫째는 삯꾼 되지 않게 해 달라는 기도요, 둘째는 자신의 명예 때문에 하나님의 영광을 가리지 않게 해 달라는 기도요, 셋째는 성적인 미혹에 빠지지 않게 해 달라는 기도라는 것이다. 왜냐하면 이것들이 다 하나님께서 싫어하시는 '우상들을 상징'하고 있기 때문인 것이다.

먼저 알아야 할 마귀의 간계

오늘날 교회를 시험에 빠뜨리려는 마귀의 간계를 조심해야 한다.

이 사회에서 만연하고 있는 '아니면 말고' 식의 터뜨려 놓고 보는 일들이 교회와 영적인 세계에서도 너무 많이 일어나고 있기 때문이다. 더 나아가 성적인 죄를 지은 당사자뿐만 아니라, 그 일로 인해 많은 사람들이 죄를 범하게 된다는 것이 문제라는 점이다.

그래서 우리 그리스도인들은 개인적으로 하나님이 싫어하시는 간음의 죄에 빠지지 않도록 기도하고 조심해야 함은 물론이거니와, 다른 사람의 일로 인해 내가 더 큰 죄의 자리로 나아가지 않도록 삼가 조심해야 할 것이다.

내게 상담해온 교역자의 경우를 통해 몇 가지 교훈을 얻고자 한다.

먼저 한 분은 정신적인 간음죄를 지었다고 했다.

그 정황이 어떤 상태를 말하는 것인지는 모르겠지만, 정말 '정신적'이라고 한다면 제 삼자가 명확하게 정죄한다는 것은 불가능한 일이 아니겠는가 하는 점이다. 물론 옆에서 보기에 '정신적으로 간음했다'라고 보일 수도 있겠으나, 설사 그렇게 보인다 할지라도 당사자가 정말 음욕을 품었는지를 누가 알 수 있겠느냐는 말이다.

만일 요즘 사회에서 문제가 되고 있는, 성희롱과 같은 종류라고 한다면 정신적인 간음과는 또 다른 문제로 취급해야 할 것이다. 어떤 면에서는 성희롱이, 잠깐의 순간적인 실수로 지은 육체적 간음죄보다 하나님 앞에서는 더 악한 죄가 될 수도 있으니까 말이다.

그래서 정신적인 간음죄에 대해서 판단하거나 정죄하는 것은 삼가 더 조심해야 할 부분이라고 생각된다. 주님께서 "여인을 보고 음욕을 품는 자마다 이미 간음했다"라고 말씀하셨는데, 이런 기준이라면 이 죄로부터 자유로울 사람이 세상에 있겠는가?

다만, 이런 정신적인 간음죄도 무섭거늘 하물며 육체적인 간음죄이겠는가 하는 점이다. 정신적이건 육체적이건 그리스도인에게 이 죄는 피해야 할 무서운 죄라는 점은 두 말할 필요가 없을 것이다.

죄가 죄를 낳고…

교회 안에서 이런 죄에 대한 소식을 접했을 때 나 자신이 더욱 경계의 교훈으로 삼아야 할 뿐만 아니라, 그 일을 통해 '내가' 말이나 생각으로 죄 짓지 않아야 한다는 점과, 또 사탄의 의도대로 '교회를' 시험에 들게 하는 데 참여하는 죄를 범하지 말아야 할 것이라는 점이다.

사실 내게 상담해 온 분의 핵심적인 질문은 '간음죄를 지은 사람에 관한 문제'라기 보다는, '그 사실을 알고 있는 자신에 관한 문제'다.

즉, '이 사실을 어떻게 처리해야 하느냐, 그냥 침묵하고 있어야 할 것인가 아니면 밝혀야 하는 것인가? 덮자니 하나님 앞에서 바르지 못한 것 같고, 밝히자니 교회에 일어날 시험들을 생각하니 끔찍하다. 그리고 또 한 사람의 목회자로서의 생명이 끝나버리게 될 것인데 어떻게 해야 하겠느냐?'는 질문이다.

사실 그 정황을 제대로 알지 못하면서 이렇게 하라 저렇게 하라고 조언할 수 없는 일이긴 하지만, 오늘날 이런 일을 겪은 많은 교회들의 경우를 보아서 우리가 교훈과 지혜를 얻을 수 있을 것이다.

이런 일을 당했을 때 우리 그리스도인들이 가장 중요하게 생각해야 할 부분은 바로 '교회'다. 교회는 목사의 교회도 아니고, 장로나 어떤 직분자나 교인의 교회도 아니다. 교회는 오직 주님의 교회다. 그래서 중요한 것은 목사를 비롯한 어떤 '사람으로 인해 교회가 손해를 보지 않도록 해야 한다'는 점이다. 그것이 모든 것보다 우선이 되어야 할 것이다.

만일 주님의 몸 된 지체 중 일부분이 상처를 받은 상태라면, 그 부분을 잘 치료해서 속히 '몸이 회복되는 것'이 더 중요한 일이다. 그렇지 않으면 그 상처 때문에 몸 전체가 중병에 들어버리게 될 수도 있기 때문이다.

물론 방법적인 면은 여러 가지가 있을 것이다. 예컨대 '주님의 몸인 교회를 건강하게 세우기 위해서는 상처를 빨리 치료해야 한다. 이를 위해서 잠시 아픔이 있을지라도 메스로 악종을 도려내어야 한다. 그래서 모든 사실을 다 공개하는 것이 최선이다. 덮으면 속으로 더 큰 병이 되어 교회에 더 큰 손해를 입힐 수 있기 때문이다' 이렇게 생각할 수도 있을 것이다.

맞는 말이긴 하다.

그런데 지금까지 이런 식으로 처리한 교회치고 속히 건강하게 된 교회가 많지 않더라는 점이다. 오히려 침소봉대 되는 부분이 많아지고, 감정적인 영향으로 시험은 더 커지고, 교인들이 나뉘어져 다른 방향에서 교회가 초토화 되어 버린 경우가 다반사더라는 점이다.

두 번째로, 이 시험은 시험을 일으킨 장본인의 문제라기보다 그 뒤에서 역사하는 사탄의 계략을 보아야 한다는 것이다. 시험에 빠진 사람은 문제를 일으킨 당사자들이다. 그러나 핵심은 그 뒤에서 그들을 함정에 몰아넣은 마귀가 있음을 간과해서는 안 된다는 점이다. 마귀의 목표는 그들만이 아닌 교회가 주 타깃이기 때문이다.

교회를 흔들어 파괴하고, 이를 통해 대내외적으로 교회의 이미지를 흐리게 만들고, 복음을 가로막아 주님의 지상명령을 방해하고자 하는 악한 계략이 숨어 있다는 말이다.

이 계략 가운데는 교인들의 정의감(?)을 부추겨서 문제를 복잡하게 만들고, 다투게 만들고, 편을 갈라 교회를 미움의 장으로 만들려는 흉악함이 들어 있다. 이것이 지금까지 교회의 역사를 통해서 나타난 사실이다.

그래서 '어떻게 하는 것이 마귀의 계략을 무력화시키면서, 교회가 상처를 입지 않고 속히 회복될 수 있을까?'에 초점을 맞추고 생각해야 할 필요가 있다.

그렇다면 어떻게 하라는 말인가?

여기에서 나는 개인적으로 조언하고 싶은 점이 있다.

그것은 이유야 어쨌건 '죄 없는 자가 이 여인에게 먼저 돌로 치라'고 하셨던 주님의 음성을 들어야 하리라는 것이다. 즉 '정말 교회를 사랑하는 마음'으로, 또 '당사자를 미워하지 않는 마음'으로, '돌을 들어 던지는 것과 같지 않는 마음'으로 일을 처리하라는 것이다.

지금까지 교회 역사상 이런 문제가 구렁이 담 넘어 가듯이 묻혀 없어진 적이 없다. 이 문제는 하나님이 철저하게 처리하시기 때문이다. 설사 대외적으로 밝혀지지 않는다고 할지라도 당사자들에게는 잔인하리만큼 큰 고통을 안겨주는 법이다. 본인이 철저하게 회개하고 돌이킬 때 하나님은 긍휼을 베푸셔서 회복시켜주시지만, 그러나 그렇다 할지라도 개인적으로 받아야 할 고통은 처절하리만큼 겪게 하시는 것이 역사적인 교훈이다.

그가 다윗이라고 할지라도 간음의 결과는 처절한 고통과 슬픔이 뒤따른다는 것이 성경의 교훈이다. 이런 점들을 염두에 두고, 우리의 관심을 주님의 몸 된 교회에 두고 일을 처리하는 지혜가 필요할 것이다.

그래서 이것이 정답이냐를 떠나서, 나는 내게 상담해온 그 분에게 개인적으로 이렇게 조언을 했다.

"내게 '당신이라면 어떻게 하겠는가?' 이렇게 물으신다면 저는 이렇게 말씀드리고 싶습니다. 당신이 돌을 들지는 마십시오. 이 세상은 덮는 사람보다는 들추어내는 사람이 더 많고, 용서하는 사람들보다는 돌던지는 사람들이 훨씬 더 많습니다. 문제가 생기면 긍휼의 눈으로 보는 사람들보다는 멸시와 증오의 눈으로 보는 사람들이 더 많습니다. 자기 자신이 의로워서가 아니라, 자신이 경건하게 살지 못하는 것을 '너만이라도, 아니 목사 너만은 그렇게 살면 안 돼! 아니 나는 그렇게 살지 못해도 목사 넌 그렇게 살아줘야만 해!' 하는 보상심리에서 나오는 증오심이 더 많습니다.

그리고 '이럴 때 기도만 하고 있으면 되느냐?'고 하셨는데…. 정말 기도만큼 확실한 대안이 있을까요? 우리가 기도하면서도 기도의 능력을 무시할 때가 많습니다. '무엇이든지 구하는 대로 시행하리라'고 주께서 말씀하셨는데도, 우리는 기도하면서도 기도의 능력을 믿지 못할 때가 많습니다. 기도하실 때 교회가 상처입지 않도록 기도하시고, 마귀가 웃지 못하도록 성령님의 역사를 구하시고, 합력하여 선이 이루어지도록 간구하시면 주님께서 들으실 줄 믿습니다.

그리고 당신의 마음속에 미움이 자리 잡지 않도록 기도하시고, 정말 순수한 마음으로, 정직한 마음으로, 교회를 사랑하는 마음으로 기도하시면 하나님께서 이 문제를 드러내실 만큼 드러내시고, 밝히실 만큼 밝히실 것이고, 때리실 만큼 때리실 것이고, 만지실 만큼 만져주실 것입니다. 어떤 방법으로든지…. 다만 당신이 돌을 들어 던지지는 마십시오.

다시 한 번 말씀드리고 싶은 점은, 당신과 그분들과의 관계가 어떤 관계인지는 모르겠습니다만, 이번 일은 절대로 당사자들만의 문제가 아닙니다. 주의 종들을 위해 기도하지 못한 교인들의 책임도 있다는 점입니다. 그 어느 때보다 교인들이 주의 종들을 위해 많이 기도해야 할 때입니다.

어느 누가 완전무결해서 목사가 되었겠습니까? 오히려 성경적으로는 남보다 더 약하고, 더 무능하고, 더 미련한 사람이기에 부름을 받은 자입니다. 그리고 마귀의 최고의 공격 타깃은 교회의 지도자입니다. 늘 공격 대상 제1호입니다. 물론 본인 당사자의 경건생활이 가장 중요합니다만, 그러나 그 교회의 목사는 그 교회 교인들의 기도가 있어야만 마귀의 공격에서 안전할 수 있는 법입니다.

그리고 문제의 당사자들 가까이에서 보필하는 분들의 책임도 큽니다. 누구보다도 기도 많이 해야 할 자들이기 때문입니다. 혹 당신께서 이렇게 가까이에 계신 신분이기 때문에 이런 사실을 남보다 더 잘 알게 되시는 것은 아닌지요? 만일 그렇다면 책임이 더 크다는 점을 기억하셔야 합니다. '내가 경건한 삶으로 잘 보필해 드리지 못해서요, 내가 기도해 드리지 못해서요, 내가 미리 막지 못해서 이런 문제가 생겼다'라는 마음을 가져야 할 것입니다. 이런 관계가 아닐지라도 평소 존경하는 분들이었다고 한다면, 정죄보다는 사랑하는 마음으로 하나님의 긍휼을 비는 기도를 많이 해 주셔야 할 것입니다.

사실 생각해보면 '어떻게 목사가 됐는데… 어느 목사이건 간에 목사가 되기까지의 과정에는 돌이킴이 있었고, 헌신의 결단이 있었고, 고난과 아픔과 고통과 기적과 은혜의 체험 끝에 이루어진 눈물의 열매로 하나님의 종이 되었는데… 마귀가 쏜 화살 한 방에 이렇게 무너져 끝나버려야 한다는 말인가? 너무 억울하지 않은가! 음흉한 웃음을 짓고 있는 마귀 앞에 속수무책으로 당하기만 해야 하는가… 이렇게 무력하게 무너져 초토화 되는 교회를 바라보고 있어야 하는가!

평소에 성전 뜰만 밟고 왔다갔다 하던 명목상의 교인 Nominal Christian 들이 이럴 때 주먹을 불끈 쥐고 최고의 의인이 되어 열심을 내는 것이 무엇을 의미할까?'

이런 생각이 듭니다. 저는 이런 소식을 들을 때마다 얼마나 억울한지 모르겠습니다. 이 글을 쓰면서도 너무너무 억울해서 눈물이 쏟아집니다. 한국 교회를 위해서 기도하지 못한 죄를 다시 한 번 깨닫게 됩니다.

시원한 답변을 드리지 못하고 오히려 갈등만 더 크게 해 드리는 것 같아서 죄송합니다만, 우리가 믿는 하나님은 심은 대로 거두시는 분이시며, 악을 간과하지 않으시며, 공의를 행하시는 분이 아닙니까? 그리고 그분은 독생자를 아끼지 않으시고 이런 죄인들이 모인 교회를 위해 십자가에 내어주시지 않으셨습니까? 이런 때일수록 더욱 주를 의지하십시다. 결단코 마귀가, 음부의 권세가 교회를 흔들지 못할 것이라는 주님의 약속을 바라보십시다. 다만 '내가 어떤 태도를 취해야 할 것인가?'의 문제에 대한 지혜를 성령님께서 주시기를 기도드립시다. 그래서 아무쪼록 당신으로 말미암아 주의 몸 된 교회가 더욱 든든히 세워지게 되기를 소원합니다.

성탄의 계절입니다. 메리 크리스마스!"

지극히 나의 개인적인 생각인지라, 혹 '가재는 게 편이라고 목사들의 불의와 죄를 덮으려고 하는 궤변'이라고 흥분하는 분들이 있을지 모르겠다. 다만 오늘날 교회가 악한 마귀 사탄에 의해 무참히도 훼파되는 것이 너무 억울해서 외쳐보는 한 작은 목회자의 신음소리로 여겨주면 좋겠다.

9. 축도와 '축원'의 용어 사용에 관해

어떤 분으로부터 예배 후 시행되고 있는 축도에 관한 질문을 받았다. 여러 가지 의도를 가진 질문이었는데, 축도의 의미와 방법, 축도의 시행자에 대한 근거, 그리고 '축원'이라는 용어 사용에 대해 성경적인 근거와 가르침이 무엇인지에 대한 내용이었다.

Q "목사님, 궁금해서 여쭙니다.

목사님들이 축도하실 때 '축도'란 '축복의 기도'라는 뜻이잖아요. 그렇다면 예배자들을 대표하여 구하는 기도라면 하나님께 구하는 것이고, 하나님께 구하기 위해서는 '예수님의 이름으로' 구해야 하는 것 아닌가요?

'있을 지어다!'라는 말은 기도가 아니라 '축복 받아라'라는 뜻이니 그것은 기도가 아니잖아요?

또 어떤 분은 '있을지어다'라고 하시는 분이 있고, 또 어떤 분은 '축원합니다'라고 하시는 데 어떤 말이 옳은 건가요? '축원'이라는 말은 성경에 없는 용어잖아요.

그리고 축도는 왜 목사만 해야 하는 건지도 이해가 되지 않습니다. 축복하는 일은 누구나 할 수 있고 또 해야 하는 것이 아닌지… 축도의 의미와 방법, 그리고 용어에 대해 성경적으로, 신학적으로 설명해 주시면 감사하겠습니다."

A 사실 이런 문제에 대해 성경해석학적으로 혹은 신학적으로 다룬다면, 여기에 대한 논쟁은 기독교 역사의 길이만큼이나 복잡하고,

시대마다 다루어진 종교회의들에서 결정되어진 내용들도 다루어야 할 것이다.

신앙생활을 함에 있어서 이런 문제가 대부분의 사람들에게는 그렇게 중요하지 않은 문제지만, 어떤 사람에게는 궁금증을 넘어 거부감까지 가지게 된다면, 그것의 옳고 그름을 떠나 다른 교회생활의 부분에까지 영향을 미치게 되기 때문에 분명한 이해를 통한 정리가 필요한 것 또한 사실이다.

나는 여기에서 신학적이거나 성경 해석학적인 관점에서 다루기보다는, 목회 현장에서 축도를 시행하고 있는 목회자의 입장에서 설명해보고자 한다.

'축도의 근거'에 대하여

축도란 그야말로 '축복의 기도'라는 의미다. 그런데 예배자를 대표하여 하나님께 구하는 기도라면 '예수님의 이름으로' 구해야지, 왜 '있을지어다'라는 식으로 시혜자施惠者의 입장에서 말할 수 있느냐는 점이다.

그러나 사실 이야말로 성경대로 쓰는 용어라고 해야 할 것이다. 이것은 '고린도전서 16장'을 근거로 한다기보다는 '고린도후서 13:13'에서 바울 사도가 사용한 축도를 그대로 인용하여 시행하고 있다.

"주 예수 그리스도의 은혜와 하나님의 사랑과 성령의 교통하심이 너희 무리에게 있을지어다"_고후 13:13

그런데 바울이 '너희 무리에게 있기를 주 예수 그리스도의 이름으로 기도한다'라 하지 않고, '너희 무리와 함께 있을지어다'라고 했다.

이것을 가리켜 '사도적 축복의 선포'라고 한다.

이 '고린도후서 13장'의 축도를 '신약의 축도'라고 한다면, '구약의 축도'는 '민수기 6장'에 있다.

구약의 축도 내용은 "여호와는 네게 복을 주시고 너를 지키시기를 원하며 여호와는 그의 얼굴을 네게 비추사 은혜 베푸시기를 원하며 여호와는 그 얼굴을 네게로 향하여 드사 평강 주시기를 원하노라"(민 6:24-26) 이런 내용이다.

그런데 이런 축도를 누가 해야 하는고 하니, 하나님께서 모세에게 지시하시기를 '네가 이스라엘의 지도자니 네가 하라' 이러시지 않고 '여호와께서 모세에게 일러 가라사대, 아론과 그 아들들에게 고하여 이르기를 너희는 이스라엘 자손을 위하여 이렇게 축복하여 이르되'(민 6:22-23)라고 하시면서, 이 축복의 기원祈願을 모세가 아닌 아론, 곧 제사장들이 하도록 하셨다.

비록 모세가 이스라엘의 위대한 지도자였지만, 백성들을 위하여 축복을 비는 행위는 구별된 제사장들이 하도록 하셨다는 것이다.

그런데 그 축복의 방식이 '여호와께서 네게 복을 주시고 너를 지키시기를 원하며' 이런 식이다. '하나님께서 네게 복을 주시기를 기도한다'가 아니라 다분히 '내가 원한다. 하나님께 복을 받으라' 이런 식에 가깝다. 제사장들이 이렇게 축복하면 하나님이 백성들에게 복을 주시겠다고 하신 것이다. 이 방식은 사람이 제정한 것이 아니라 하나님께서 직접 제정하신 축복의 방법이라는 점이다.

백성들이 복을 받기 위해서 하나님께 직접 구하면 될 것 같은데, 하나님은 제사장을 통해서 복을 선포하도록 하셨고, 그 제사장이 축복을 선포하면 하나님께서 백성들에게 주시겠다고 하신 것이다.

이것은 여러 가지 의미로 생각할 수 있겠지만, 당시 제사장들의 영적 권위를 하나님께서 직접 부여하셨다는 점이다. 아무리 모세와 같은 위대한 정치적 권위를 가진 자라고 할지라도 그들에게 맡기시지 않고, 영적인 부분은 하나님께서 거룩하게 구별하신 제사장들에게 맡기심으로 하나님 스스로의 거룩하심과 권위를 나타내시고자 하셨다는 것이다.

그렇다면 구약시대 때 제사장들이 하나님께 부여받았던 축복권이, 만인 제사장 시대인 신약시대에 와서는 모든 교인들에게 그 축복권이 주어졌다고 해도 문제는 없을 것이다.

그러나 구약시대의 축복은, 하나님께 대신 기도하는 형태가 아니라 하나님께로부터 축복의 권위를 부여받은 제사장들이 복을 '선포하도록' 하셨다. 그래서 축도를 Benediction이라고 한다.

바울 사도는 최고의 신학자요, 하나님께로부터 계시를 받은 자이며, 성령의 감동을 받아 성경을 기록한 사람이다. 그가 '기도는 예수 그리스도의 이름으로 해야 한다'는 것을 모를 리가 없는 사람이었음에도 불구하고 이런 선포의 기능을 띤 축도를 했다면, 일단 신학적으로나 성경적으로 이렇게 할 수 있다는 것만은 인정해야 할 것이다.

다만 바울은 사도이기 때문에 가능했지만, 지금의 목사는 사도가 아니지 않느냐고 말한다면 그 또한 옳다고 할 수 있을 것이다. 그리고 신약시대에는 모든 교인들이 다 할 수 있지 않느냐고 한다면 그 또한 아니라고 할 수 없을 것이다.

그러나 오늘날 교회에서 시행되고 있는 축도는 실상 설교의 한 형태로 인정하고 있으며, 그날 설교한 설교자가 하나님의 말씀 선포와 함께 축복을 아울러 선포함으로써, 하나님의 말씀 자체의 권위를 높이고자 하는 의도를 가지고 있다는 점이다.

문제가 제기된 배경과 의도

그런데 솔직히 우리가 왜 이런 문제 때문에 관심을 쏟고 또 부정적인 반응을 보이며, 왜 이토록 거부감을 갖는 사람이 있느냐 하는 점이다. 사실 신학적인 문제나 성경적인 문제만은 아닐 것이다.

이런 거부감은 많은 부분에서 '목사만 하기 때문에' 생긴 일이라고 할 것이다. 물론 대부분의 교인들은 거부감 없이 축도를 감사함으로 받지만, 이를 수용하지 못하고 오히려 거부감을 갖는 교인들에게는 전혀 은혜도 축복도 되지 않을 것이다.

그렇다면 왜 이런 문제가 생기는 것일까?

그 원천적인 책임은 목사들에게 있음을 부인할 수 없다. 즉, 목사에게 부여된 영적 권위가 인정을 받지 못하고 있기 때문이고, 그 권위를 인정받지 못하는 이유는 그동안 많은 부분에서 스스로 비성경적인 권위를 주장함으로 생긴 역반응일 것이다. 그래서 정당한 권위마저 손상당해버리고 만 것이리라.

루터와 칼빈은 교회 안에 존재하는 모든 가톨릭적인 요소는 다 제거하려고 했다. 심지어 칼빈의 경우에는 가톨릭 냄새만 나도 철저하게 배격했다. 그래서 오히려 하나님을 예배하고, 교회의 영적 질서에 유익이 되는 요소들까지 몰아내어버린 결과 예전(禮典)과 같은 부분에서 많은 손해를 보고 있는 것이 사실이다. 이러한 영향을 받아서 오늘날 교회 안에도 권위주의적인 냄새가 조금만 나도(심지어 모두에게 유익한 영적 권위들까지도) 거부감을 일으켜 '틀렸다'라고 까지 예민하게 반응하고 있는 것은 아닐까?

즉, 가톨릭적인 모든 요소를 배격하면서 나타난 현상 가운데 하나가, 철저하게 사제(지도자)의 권위적인 요소를 없애는 것이다. 이것이 정당한 영적 지도자의 권위마저 상실케 함으로, 결국 하나님의 말씀의 권위까지 약화시켜버리는 손해(?)를 우리가 보고 있지는 않느냐는 것이다.

어떤 분은 '왜 신약시대의 개혁교회에서 목사가 가운을 입느냐? 그건 가톨릭적인 권위주의적 의식이 아닌가?' 이렇게 말하는 분들도 있다. 그렇다면 그렇게 목사가 가운을 입는 것에는 거부감을 가지면서도 왜 성가대원이나 지휘자가 가운을 입는 것에는 거부감이 들지 않는 걸까? 그 이유는 성가대원이나 지휘자가 가운을 입는 것은 권위로 보지 않고, 목사의 가운은 권위로 보기 때문이다. 바로 그 바탕에 깔려 있는 의식의 문제라는 말이다.

나는 개인적으로 특별한 경우 외에는 가운을 잘 입지 않는다. 그러나 목사가 가운을 입는 것은 여러 가지 의미에서 유익이 있다고 생각한다. 무엇보다 '스스로 구별된 일을 하고 있다'는 자의식 때문이다. 찬양대원이 가운을 입는 것은 '많은 교인들 가운데서 찬미의 제사를 드리는 제사장적 기능을 감당하는 사람'을 의미하고 있는 것이다. 그래서 스스로 가운을 입으면서 구별된 찬양을 드리는 사람이니까 자세를 달리 해야겠다는 자의식을 가지게 되는 유익이 있다.

목사도 가운을 입으면서 '나는 지금 하나님의 말씀을 대언하고 있다. 말씀 선포를 맡은 구별된 자로서, 삼가 떨면서 하나님 앞에 나아가야 된다'는 자의식을 가진다는 것이 얼마나 유익된 일이겠는가 말이다.

그런데 거룩한 제사장적 정신으로 입는 가운이 아니라, 박사 가운과 같은 세상적인 지식과 권위를 나타내고자 하는 의도를 가지고 입는 자들 때문에 일어나는 역반응의 현상이라고 생각한다면, 빈대 때문에 초가삼간을 태워버리는 손해를 보지는 말자는 것이다.

하나님의 말씀을 대언하는 설교자가 그 거룩하신 하나님의 권위로 축복을 선포하는 것을, 하나님께서 내게 주시는 은혜라고 생각하며 감사함으로 받게 되면 그게 복이 되지 않을까?

만일 '지금은 만인 제사장 시대니까 모두가 축도할 수 있다'고 하면서 누구나 다 이런 축도를 시행한다면 그 축도의 권위 자체가 약화되지 않을까? 교회에서 장로도 축도하고, 집사나 청년도 누구나 축도를 시행한다면, 선포적인 기능에서 많은 문제점이 나타나게 되지 않겠는가?

그래서 공회에서 하나님의 말씀에 대한 권위를 더 높이기 위해 말씀을 선포하는 목사에게만 축도의 권위를 부여한 의도를 선하게 받아들이면 유익이 될 것이다.

'사도행전 10장'에 보면 백부장이 베드로를 초청해놓고, 그 앞에 가족들과 친구들이 다 베드로 앞에 엎드려서 '이제 우리는 다 하나님 앞에 있나이다'라고 했다. 이것은 말도 안 되는 행동이지만 너무나 아름다운 장면으로 성경에 기록되어 있다. 왜 우리는 베드로와 백부장과 같은 관계가 될 수 없는 것일까?

베드로는 엎드린 자들을 보고 펄쩍 뛰면서 "나는 사람이라"고 하며 일으켜 세우고, 백부장은 "하나님의 말씀을 듣기 위해 모였으니 우리는 하나님 앞에 있는 것과 같습니다"라고 하면서 엎드리는 이 아름다운 관계 말이다.

그런데 한 쪽에서는 '어째서 권위적인 가운을 입느냐, 어떻게 당신만 축도할 수 있느냐?', 다른 쪽에서는 '감히 목사에게 대어 들지 말라! 내게는 축복권과 저주권이 있다. 내가 저주하면 너는 망한다!' 이런 식이라면 우리가 손해를 봐도 너무나 큰 손해를 보고 있는 것이다.

'축도'와 '축원'의 용어에 대해서

나는 성도들로부터 두 가지 상반된 항의를 받은 적이 있다.

하나는 "왜 설교 시간에 목사가 '축원합니다'라는 말을 남발하느냐?"라는 것이고, 또 하나는 "왜 목사에게 주어져 있는 축복권인 '축원합니다'라는 말에 그렇게 인색하냐?"라는 항의였다.

한 쪽은 '목사가 무슨 축복권을 혼자 다 가지고 있는 것처럼 말끝마다 축원, 축원 하는 것에 거부감이 생긴다'는 것이고, 또 한 쪽은 '하나님의 말씀을 선포하는 교회의 영적 지도자가 할 수만 있으면 교인들을 마음껏 더 많이 축복해줘야 하는 것 아니냐?'라는 주장이다.

하나의 예에 불과하지만, 오늘날 성도들이 가치관에 따라 얼마나 다르게 생각할 수 있고, 그 생각에 따라 받아들이는 태도에 얼마나 차이가 날 수 있는 지를 잘 보여준다.

'축원'이라는 용어 사용에 대한 것도 마찬가지다.

'있을지어다!'라는 권위주의적인 용어에 거부감을 가지는 사람이 있는가 하면, 또 반대로 왜 성경대로 하지 않고 '축원합니다'라는 용어를 사용하느냐고도 한다. 축도의 의미로 '축원'이라는 용어가 성경에 없다고도 한다.

그러나 '잠언 11장'에 보면 '성읍은 정직한 자의 축원을 인하여 진흥하고, 악한 자의 입을 인하여 무너지느니라'(잠 11:11, 개역한글)고 한다. 한마디로 '축원'이란, '하나님께서 복을 주시기를 원한다'라는 기원이기도 하지만 선포적인 기능도 포함하고 있다.

신약에서 축원의 두드러진 형태는 '요한 삼서'에 나타난, 소위 삼박자 구원이라 일컫는 구절이다.

"사랑하는 자여 네 영혼이 잘 됨 같이 네가 범사에 잘 되고 강건하기를 내가 간구하노라" _요삼 1:2

여기에서 '간구한다'라는 말은 '기도한다'는 의미도 있지만, 요한 스스로가 그것을 원한다는 뜻과 함께 사도적인 선포의 의미도 들어 있는 것이다. 만일 순수한 기도의 형태라면 '영혼이 잘 됨 같이 범사에 잘 되고 강건하기를 주 예수님의 이름으로 구하노라'라고 해야 할 것이다.

'축원합니다'라는 말에도, 그저 순수하게 '축복하고 기원한다'는 뜻으로 받아들이면 안 될까? 구태여 기도이기 때문에 '예수님의 이름으로 축복하고 기원합니다' 이렇게 해야만 한다고 생각할 것이 아니라, 설교자의 입에서 나온 축복의 선포적 기능이라고 받아들인다고 해서 하나님이 싫어 하실까?

성경은 말씀하고 있다.

"너희를 박해하는 자를 축복하라 축복하고 저주하지 말라" _롬 12:14

하나님은 자신을 가리켜 '입술의 열매를 창조하는 자'라고 하셨다. 그래서 할 수만 있다면 많이 축복해야 할 것이다.

"입술의 열매를 창조하는 자 여호와가 말하노라 먼 데 있는 자에게든지 가까운 데 있는 자에게든지 평강이 있을지어다 평강이 있을지어다 내가 그를 고치리라 하셨느니라"_사 57:19

'축도'의 원리나 '축원'이라는 용어의 사용을 두고 따지자면 분명히 달리 해석할 수 있는 양면이 있을 것이다.

분명히 오늘날 교회 안에 '있을지어다'에 거부감을 가진 사람이 있고, '축원합니다'라는 용어에 반감을 가진 사람도 있다.

그러나 용어가 아니라 축복의 원리와 의도를 따라 겸손하게 받는 사람이 되었으면 좋겠다. 그냥 목사 중 한 사람의 의견으로 받아주기를 바란다.

10. '성령의 내주하심'에 대하여

신앙생활을 하면서, 눈에 보이지 않고 오감으로 인지할 수 없는 영적인 부분 때문에 갈등을 겪어보지 않은 사람은 없을 것이다. '믿음은 바라는 것들의 실상이요 보지 못하는 것들의 증거'(히 11:1)라고 했듯이, 보이지 않는 영적세계를 보는 것같이 이해한다는 것은 불가능한 일일 것이다.

그 가운데서도 '성령의 역사'가 그렇다.

주님께서 부활 승천하신 후부터 주님 재림하실 때까지 교회와 그리스도인들은 성령의 인도하심과 가르치심과 역사하심 속에 살게 되었다는 것이 성경의 가르침이다. 그렇다면 보이지 않는 성령의 역사를 어떻게 이해하고 살아야 하는 것일까?

Q "목사님, 안녕하십니까?

모태신앙인 저는 약 20여 년 전에 성령님께 이끌려 성령님께 의탁하는 기도 중에 처음으로 전인격적으로 주님을 영접하게 되었고, 하나님의 평강 속에 신유의 은혜까지 체험할 수 있었습니다. 약 5년 가까이 고생하고 있었던 신경성 노이로제를 기도를 시작한지 일주일 만에 치유함 받는 경험을 할 수 있었습니다.

그 후 믿음생활을 떠나 방탕생활을 하다가 다시 회개하고 돌이키는 삶을 반복하면서 조금씩 조금씩 참 신앙생활을 향해 나아가고 있습니다. 이제 하나님께서 저의 인생을 그의 계획 속에서 인도해 오셨고, 또 인도하고 계심을 경험하며 살아가고 있습니다.

그런데 최근 '요한계시록 3:20절' 말씀을 통해 몇 가지 영적원리에 대한 궁금함이 생겼습니다.

"볼지어다 내가 문 밖에 서서 두드리노니 누구든지 내 음성을 듣고 문을 열면 내가 그에게로 들어가 그와 더불어 먹고 그는 나와 더불어 먹으리라"_계 3:20

첫째, 하늘로 승천하시고 이 땅에 계시지 않는 주님께서 어떻게, 어떤 방법으로 영접하는 자에게 들어가시겠다고 약속하실 수 있습니까?

둘째, 그리고 '내가 그에게로 들어가 그로 더불어 먹고 그는 나와 더불어 먹으리라'는 주님의 말씀의 참된 영적 의미는 어떻게 설명될 수 있는 걸까요?

신앙생활을 오랫동안 해 온 사람으로서 부끄러운 질문입니다만, 저에게는 이 문제에 대한 영적 갈등을 겪고 있기에 여쭙는 것입니다. 저의 영적생활의 감각이 무디어져서 생기는 현상인지, 아니면 주님의 임재하심에 더욱 확신을 가지고 생활하라는 성령님의 당부인지 모르겠습니다."

Ⓐ 먼저 이 본문을 이해하기 위해서는 삼위일체의 원리에 대한 이해가 전제되어야 할 것이다. 즉, 성부 하나님과 성자 하나님, 그리고 성령 하나님은 한 분 하나님이시다.

그런고로 '요한계시록 3:20절'에서 주님께서 '문을 여는 자에게 들어가 함께 해 주시겠다' 말씀하신 뜻은 '성령님의 역사'를 가리켜 말씀하신 것이다.

이를 전제로 하여 그리스도인들과 함께 하시는 주님의 임마누엘의 방법 즉, '성령의 내주하심'에 대한 성경의 가르침을 살펴보아야 할 것이다.

예수님께서 부활 승천하신 후부터 우리와 만나주시는 방법이 성령님을 통해서이다. 왜냐하면 십자가의 구원사역을 위해 이 땅에 오신 예수님은 사람의 몸으로 오신 분이시다. 예수님은 완전한 사람이요, 완전한 육체를 가지신 분이시다. 완전한 인간이면서도 죄는 없으신 분이셔야만 인간의 죄를 대신 짊어지실 수 있는 대속자가 될 수 있었기 때문이다.

즉, 나와 같은 인간은 수억만 명이 죽어도 단 한 사람도 구원할 수 없는 존재다. 이 지구상에 사는 모든 사람이 나를 대신하여 다 죽어준다 할지라도 나는 그들의 죽음 때문에 구원을 받을 수가 없다. 왜냐하면 그들은 그들 자신의 죄 때문에 죽어야 할 죄인들이기 때문이다.

인간의 죄를 대속할 자는 완전한 사람이어야 했고, 사람은 사람으로되 죄가 없는 사람이어야만 했다. 그러나 그런 사람은 없다. 그래서 하나님이 인간의 죄를 대속할 사람이 되시기 위해 여인의 몸에서 태어나신다. 그러나 성령으로 잉태되시므로 죄 없는 완전한 사람이 되신 분이 바로 예수 그리스도이시다.

예수님은 완전한 인간이셨다. 그래서 예루살렘에 계실 때는 갈릴리에 계실 수 없었고, 중동에 계실 때면 한국에 계실 수 없는 인간의 몸이셨다. 먹지 않으시면 배고프셨고, 잠자지 못하시고 힘들게 일하시면 피곤하여 지치시는 분이셨다. 그래서 파도가 몰아치는 배에서도 곤히

주무셔야만 했고, 가시에 찔리면 아프셨고, 매를 맞으시면 우리와 꼭 같이 고통스러우셨고, 모욕을 받으시면 마음의 고통 때문에 신음하셨고, 죄인들에게 조롱을 받으시면 인간의 괴로움과 창조주의 슬픔까지 함께 가지셨던 분이시다.

그래서 히브리서에서는 이렇게 말씀하고 있다.

"우리에게 있는 대제사장은 우리의 연약함을 동정하지 못하실 이가 아니요 모든 일에 우리와 똑같이 시험을 받으신 이로되 죄는 없으시니라"_히 4:15

이렇게 사람의 몸으로 오셨던 예수님은 십자가에 죽으시고 부활하심으로 완전한 구속을 이루신 후 하늘로 올라가신다. 그리고는 심판의 주로 다시 오셔서 세상에 남아 있는 자기 백성들을 완전한 하늘나라로 데려가실 그때까지 성령님을 이 땅에 보내신 것이다. 성령님은 육체로 오신 주님과는 달리 영이시기 때문에 예루살렘에 계시면서 서울에도 계실 수 있고, 서울에 계시면서도 부산이나 제주도에도 동시에 계실 수 있는, 시공간을 초월하여 언제 어디서나 자기 백성들을 만나주실 수 있는 분인 것이다.

예수님의 임마누엘 – 성령의 내주하심

그래서 누구든지 마음의 문을 열면 주님의 영이신 성령님, 아니 바로 그 주님 자신께서 그에게 들어가 함께 해 주신다는 뜻이다. 이를 가리켜 '성령의 내주하심'이라고 하는 것이다.

그러나 성령님은 억지로 들어가지 않고, 마음의 문을 여는 자, 영접하는 자에게만 들어가신다.

"볼지어다 내가 문밖에 서서 두드리노니 누구든지 내 음성을 듣고 문을 열면 내가 그에게로 들어가 그와 더불어 먹고 그는 나와 더불어 먹으리라" _계 3:20

'볼지어다. 내가 문밖에 서서 두드리노니….'

언제나 우리와 만나주시고, 나와 동거해 주시기 위해 준비하고 계시는 주님이시라는 말이다.

그리고 '누구든지 내 음성을 듣고…' 특히 이 말씀은 일곱 교회에 편지를 보내신 후 하신 말씀이다.

즉, 오늘날의 모든 교회, 모든 그리스도인들에게 주시는 말씀이다. '누구든지 주시는 하나님의 말씀의 교훈을 듣고 그 마음을 열면…'이라는 뜻이다. 곧 말씀을 받아 순종하는 사람에게는 성령님께서 그와 함께 해 주신다는 의미다.

'내가 그에게로 들어가 그로 더불어 먹고 그는 나와 더불어 먹으리라'는 말씀은 '동거해 주신다'는 의미이다. 먹고 마시는 것은 한 식구가 함께 사는 것을 의미한다. 모든 삶에 함께 해 주시고, 나의 슬픔도 기쁨도 함께 나누시고, 내가 힘들고 어려워할 때 힘이 되어 주시고, 내가 신음할 때 같이 아파해 주시며, 기도할 때 말할 수 없는 탄식으로 내 곁에서 도고禱告 해 주시며, 만지시고 응답해 주시는 분이라는 뜻이다.

결국 삼위일체 하나님께서 일하시는 모습 중 하나라고 할 수 있다. 예수님이 내 속에 들어오신다는 뜻은, 주님의 영이신 성령 하나님, 바로 주님 그분이 나와 함께 동거해 주시고 동행해 주신다는 것을 의미하는 것이다.

이사야 선지자는 이미 주님께서 탄생하시기 전 예언하기를 '그 이름을 임마누엘이라 하리라'고 하셨다. 임마누엘이란 '하나님이 나와 함께 하신다'는 뜻이 아닌가! 주님께서 '내가 세상 끝날 까지 항상 너희와 함께 하리라'고 하셨는데, 하나님이신 주님이 어떻게 우리와 세상 끝날 까지 함께 하실 수가 있겠는가?

성령으로! 언제 어디서나 임마누엘 하시는 주님! 바로 그분이 내주하시는 성령님인 것이다.

내가 지금 예수를 믿고, 신앙생활을 하고 있다는 자체가 바로 성령님께서 내 안에 내주하고 계신 증거다.

"성령으로 아니하고는 누구든지 예수를 주시라 할 수 없느니라"_고전 12:3

11. 천국과 지옥을 다녀왔다는 주장들에 대해

기독교는 계시의 종교이며, 이성의 세계를 넘어 하나님의 계시인 말씀을 믿는 믿음의 종교인 반면에 체험의 종교이기도 하다.

그리스도인의 신앙생활에서는 이성과 과학적으로는 이해할 수 없는, 하나님이 행하시는 신비한 역사들이 많이 일어난다.

그러나 이러한 영적인 세계에서는 하나님의 역사가 아닌 마귀 사탄의 역사 또한 많이 일어나는데, 문제는 마귀 사탄이 교묘하게 하나님의 역사로 가장하여 일으키는 초자연적인 일들로 인해 사람들이 미혹을 받고 있다는 점이다.

오늘날 얼마나 이단들이 많은가?

그들 역시 한결같이 성경적이라고 말하며, 믿음과 하나님의 역사라고 주장한다. 그래서 많은 그리스도인들이 미혹을 당하며, 그로 인해 교회에 영적인 혼란이 일어나 어려움을 당하기도 한다.

그 가운데 하나가 천국과 지옥을 환상으로 보았다든가, 다녀왔다고 주장하는 자들로 인한 문제다.

 "목사님!

부흥집회나 간증집회를 통해 하나님의 초자연적인 능력에 대한 말씀을 들을 때 이성적으로 이해되지 않던 말씀이 믿어지는 경험을 하게 됩니다. 그리고 모든 하나님의 말씀을 순전하게 믿는 그리스도인이 되기를 소원합니다. 그럼에도 불구하고 항간에 천국을 방문했다고 하는 간증자들이 많아지고, 또 그런 경험들에 대한 책들이 많습니다.

예컨대 '토마스 주남'이 쓴 『천국은 확실히 있다』라는 책을 보니 천국으로 입신하고 직접 방문하여 하나님께서 보여주신 '천국의 비밀'들에 대해서 간증을 하고 있는데, 너무나도 놀라움을 금할 수가 없더군요.

목사님, 이것이 신학적인 차원에서 가능한 일인지요?

이사야의 환상, 바울의 천국 방문, 사도 요한의 계시록에 기록된 내용들…. 이런 일들이 그들의 경험으로만 그치는 것이 아니라, 마지막 때에 모든 육체에게 부어주시겠다고 하신 성령의 역사가 지금 일어나고 있는 것인지 궁금합니다. 방언, 예언, 환상 이런 놀라운 현상들에 대해 어떻게 생각해야 할지 혼란스럽습니다."

A 하나님은 과거와 현재 그리고 영원토록 변함이 없으신 분이시다. 그래서 과거에 하나님께서 하셨던 일을 오늘이라고 못하실 리가 없다. 또 성경에 기록된 일들은 역사 속에서 일어났던 일들이다. 그러므로 성경에 기록된 기적들은 오늘날도 분명히 일어날 수 있는 일들이다. 그 기적을 행하시는 분이 전능하신 하나님이시기 때문이다.

예컨대 바울 사도가 삼층천(셋째 하늘)에 올라간 경험이 성경에 기록되어 있다. 바울이 경험한 그 일은 당연히 오늘날에도 일어날 수 있다. 왜냐하면 바울과 함께 하신 그 하나님은 바로 오늘 나의 하나님이시기 때문이다.

그래서 천국 방문이나 기적적인 병 고침이나 신비한 은사가 나타나는 것을 두고 잘못되었다고 말할 수는 없을 것이다.

다만 여기에서 문제가 되는 것은, 이런 초자연적인 현상은 하나님에 의해서만 나타나는 현상이 아니라는 점이다. 하나님을 대적하는 무리들 즉, 마귀 사탄도 영물들이다. 초자연적인 능력을 행할 수 있는 존재들이라는 말이다.

예컨대 모세의 지팡이가 뱀이 되는 초자연적인 현상을 사탄도 동일하게 행했었다. 오늘날도 점쟁이 무당들을 통해 나타나는 초자연적인 현상들도 얼마나 신비한가!

예수님을 시험한 마귀는 온 천하를 자기 것인 양, 영광스러운 장면을 환상으로 연출하여 보여주기도 했다. 그것도 성경말씀을 인용해서 말이다. 결국 초자연적인 신비한 일이라고 다 성령께서 행하시는 일이 아닐 수 있다는 말이다.

오늘날 잘못된 이단들의 독특한 특징은 신비한 어떤 능력을 동반한다는 것이다. 좀 더 바꾸어서 말하자면, 공중권세 잡은 마귀가 사람들을 미혹하는 일에 이런 신비한 현상들을 사용하고 있다는 말이다. 심지어 성경말씀을 근거로 사람들을 미혹하고 있다. 그래서 영적인 분별력이 중요한 것이다. 지나치게 초자연적인 현상만을 추구하는 사람은 마귀의 공격 대상이 되기 쉽다. 그래서 항상 성경 전체를 통해 하나님의 뜻을 바르게 분별하는 일이 중요하다.

더 중요한 하나님의 뜻

좀 더 구체적으로 살펴보면, 천국에 대한 환상이나, 병을 고치는 신유의 기적이나, 이성으로 이해할 수 없는 신비한 일들도 얼마든지 일어날 수가 있을 것이다. 하나님이 하시고자 하시면 안 될 일이 없기 때문이다.

그러나 주님께서 말씀하시기를 이런 경험을 두고 복되다 하지는 않으셨다는 점이다.

"예수께서 이르시되 너는 나를 본고로 믿느냐 보지 못하고 믿는 자들은 복하나님의 자녀들인 그리스도인들 가운데 보았기 때문에 믿는다고 하는 자들은 극소수다. 거의 모두가 다 하나님의 은혜와 성령의 역사로 보지 못하는 것을 믿고 있다. 그래서 믿음이라고 하는 것이고 말이다.

바울 사도가 셋째 하늘에 올라갔다 온 경험을 말하는 장면이 '고린도후서 12장'에 나온다. 그런데 바울 사도는 천국에 갔다 온 경험에 대한 내용을 말하지 않는다. 그런 일이 있었다는 사실만을 말한다. 그것도 소위 잘 믿는다고 자기를 자랑하는 자들의 영적 교만의 잘못을 지적하면서 '주를 위해 고난 받은 일이나, 신비한 환상의 체험을 한 일과 같은 것으로 따지자면 너희들보다 내가 더 많이 헌신했고, 더 많이 체험했다'고 하면서 '그런 환상 같은 것은 자랑할 일이 못 된다'는 것을 가르쳐 주기 위한 목적이었기 때문에, 바울은 천국에서 보고 듣고 경험한 내용은 일체 말하지 않는다.

그런 것 때문에 믿게 되는 믿음은 좋은 믿음이 아니라는 것이다. 천국을 다녀왔다는 신비한 경험을 두고 자랑할 것 없다는 말이다.

베드로도 변화산에서 예수님과 모세와 엘리야가 대화하는 모습의 환상을 본다. 그리고 하늘에서 들려오는 하나님의 음성을 듣게 된다. 옷이 눈같이 희게 변하고, 그 영광스러운 모습이 얼마나 감격스러웠던지 '여기 초막집을 짓고 살았으면 좋겠다'고 할 정도였다. 그러나 베드로는 그런 환상을 보는 것이 중요하지 않다고 말한다. 오히려 '우리에게는 더 확실한 예언이 있어 어두운 데를 비추는 등불과 같으니…'(벧

후 1:19)라고 말하면서 기록된 하나님의 말씀이 그 어떤 신비한 현상보다 더 중요하다는 점을 강조하고 있다.

> "너희가 이것을 주의하는 것이 옳으니라 먼저 알 것은 성경의 모든 예언은 사사로이 풀 것이 아니니 예언은 언제든지 사람의 뜻으로 낸 것이 아니요 오직 성령의 감동하심을 받은 사람들이 하나님께 받아 말한 것이니라"_벧후 1:19-21

언제나 그 어떤 신비한 체험보다 더 중요한 것은 성경말씀이라는 것이다. 어떤 신비한 현상을 보아야만 믿으려고 한다거나, 그런 일을 대단한 것으로 여기면 안 된다는 것이다. 그러면서 2장으로 이어지는 말씀이 거짓 선지자들에 관한 말씀이다.

즉, 성경말씀도 함부로 해석하고 잘못 적용하면 안 된다는 것이고, 이단들에게 속아 넘어가기 쉬우니 조심하라는 말씀인 것이다.

신비한 체험보다···

천국을 환상 속에서 방문하는 일이 가능한 일이라 할지라도 하나님은 그런 일을 통해서 우리에게 믿음을 심어주시고자 하시지 않으신다는 점이 성경이 주는 교훈이다.

그리고 오늘날 이런 현상들을 더 많이 이용하고 있는 존재가 바로 사탄이라는 점도 명심해야 할 것이다.

이런 신비한 환상이나 체험이 정말 꼭 필요하고 중요한 일이라면 왜 하나님께서 사랑하는 자기 자녀들 모두가 다 경험하도록 해 주시지 않겠는가? 분명한 것은, 오늘도 하나님은 보이지 않는 것을 믿는 믿음을 통하여 구원하시기를 기뻐하시고, 그런 자를 위해 상급을 준비하고 계시며, 오늘도 보지 못하고 믿는 자들을 통해 구속의 역사를 이끌어가고 계신다.

정말 우리가 감사해야 할 것은 천국과 지옥을 보지 않고도, 신비한 환상을 경험하지 않고도 하나님의 말씀이 믿어지고, 천국과 지옥을 믿을 뿐만 아니라 내가 예수 그리스도의 십자가의 은혜로 그 아름답고 영원한 천국에 들어가게 될 것이 믿어진다는 사실이다. 그래서 오히려 이것이 더 큰 기적이요, 더 큰 축복이요, 더 놀라운 하나님의 은혜가 아닌가 말이다.

더 나아가 장차 천국에 들어갔을 때, 보고 믿은 자들보다 보지 않고 믿은 것 때문에 더 칭찬받고 더 많은 상급을 받을 것이니 더 큰 은혜라 할 것이요, 보지 않고 믿는 자에 대한 복은 이 땅에서의 삶에서도 적용된다는 점을 기억해야 할 것이다.

12. 유다에게 들어간 사탄에 대하여

Q "목사님, 안녕하세요.

궁금한 점이 있어서 질문을 드립니다.

저는 신앙의 집안에서 태어나 유아세례를 받고 고등학교 시절에 교회 고등부 모임에만 잠시 빠졌을 뿐, 대학부에 이르기까지 나름 모범적인 신앙교육을 받으며 생활해 오고 있습니다. 초등학교 때 기도의 응답을 체험했고, 대학 졸업 후 입교했고, 청년 때는 신유의 은사를 경험하기도 했습니다.

제 나이가 올해로 51세의 집사입니다. 그런데도 아직 신앙원리에 대해 늘 부족함을 느낄 때가 많습니다. 최근에 누가복음과 요한복음을 읽는 중 궁금한 성경 내용에 대해서 질문을 드립니다.

"열둘 중의 하나인 가룟인이라 부르는 유다에게 사탄이 들어가니"_눅 22:3

"예수께서 대답하시되 내가 너희 열둘을 택하지 아니하였느냐 그러나 너희 중의 한 사람은 마귀니라 하시니 이 말씀은 가룟 시몬의 아들 유다를 가리키심이라 그는 열둘 중의 하나로 예수를 팔 자러라"_요 6:70-71

이 두 본문에서

1) 누가복음에는 유다에게 '사탄'이 들어갔다라고 말씀하셨고, 요한복음에는 유다를 두고 '마귀'라고 하셨는데 정확한 뜻과 의미가 무엇입니까?

2) 하나님께서 유다를 구원에서 제외하시고 완전히 버리셨기에 유다에게 사탄이 들어갈 수 있었고, 그래서 들어갔다고 해석해야 하는지요?

3) 사탄이 우리 생각을 통해 속삭이고 시험하고 유혹하는 것과는 달리, 유다에게 들어가듯이 어느 사람에게나 사탄이 마음대로 들락날락거릴 수 있는지요? (특히 구원을 예정 받은 자와 오늘날의 모든 성도들에게도)

4) 유아세례와 세례, 입교의 진정한 의미(세례를 받음으로 어떠한 하나님의 복이 있는 겁니까?)와 특히 유아세례를 받는 것도 하나님의 인 치시는 일이라고 보시는지요? 다시 말해서 유아세례를 받기만 해도 하나님께서 자기 백성으로 받아들여주시고, 성인으로 성장하여 스스로 신앙고백을 할 때가지 사탄의 공격으로부터 보호하시고 은혜와 사랑을 베푸시는지요?

이런 질문을 드리는 것은, 우리의 영원한 대적인 사탄에 대해 잘 모르다보니 쓸 데 없는 두려움이 있기 때문일까요?"

A 사탄과 마귀의 정체를 인간의 이성과 합리적인 지식으로 다 이해한다는 것은 불가능한 일이다. 왜냐하면 육체를 가진 인간의 한계 때문이다.

세상에는 영적 차원의 신비한 경험이나 체험을 하시는 분들이 많다. 그러나 그것도 보통 사람보다 조금 더 영적인 세계를 경험했다는 것뿐이지, 눈으로 보고 손으로 만지듯이 경험하게 되는 것은 아니다.

다만 우리가 육신의 삶을 떠나 완전한 구원을 받게 될 그 때에는 영적인 세계를 완전하게 이해하게 될 것이다. 이에 대해 성경은 이렇게 말씀하고 있다.

"우리가 지금은 거울로 보는 것 같이 희미하나 그 때에는 얼굴과 얼굴을 대하여 볼 것이요 지금은 내가 부분적으로 아나 그 때에는 주께서 나를 아신 것 같이 내가 온전히 알리라"_고전 13:12

즉, 예언이나 방언이나 어떤 영적인 체험들이라는 것이 '거울로 보는 것 같이 희미한 정도일 뿐'이라는 것이다. 성경이 기록될 당시의 거울이란, 청동과 같은 것으로 만든 것이었기에 그야말로 얼굴의 형체만 희미하게 보였던 거울이었다. 육신으로서 경험할 수 있는 영적인 체험이라는 것이 이와 같은 수준이라는 것이다.

그러나 우리가 완전한 구원의 자리에 이르게 될 때는 '얼굴과 얼굴을 대하여 보는 것 같이'… 주님께서 나를 아신 것 같이(완전하게) 알게 될 것이라는 말이다.

그런고로 오늘날 우리가 사탄, 마귀의 세계에 대해서 분명하게 '이렇다, 저렇다'라고 설명한다는 것은 불가능한 일이며, 다만 하나님께서 그 일에 대해 우리에게 계시해 주신 범위 내에서만 알 수 있을 뿐이다.

성경을 통해 본 마귀 사탄의 존재

성경을 통해 볼 때 사탄과 마귀는 같은 존재로 볼 수 있다.

성경에 나타나는 이 사탄과 마귀는 여러 가지로 표현되고 있다. '이 세상의 임금'(요 12:31, 16:11), '공중의 권세 잡은 자'(엡 2:2), '귀신의 왕'(마 12:24, 눅 11:15), '계명성'(사 14:12-15), '사탄'(52회), '마귀'(35회), '옛 뱀'(계 12:9), '큰 용'(계 12:3, 7, 9), '아볼루온'(계 9:11) 등 …….

마귀는 천사가 타락하여 쫓겨난 존재라고 성경이 말씀한다. 특히 '이사야 14장'에서는 이렇게 말씀하고 있다.

"너 아침의 아들 계명성이여 어찌 그리 하늘에서 떨어졌으며 너 열국을 엎은 자여 어찌 그리 땅에 찍혔는고 네가 네 마음에 이르기를 내가 하늘에 올라 하나님의 뭇 별 위에 내 자리를 높이리라 내가 북극 집회의 산 위에 앉으리라 가장 높은 구름에 올라가 지극히 높은 이와 같아지리라 하는 도다 그러나 이제 네가 스올 곧 구덩이 맨 밑에 떨어짐을 당하리로다" _사 14:12-15

한마디로 마귀 사탄은 하나님을 대적하다가 쫓겨난 존재이며, 지금도 하나님을 대적하는 일, 특히 하나님의 구원사역을 방해하고, 하나님의 자녀들을 괴롭히고, 타락시키고, 멸망시키는 일을 하는 존재라는 것이다.

그러면 왜 하나님께서 이런 마귀 사탄을 이처럼 활동하게 내버려 두실까에 대한 의문은 인간이 설명할 부분이 아니다. 전지전능하신 하나님의 뜻일 뿐이다. 다만 하나님은 마귀 사탄도 필요해서 내버려두시고 계신 것이며, 계시록을 통해 볼 때 하나님께서 마지막 때에 천사를 보내어 그들을 무저갱에 가두기도 하시고, 잠시 풀어주시기도 하시는데(계 20:1~), 결국은 영원히 멸절시키시겠다고 하신다. 그런고로 하루를 천년같이, 천년을 하루같이 여기시는 하나님께서 마귀 사탄의 활동을 잠시만 허락하고 계실 뿐이라는 사실이다.

여기에서 분명히 해 두어야 할 점은, 하나님께서 택하신 자들은 궁극적으로 마귀 사탄이 손대지 못한다는 사실이다.

"누가 능히 하나님께서 택하신 자들을 고발하리요 의롭다 하신 이는 하나님이시니 누가 정죄하리요 죽으실 뿐 아니라 다시 살아나신 이는 그리스도 예수시니 그는 하나님 우편에 계신 자요 우리를 위하여 간구하시는 자시니라 누가 우리를 그리스도의 사랑에서 끊으리요, 환난이나 곤고나 박해나 기근이나 적신이나 위험이나 칼이랴 기록된바 우리가 종일 주를 위하여 죽임을 당하게 되며 도살할 양 같이 여김을 받았나이다 함과 같으니라 그러나 이 모든 일에 우리를 사랑하시는 이로 말미암아 우리가 넉넉히 이기느니라 내가 확신하노니 사망이나 생명이나 천사들이나 권세자들이나 현재 일이나 장래 일이나 능력이나 높음이나 깊음이나 다른 어떤 피조물이라도 우리를 우리 주 그리스도 예수 안에 있는 하나님의 사랑에서 끊을 수 없으리라"_롬 8:33-39

그런고로 사탄에게 넘어갈까, 가룟 유다처럼 사탄의 밥이 되지는 않을까 하는 염려는 하지 않아도 된다. 왜냐하면 하나님께서 택하신 자는 절대로 버림을 받지 않는다고 성경이 증거하고 있기 때문이다.

"나를 보내신 이의 뜻은 내게 주신 자 중에 내가 하나도 잃어버리지 아니하고 마지막 날에 다시 살리는 이것이니라"_요 6:39

유다에게 사탄이 들어갔다는 표현에 대해

이런 용어와 표현에 얽매일 필요가 없을 것이다. 마귀에게 미혹을 받았다는 뜻도 되고, 마귀에게 마음과 뜻과 영혼이 사로잡혔다는 뜻도 된다. 다만 분명한 것은 성령님의 지배를 받는 것이 아니라, 마귀의 지배를 받는 상태가 되었다는 뜻이다.

그런고로 내 의지와는 상관없이 내 속에 들락날락거리며 나를 넘어뜨릴 수 있는 존재라고 생각하여 두려워할 필요가 없다는 것이다. 혹 지금 내가 성령의 뜻이 아닌 마귀의 뜻을 따라 실수하는 면이 있다할지라도, 마귀는 믿는 자를 잠시 괴롭히고 미혹하여 넘어뜨릴 수는 있지만 아주 넘어뜨리지는 못한다.

"주의 복을 받은 자들은 땅을 차지하고 주의 저주를 받은 자들은 끊어지리로다 여호와께서 사람의 걸음을 정하시고 그의 길을 기뻐하시나니 그는 넘어지나 아주 엎드러지지 아니함은 여호와께서 그의 손으로 붙드심이로다"

_시 37:22-24

사탄의 시험도 우리의 믿음의 훈련을 위해 잠시 허락하실 뿐이다. 그리고 주님께서는 이렇게 말씀하셨다.

"이것을 너희에게 이르는 것은 너희로 내 안에서 평안을 누리게 하려 함이라 세상에서는 너희가 환난을 당하나 담대하라 내가 세상(마귀의 시험)을 이기었노라"_요 16:33

예수님께서 이미 사탄의 시험을 다 받으시고 승리하셨기에 사탄의 머리를 밟고 계신 주님의 이름으로 부르는 자는 결단코 지지 않고 승리할 수 있도록 보장이 되어 있다.

유다의 구원(선택)의 문제에 대하여

결과적으로 보아서 유다는 하나님의 택함을 받지 못한 사람이라고 할 수 있을 것이다. 그러나 이 선택의 교리도, '구원을 받은 자의 입장에서 하나님의 은혜에 감사하기 위해서 필요한 교리'일 뿐이다.

예수를 믿지 않고 마귀의 자식으로 멸망 받는 자의 입장에서는 그 책임이 자신에게 있는 것이지 하나님께서 버리셨기 때문이라고 할 수 없다. 왜냐하면 이 세상 모든 사람들은 다 버림을 받은 사람들로서 '자기 죄와 불순종'에 의한, 그리고 '복음을 거절한' 자기 책임일 뿐인 것이다. 그런데 그 중에서 어떤 사람은 복음을 받아들였고, 예수 그리스도를 믿어서 구원을 받은 것일 뿐이란 말이다.

다만 구원받은 사람의 입장에서 볼 때는, 선택의 교리를 통해 하나님께서 택하여 주시고, 불러주시고, 믿게 해 주신 '전적인 하나님의 은혜'라고 고백하고 감사하게 되는 것이다.

유아세례의 유익에 대하여

세례는 예수 그리스도를 구주로 믿는다는 신앙고백의 표시이다. 이 신앙고백은 매우 중요한 것이다. '입술의 열매를 지으시는 하나님'이라고 했다. 그리고 '마음으로 믿어 의에 이르고 입으로 시인하여 구원에 이른다'(롬 10:10)고 하신 말씀대로, 세례라는 의식을 통해서 자기의 신앙을 고백함으로 하나님께서 자기 백성으로 인치시는 상징적인 의식으로 세례를 명하신 것이다.

물론 믿음도 없이 세례라는 의식만 행한다면 그건 아무 의미가 없을 것이다. 그러나 그리스도인에게 '고백'이란 매우 중요하다. 유아세례는 아이의 신앙고백이 아닌, 부모가 자기 자식을 두고 '하나님께서 그 아이를 약속의 자녀로 주셨음을 믿는 부모의 신앙고백'이다.

구약의 할례의식의 의미를 담은 유아세례는 두 가지 의미에서 매우 중요하다.

첫째는 부모의 신앙고백 때문이다.

자기 자녀를 자기의 것으로 여기는 것이 아니라, 하나님께서 만세전에 예정하시고 때를 따라 약속의 자녀로 태어나게 하신 하나님의 사람임을 고백하며, 그 아이가 자라서 스스로 신앙을 고백할 때까지 믿음으로 잘 기르겠다는 결단이 그 아이에게 얼마나 유익한 일이겠는가?

둘째는 아이 자신이 가지게 될 신앙의 정체성 때문이다.

아이의 의식 속에 유아세례를 받은 신분이라는 것을 심어주는 것은 대단히 중요한 일이다. 어릴 때부터 부모의 신앙교육과 함께 그리스도인의 정체성을 가지고 교회를 출입하는 것과 그렇지 못한 것은 아주 큰 차이가 있는 것이다.

이런 유아세례를 통한 부모의 신앙고백과, 이런 의식을 통해 약속의 자녀라는 의식이 심겨진 아이가 마귀 사탄의 권세로부터 지켜주시는 하나님의 은혜를 받게 되리라는 것이 얼마나 분명한 사실이겠는가!

13. 방언에 대한 견해가 왜 교단별로 다른가?

Q "○○신학대, ○○신학대 등등에서는 방언을 중요하게 여기고, △△신학대, △△신학대 등에서는 방언기도를 부정적으로 여겨 금한다고 들었습니다. 제가 경기도 ○○교단의 ○○교회를 섬길 때 그 교회에서는 방언을 사모해야 한다고 강조했고, 많은 성도들이 방언으로 기도하는 교회였습니다. 그런데 지금 출석하고 있는 △△교단의 △△교회는 방언에 대해 거부감을 가지고 자제를 요청하고 있는 것 같습니다. 한 쪽에서는 방언이 중요하다고 하면서 권장하는데, 다른 한 쪽에서는 중요하지 않다고 하면서 자제를 권하고 있으니 혼란스럽습니다.

저는 방언으로 기도하는 것이 좋습니다. 그냥 우리말로 기도하면 기도에 집중이 잘 안되고, 방언으로 기도하면 기도에 중심이 잡히는 것 같습니다. 그러나 방언 기도를 하면 모두들 이상하게 여기는 것 같아 신경이 쓰이고, 마치 내가 잘못 된 것 같아 스스로 부끄럽게 여겨지기까지 합니다.

방언에 대해 각 신학교나 교단들이 서로 의견이 다른 이유가 있을 것 같은데 쉽게 설명해 주실 수 있을런지요?

방언 기도 문제 때문에 친구랑 말다툼까지 했습니다."

A 어떤 신학교나 어떤 교단에서는 방언을 중요하게 생각하여 방언기도 하기를 권장하고, 또 어떤 신학교, 어떤 교단에서는 방언을 부정적으로 생각하여 방언기도를 자제하도록 권면하고 있는 것이 사실이다.

그러나 관점과 강조점이 다를 뿐이지 본질적인 면은 다르지 않다. 특히 정통적인 신앙의 유산을 물려받은 대부분의 건전한 신학교나 교회는 그 표준이 성경이다.

그래서 성경이 말씀하는 바를 아니라고 할 수 없고, 성경이 아니라고 하는 바를 그렇다고 할 수 없는 것이다. 이런 관점에서 성경이 방언에 대해서 어떻게 말씀하고 있는가가 중요한 것이기 때문에, 방언을 한다고 해서 이상하다 하는 것도 잘못이고, 방언을 못한다고 해서 부끄러워하거나 그걸 뭔가 부족한 신앙으로 여기는 것도 잘못이다.

왜냐하면 방언은 은사이고, 은사는 하나님께서 주시는 자만 할 수 있는 것이기 때문이다.

> "어떤 사람에게는 능력 행함을, 어떤 사람에게는 예언함을, 어떤 사람에게는 영들 분별함을, 다른 사람에게는 각종 방언 말함을, 어떤 사람에게는 방언들 통역함을 주시나니"_고전 12:10

방언은 은사다

그런데 하나님께서 방언의 은사를 주시지 않았는데 방언을 억지로 하겠다고 하는데서 많은 폐단이 일어나고 있는 것이다. 방언을 배운다든지, 방언 기도 은사를 받게 하는 기도원이 있다는 등 말이다.

'사도행전 2장'의 오순절 성령강림 사건에 나오는 방언은 정확한 외국어였고, '고린도전서 12장이나 14장'에 나오는 방언은 하나님께 기도할 때 마귀나 사람이나 환경으로부터 방해받지 않고 영으로 기도할 수 있는 좋은 은사다.

그러나 바울 사도의 가르침을 명심해야 한다.

바울은 방언이 자기에게는 유익이 되지만, 그것이 교회 안에서 덕으로 따질 때는 "알아듣지 못하는 일만 마디의 방언보다도 깨달은 마음으로 하는 다섯 마디 말이 더 낫다"고 했다.

"내가 너희 모든 사람보다 방언을 더 말하므로 하나님께 감사하노라 그러나 교회에서 네가 남을 가르치기 위하여 깨달은 마음으로 다섯 마디 말을 하는 것이 일만 마디 방언으로 말하는 것보다 나으니라" _고전 14:18-19

방언 기도만 특별한 은사가 아니라, 모든 하나님의 은사는 다 특별한 축복의 은사다. 그런데 유독 방언의 은사만 더 특별한 은사요, 하나님의 특별한 사랑을 받고 있는 증거라고 여기지 말라는 것이다.

방언의 은사를 받아 방언 기도하시는 분들의 경우 다른 은사보다 더 영적인 것 같고, 구원의 확신과 신앙생활에 있어서 더 열정적으로 한다거나, 흔들리지 않는 믿음을 가지게 되는 경우가 많기에 많은 성도들이 방언 기도하기를 사모하게 되는 것이다.

하지만 하나님의 은사가 조른다고 다 주시는 것은 아니라는 점이다. 방언하는 사람이 다 병고치는 은사를 받게 되는 것은 아니다. 그런데 병고치는 은사를 받은 사람이 방언하는 사람을 향하여 "방언을 하면서도 왜 병 고치는 은사는 받지 못했느냐?"라고 한다면 옳은 일이겠는가?

모든 것이 가하나…

특히 방언을 한다 해도 그것이 교회에 덕이 되지 않는다면 안 하는 것이 더 낫다는 바울 사도의 가르침을 기억해야 할 것이다. 그래서 '할 수만 있다면 방언으로 기도하는 것이 유익이 많다'라는 정도의 강조를 넘어서서 '방언을 하지 못하는 그리스도인은 비정상적이고 뒤떨어진 신앙의 수준의 사람'이라고 한다면 그건 옳지 못한 일이요, 더 나아가 신앙의 교만이라고 해야 할 것이다.

교회 안에는 방언을 하는 사람도 있지만 방언을 못하는 사람도 많다. 방언기도하기를 사모하는 사람 가운데서도 방언의 은사를 받지 못한 사람들이 얼마나 많은가?

그런데 그로 인해 좌절하고 부끄러워하며, 자신은 뒤떨어진 신앙인이요, 하나님의 사랑을 받지 못하는 사람이라고 자책한다면 그야말로 하나님의 주권과 뜻을 망령되이 여기는 일이 되지 않겠는가 말이다. 받은 은혜, 받은 은사에 감사하며 그것으로 열심히 섬기며 아름다운 그리스도인의 모습을 보이며 살기에도 짧은 인생이 아닌가?

만일 방언 기도를 잘 하는 사람으로 늘 신령한 삶을 산다고 하면서도, 겸손하게 남을 더 낫게 여기는 주님의 모습과는 달리 정죄하고, 판단하고, 은사에 대한 우월감을 가지고 신앙생활을 할 바에는 차라리 그 은사 거두어 달라고 기도하는 편이 더 나을 것이다.

방언의 은사를 받았다면 그것으로 하나님께 영광을 돌리고, 남보다 더 겸손하게 섬기며, 더 말없이 하나님의 뜻을 따라 순종하는 삶을 살아야 한다는 말이다.

그런데 '방언을 해야 한다. 왜 못하느냐?'라고 하며 다투기까지 한다는 것은 주님의 뜻과는 너무나 다른 신앙의 태도다.

방언의 은사를 받은 자는 더 깊이 기도하고 더 겸손하게 섬겨야 할 것이고, 방언의 은사가 아닌 다른 은사를 받은 분들을 존경하고 귀하게 여길 줄 알아야 한다. 그리고 덕을 세워야 한다. 많은 사람들이 기도하는 자리에서 방언 기도할 수 있고 그것이 잘못은 아니지만, 그것이 방언 기도하지 못하는 사람의 기도를 방해하지 않도록 하는 덕목이 필요하다. 정말 아름다운 방언의 은사를 받은 분이라면 말이다.

이런 의미에서 방언의 은사의 장점을 강조하는 신학교나 교단이 있고, 방언의 은사의 폐단에 대한 주의를 강조하는 신학교나 교단이 있다고 보면 될 것이다.

또한 방언을 원하지만 그 은사를 받지 못한 분이라면 부끄러워하거나 부러워함이 지나쳐 은사를 주시는 하나님의 뜻을 거스르지 않도록 해야 할 것이다.

하나님은 방언의 기도만 즐겨 들으시는 분이 아니라, 모든 나라의 모든 언어로 하는 기도를 다 들으시는 분이 아닌가?

이렇게 생각해 보라!

하나님께서 어떤 사람에게는 방언의 은사를 주시지 않으시면 제대로 기도할 수 없는 사람이기에 주신 것이고, 어떤 사람은 방언의 은사가 아니라도 기도할 수 있는 사람이기에 주시지 않은 것뿐이라고 말이다.

그런면에서 방언의 은사를 받지 못한 분의 입장에서는, '하나님께서 나를 더 수준 높게 보시는구나!' 이렇게 생각하면 안 될까?

방언하는 분을 폄하하자는 것이 아니라, 하나님의 주권을 인정하는 신앙인이 되자는 말이고, 방언을 받지 못했다고 열등한 그리스도인이 아님을 말하는 것이다.

14. 양태론에 의한 삼위일체에 관해

피조물인 인간이 창조주 하나님을 이해할 수 있을까?

성경은 이렇게 말씀하고 있다.

"질그릇 조각 중 한 조각 같은 자가 자기를 지으신 이와 더불어 다툴진대 화

있을진저 진흙이 토기장이에게 너는 무엇을 만드느냐 또는 네가 만든 것이

그는 손이 없다 말할 수 있겠느냐"_사 45:9

인간이 하나님을 이해한다는 것은 불가능하다는 뜻이다. 다만 우리

가 하나님에 대해 알 수 있는 것은, 하나님께서 인간에게 자신을 계시

해주신 범위 안에서만 가능하다는 점이다.

그 계시도 인간의 이성이나 지식으로가 아닌, 오직 믿음으로만 가능

한 내용이 대부분이다.

그 가운데 삼위일체로 존재하시는 하나님에 대한 점이 그렇다.

Q "저는 직장을 따라 여러 지역에서 장로교(통합, 합동, 기장)와

성결교회에서 말씀을 배운 주님의 한 지체입니다.

다름이 아니라 솔직히 처음 듣는 '양태론'에 대하여 질문을 드립니

다. 정통교회 신앙상담 게시판에서 토론되고 있는 삼위일체 논쟁에,

제가 고백하는 삼위일체 신앙관의 글을 올렸더니, 댓글에 저를 양태론

을 쫓는 이단적인 그릇된 교리를 가진 자라고 했습니다.

제가 올린 삼위일체에 대한 내용입니다.

'하나님은 절대로 세 분이 아니며, 오직 유일하신 한 분 하나님이십니다. 한 분이 세 분의 사역을 담당하신 것인데, 이는 제가 저의 부모님께는 아들이고, 저의 자녀에게는 아버지가 되며, 아내에게는 배우자가 되는 것처럼 한 분 하나님이 세 가지의 사역을 동시에 하신 것입니다.

성육신 하신 예수 그리스도는 하나님 자신이 성령의 능력으로 처녀의 몸을 빌려 태어나신 것이므로 예수님은 하나님의 아들로 오셨으니 하나님 자신이십니다.

성령 하나님은 예수 그리스도를 영접한 이의 속사람 속에 보좌를 펴시고 좌정하신 전능하신 하나님이십니다. 그럴지라도 하나님은 한 분이시며, 세 가지의 관계성을 가지고 시공간을 초월하여 초자연적으로 섭리, 교통, 운행, 역사하시는 분이십니다.'

저에 대한 반론의 글은 다음과 같습니다.

'성부, 성자, 성령의 삼위께서 존재하시지만 그 본질은 한 하나님이시라는 것입니다. 성부, 성자, 성령께서 천지와 그 가운데 모든 만물을 창조하셨으며, 인류의 역사와 인생의 생사화복을 주장하시며, 그의 형상과 모양대로 창조하신 우리를 구원하시기 위하여, 독립적으로 일을 하시지 않고 삼위의 하나님께서 일체가 되셔서 함께 일하시는 것입니다.

언제나 삼위의 하나님께서 함께 일을 하시지만, 천지만물을 창조하시고 예수님(성자)께서 이 땅에 오시기 전에는 성부 하나님께서 주로 역사하셨으며, 성자 예수님께서 이 세상에 오셨을 때에는 성자 예수님께서 주로 역사하셨습니다.

그리고 예수님 부활 승천 후에는 다른 보혜사이신 진리의 성령께서 주가 되어 역사하시는 것입니다. 그러나 언제나 삼위께서 함께 일하신다는 것을 잊어서는 안 될 것입니다.

성도님께서 말씀하신 내용은 한 하나님이 예수님이 되어 오시고, 또 성령으로 오신다고 하시는데 그것은 삼위일체를 문자적으로 생각하기 때문인 것입니다. 그것을 양태론(상황에 따라 모양과 형태가 바뀌어 일을 한 다는 이론)이라 하는 것입니다.

양태론은 이단으로 규정되었기 때문에 그러한 내용은 쓰지 않는 것이 좋을 것 같습니다. 삼위일체를 설명하기가 난해하기 때문에 알기 쉽게 설명하려다 보니 성도님과 같이 설명하는 것을 종종 보게 됩니다.'

(중략)

만약 제가 양태론에 의한 삼위일체 신앙을 가지고 있다면, 이는 저의 잘못이 아니라 그동안 성경 본문을 가지고 그렇게 설교를 한 설교자들의 책임이 아닌가요? 반대로 제게 답글을 준 분의 내용을 보면 이해가 안가는 부분도 있습니다.

지금이 성령의 시대인데요, 성령 하나님이 주도적으로 역사하시는데 동시에 하나님과 예수님은 성령님을 도와 함께 사역하신다는 말이잖습니까? 이 경우에 성경에서 말씀하시기를 참 신 하나님은 오직 유일하신 하나님 – '하나님이 한 분이신 줄 모르느냐 잘하는 도다. 귀신들도 믿고 떠드느니라'(약 2:19) – 이라 하셨거든요. 그런데 답글은 세 분이 함께 사역하신 것으로 표현이 되는데 이해가 안 됩니다.

제가 배우고 믿은 삼위일체 내용과 답글에서 말하는 내용과의 차이점은 무엇이며, 목사님은 어떤 입장을 취하시는지요?

저의 삼위일체관이 양태론이 맞는지, 양태론이 이단교리인지, 이단교리라면 언제부터 누구에 의하여 이단으로 결정이 난 것인지도 알고 싶습니다. 하나님은 절대로 세 분이 될 수 없는 것 아닌가요?"

A 역사적으로 삼위일체론 때문에 많은 사람들이 처형을 당하기도 하고, 수많은 이단들이 생김으로 신학자들이 종교회의로 모여 얼마나 많은 토론을 했는지 모른다.

알다시피 이 때 종교회의에 참여한 사람들은 당시 최고의 학문적 지식을 가진 자들이었다. 그리고 자기가 믿는 삼위일체 교리를 목숨을 걸고 주장했던 믿음의 사람들이었다.

그 이유는 단 하나, 하나님의 거룩하심을 더럽히지 않겠다는 하나님 사랑 때문이었다. 그런고로 삼위일체론을 다 설명한다는 것은, 그 역사와 주장들만 소개한다고 해도 신학교에서 한 학기 이상을 배워야 할 것이다.

다만 분명한 사실이 있다. 그것은 '인간의 이해로 삼위일체 교리를 이해하려고 하는 자체가 어리석은 일'이라는 점이다. 오직 믿음으로만 되는 일이다. 어디 삼위일체론뿐이겠는가?

예컨대 '하나님께서 말씀으로 빛이 있으라 하시니 빛이 생겼더라' 이 말씀이 이해의 문제인가? 이해가 되기 때문에 이 말씀을 믿게 되는 것이 아닌 것 같이 삼위일체론이야말로 더더욱 그렇다는 말이다.

삼위일체에 대한 논란은 수세기 동안 거듭해 오다가, 정통교회가 받아들인 삼위일체 교리가 325년 콘스탄티누스 1세가 소집한 니케아 회의에서 결정되었다. 그 내용은 다음과 같다.

「우리는 한 분 하나님 아버지 전능자, 보이는 것과 보이지 않는 모든 것을 만드신 자를 믿는다. 또한 한 분 주 예수 그리스도를 믿으니, 이는 아버지로부터 특유하게 나시었고, 즉, 아버지의 본질로부터 나신 하나님으로부터의 하나님이시요, 빛으로부터 빛이시요, 참 하나님으로부터의 참 하나님으로서 출생하지도 만들어지지도 아니하시었고, 아버지와 동일 본질이시다. 하늘에 있는 것이나 땅에 있는 것이나 모든 것이 다 그를 통하여 만들어졌다. 그는 우리 인간들을 위하여, 그리고 우리의 구원을 위하여 내려오시고 성육신하시고 사람이 되시었다.

그는 고난을 받으시고 사흘 만에 다시 살아나시사 하늘에 오르시었고 산 자와 죽은 자를 심판하시기 위하여 오신다. 또한 성신을 믿는다. 그러나 다음과 같이 말하는 자들은, 즉 '그는 계시지 않은 때가 있었다. 또한 그는 없는 것들로부터 생겨나셨다'고 말하거나, 또는 하나님의 아들이 어떤 존재물이나 본질로부터 되었다거나 창조되었다거나 변할 수 있다거나 주장하는 자들을 가톨릭적 사도적 교회는 정죄한다.」

자세히 읽어보면 알겠지만 무슨 말인지 이해 할 수 없는 말이다. 그래서 삼위일체론 논쟁은 계속되었고, 381년 콘스탄틴 회의가 소집되어 니케아에서 확정된 교리를 재확인하게 된다.

거기에서 다시 확정된 삼위일체 교리의 내용을 요약하면 '결코 나누어질 수 없는 하나이면서 셋이고, 결코 통합될 수 없는 셋이면서 하나이다'라는 말이다.

이것이 이해 될 수 있는 말인가?

그래서 동일한 한 하나님의 인격이 명목상으로만 세 인격으로 구별된다는 '양태론'은 정통교회에서 받아들이지 않을 뿐 아니라, 역사적으로 정죄된 이론이다. 양태론은 '하나님은 오직 한 분'이라는 사실을 분명하게 강조하면서 예수 그리스도의 신성을 강조하는 열정에서 나온 이론이다.

그러나 성경은 많은 부분에서 하나님과 예수 그리스도는 완전히 독립된 인격으로 표현하고 있으며, 완전한 인격체로서의 인간이 되셔야만 인류의 구속자가 될 수 있기 때문에, 양태론으로서는 그리스도의 구속 사역에 치명적인 손상을 입히는 이론이 되고 마는 것이다.

양태론, 단일신론, 삼신론 등등 수많은 삼위일체론에 대한 주장들이 있어 왔지만, 이러한 이론들은 나름대로 인간이 이해할 수 있는 방법으로 설명하려 한다는 점에서 많은 사람들의 지지를 받는 것도 사실이다.

그러나 정통적인 교회는 이러한 삼위일체 이론들을 다 거부하면서, 애매하고 모호하고도 도무지 이해가 되지 않는 삼위일체 교리를 채택하고 있다. 그 이유가 뭘까?

결국 이것이다.

"인간은 이해할 수 없다. 다만 성경이 하나님은 완전한 한 분 하나님이시라 하고, 또 성경이 하나님은 완전한 세 분이시라고 하니까, 하나님은 결단코 나누어질 수 없는 한 분이시고, 하나님은 결코 합칠 수 없는 완전하게 나누어진 세 분이시다."

그런고로 인간의 이성과 지식과 인간의 머리로서는 이해가 안 되지만, 전능하신 하나님이시기 때문에 성경 그대로 믿을 뿐인 것이다.

'터툴리안'이 말했던 것처럼 말이다.

"나는 하나님이 이해가 되지 않기 때문에 믿는다. 만일 내 머리로 이해되는 하나님이라면 나는 결코 믿지 않을 것이다."

15. 하나님은 꿈을 통해서도 말씀해 주시는가?

Q "목사님, 이런 질문을 해도 되나요?

그리스도인이 꾸는 꿈에 대해 궁금한 점이 있어요.

하나님께서 성경말씀을 통해서 말씀해 주시지만, 꿈을 통해서도 말씀해 주시는지요?

성경 인물 가운데 야곱이나 요셉에게 꿈을 통해 말씀해 주셨는데, 우리 그리스도인들이 꾸는 꿈을 통해서도 하나님께서 말씀해 주시는지요?

꿈에서 제가 기도하는 제목들이 이루어지는 꿈을 자주 꿉니다. 꿈을 통해서도 하나님께서 말씀하시고 응답해 주시는지 궁금합니다."

A 꿈이란 우리 그리스도인들뿐만 아니라, 모든 사람들이 다 꾸는 것이다.

우리가 늘 꿈을 꾸지만 어떤 꿈은 아주 선명하게 기억에 남는 꿈이 있다. 그럴 때면 '이 꿈이 현실에서 있었던 것처럼 너무나 또렷하니 무슨 계시나 메시지가 있는 것이 아닐까?'라고 생각이 되기도 한다.

또 어떤 분은 꿈을 꾸고 나면 거의 틀림없이 꿈대로 된다고도 말한다.

정말로 그럴까?

대답은 'Yes & No!'다. 그럴 수도 있고 아닐 수도 있다.

자기가 꾸는 꿈은 틀림없이 맞는다고 하는 어떤 분이 내게 말하기를, 나에게 대한 불길한 꿈을 꾸었으니 조심하라고 일러준 적이 있었다. 그러나 만일 그 분이 그런 꿈을 꾸었기에 정말 그대로 되게 되어 있다면 조심할 필요가 있겠는가? 내가 조심하는 것과 상관없이 그대로 될 일인데 말이다. 그러나 나는 개의치도 않았고 또 그런 일은 일어나지도 않았다. 자칫 잘못하면 꿈에 대해 집착한 나머지 스스로 자기 최면에 빠질 수도 있게 된다.

그래서 꿈은 꿈으로 생각해야 한다.

내가 깊이 소원하면 그 일이 꿈속에 나타날 수 있다. 왜냐하면 소원은 자나 깨나 내 마음속에 있으니까 말이다. 그래서 잠꼬대를 하게 되는 것이다. 잠꼬대를 한다는 말은 이미 꿈을 꾸고 있다는 말이다.

그런데 문제는 성경에서 꿈을 통해 하나님께서 계시를 보여주시고 말씀하셨지 않느냐는 점이다.

야곱이 꿈에 하나님의 말씀을 듣는다. 요셉도 꿈을 통해 장래 일을 계시 받았다. 그리고 꿈 때문에 감옥에서 애굽의 총리로 발탁이 된다.

솔로몬도 꿈에 하나님의 계시를 받았고, 동방박사들도 아기 예수님께 경배하고 돌아갈 때 꿈을 통해 '헤롯에게 가지 말라'는 지시를 받고 다른 길을 갔다.

분명히 하나님은 꿈을 통해 나타나셨고, 자신을 계시하셨고, 말씀하셨다. 그렇다면 지금도 하나님은 꿈을 통해 보여주시고 계시하실 수도 있는 것 아니겠느냐는 점이다.

더 확실한 우리의 꿈

하나님은 지금도 자신이 하시고자 하시는 일을 자신의 뜻대로 하시는 분이시다. 인간의 소원이나 인간의 지식이나 어떤 신학적인 이론에 매이는 분이 아니시다. 그러므로 지금도 하나님은 환상 가운데 보여주실 수도 있고, 꿈을 통해 자신의 뜻을 알려 주실 수도 있다.

그래서 '나는 꿈을 통해 하나님의 뜻을 깨달았다'라고 하는 사람을 두고 무조건 틀렸다고 해서는 안 될 것이다. 그 꿈을 통해 자신을 돌아보고, 말씀을 깨닫고, 순종의 자리로 나오게 되었다면 성령께서 그 꿈을 통해 깨닫게 하신 것이 아니라고 말할 수 없기 때문이다.

그러나 '그럴 수도 있다'는 것을 가지고 일반화시키면 안 된다. 하나님의 뜻을 깨닫게 하시는 분명한 방법을 확실하게 말씀해 주셨기 때문이다.

베드로가 변화산에서 졸다가 놀라운 환상의 경험을 하게 된다.

예수님과 모세와 엘리야가 함께 대화를 나누는 장면과, 예수님의 얼굴이 해같이 빛나고, 옷이 빛과 같이 희어지는 놀라운 장면을 환상 가운데 보고, 하늘에서 나는 하나님의 소리까지 듣게 된다.

후에 베드로는 그 꿈과 환상의 경험보다 "우리에게는 더 확실한 예언(기록된 성경말씀)이 있다"(벧후 1:19-21)고 말한다.

즉, 하나님께서 우리에게 말씀하시고 깨닫게 하시는 방법은 기록된 하나님의 말씀을 통해서라는 말이다. 이것이 하나님의 분명한 뜻이다.

성경에 나오는 계시적인 꿈에 대한 기록은 특별한 계시의 한 방법이었다. 하나님께서 역사 속에서 특별한 방법으로 인간의 구원에 대해 계시해 주셨다.

예컨대 홍해를 갈라 건너게 하셨다든지, 광야에서 만나와 메추라기로 먹이셨다든지, 요단강물을 멈추게 하셨다든지, 여리고성을 무너뜨린 일들을 통해서 하나님 자신과 구원, 그리고 이에 대한 방법을 계시해 주셨다.

꿈도 이와 같은 특별계시의 한 방법이었던 것이다.

그렇다고 지금도 하나님께서 한강 물이나 낙동강 물을 멈추게 하시지 않는다. 바다를 가르시지도 않는다. 그렇게 하실 능력이 없으셔서이겠는가? 아니다. 이제 더 이상 그렇게 하실 필요가 없으시기 때문이다. 이미 하나님 자신의 뜻을 우리에게 알리시기 위한 계시는 성경에기록된 기적들을 통해 다 보여주셨기 때문이다.

이와 같이 요셉이 꾼 꿈을 우리도 꾸어야 할 필요가 없다. 왜냐하면요셉의 꿈이 바로 우리의 꿈이요, 나를 위한 하나님의 말씀이기 때문이다.

그러므로 꿈보다 더 확실한 계시는 기록된 하나님의 말씀, 곧 성경말씀이다. 혹 성경말씀을 깨닫게 하기 위해 성령님께서 꿈을 이용하실수는 있겠지만, 그러나 성경보다 중요시 해야 할 꿈이란 없다. 우리에게는 이미 더 확실하고, 더 선명한 꿈이 있을 뿐이다.

꿈은 그냥 꿈으로 여기라.

그 꿈의 내용이 하나님의 말씀에 대한 순종을 독려하는 내용이라든가, 신앙생활의 나태를 경고하는 꿈의 내용이라면 깨달음으로 그칠 것이요, 돼지꿈 꾸었다고 복권 사러 나가는 인생이 되지 말라는 것이다.

그리고 무서운 꿈 꾸었다고 불안해하는 운명론적인 생각에 붙잡히지 말고, 전능하신 하나님의 약속을 붙들고 임마누엘의 은총을 누리는그리스도인이 되어야 할 것이다.

괜히 선명한 꿈이라고 그 꿈에 최면이 걸리면 큰 손해와 낭패를 볼수도 있다. 소위 개꿈도 선명하게 기억될 수 있기 때문이다.

16. 목사님, 뉴에이지 음악을 들어도 되나요?

Q "스쳐가는 곡들 중에 좋아서 다시 찾아 듣다 보면 어김없이 뉴에이지 곡입니다. 뉴에이지 사상은 분명 성경에 위배되지만, 가사가 없어 특정한 메시지가 전달되지 않는 경음악인데도 그런 사상에서 출발했다는 것만으로 금해야 합니까?

'조지 윈스턴'이나 '케니지'의 연주곡들은 사람을 평온하게 하는 정말 매력적인 곡들입니다. 최근에 접한 '케빈 컨'의 음악도 마찬가지입니다. 그런데 모두 뉴에이지 음악가들입니다.

저는 음악을 잘 이해하지 못합니다.

이런 음악들을 아무 생각 없이 듣는 것이 우리의 영에 안 좋은 영향을 끼칠까요?

CD 케이스에 그려져 있는 연꽃도 눈에 거슬립니다. 사상은 사상이고 음악은 음악이다 이렇게 생각해보기도 합니다만, 그러나 마음은 불편합니다.

한 사람의 창조적 작품으로 여기고 부담 없이 들어도 되는 것인지, 아니면 뉴에이지 음악이 왜 우리에게 좋지 않은지 명확하게 알고 싶습니다."

A 사실 뉴에이지 음악에 대해 분명하게 '이거다'라고 구별할 수 있는 분이 전공자가 아니라면 그렇게 흔치 않을 것이다. 그 음악 자체의 멜로디나 리듬만으로 구분한다는 것이 말이다.

사전을 찾아보면 '고전음악이나 포크음악 등 여러 장르의 음악을 고

루 융합시킨 연주음악'이라고 되어 있다.

이런 음악이 어디 한두 곡인가?

심지어 복음송 중에서도 이런 종류의 음악이 없다고 할 수 없을 것이다. 그럼에도 불구하고 오늘날 뉴에이지 음악이 그리스도인들에게 미치는 나쁜 영향은 심각한 지경에 있다고들 말한다.

1980년대 초부터 시작된 뉴에이지 음악은, 고전음악의 위선성과 대중음악의 경박성을 넘어선 음악, 곧 고전음악의 난해함과 대중음악의 기계음을 탈피한 자연의 소리를 표현하기 위해서 만들어진 음악 장르라고 한다.

그러나 뉴에이지 음악 이전에, 소위 문제의 뉴에이지는 단순한 사회 풍조가 아니라 이단 종교 현상을 띠고 있다는 점이다.

이 뉴에이저 New Ager 는 신을 우주적 에너지로 규정하며, 인간은 신성을 가지고 있고, 인간의 목표는 영적 각성(깨달음)을 통하여 신성에 도달하는 것이라 주장한다.

신에 관한 뉴에이지의 모든 의식들은 그것이 어떤 형태든지 '힘'이라는 대상과 연관되어 있다. 그 힘은 의식, 정신, 영혼, 빛, 생명, 기 등으로 정의 된다. 그런데 뉴에이저들은 힘을 신으로 규정하며 모든 구분을 초월하는 비인격적, 단일성을 띤 실체로 간주한다.

뉴에이저들은 인간이 내재된 신성의 힘을 가지고 있기 때문에 인간을 신으로 간주한다. 인간과 신 사이에는 이렇게 선천적인 연관이 있기 때문에, 인간 속에는 인간이 깨닫지 못하고 있는 무한한 잠재력이 내재하고 있다고 주장한다.

그래서 자신의 잠재력을 개발하기 위한 깨달음의 단계를 통해 더 나은 존재, 초월적 존재, 나아가서는 신의 경지에 이를 수 있다고 주장한다.

또 인간의 정신력은 무한하며, 진리란 상대적이기 때문에 구원 얻는 방법은 여러 가지라는 상황윤리를 주장하면서 모든 종교는 똑같다고 한다. 예수는 선지자에 불과하며, 부처나 마호메트 등과 같은 위대한 인간으로 규정한다.

이런 사상을 가진 자들이 음악을 만들면서 그 음악에 그들의 사상을 불어넣고 있다는 것이다.

믿음의 선각자들에게 도움을…

그러면 우리가 어떻게 이 뉴에이지 음악을 구분할 수 있을까? 그리고 또한 음악을 들으면 무슨 잘못된 현상이 일어나는 것도 아니고 오히려 마음이 편안해지는데 뭐가 잘못된 것이냐는 점이다.

나에게 '이 음악이 뉴에이지 음악입니까?'라고 묻는다면 구분하지 못할 것이다.

그러나 '문제는 있다'하고, '우리의 영혼을 병들게 하는 것임에 분명하다'고 하니 어떻게 하면 좋겠느냐는 말이다.

여기에 대한 대답 대신, 어떤 분이 쓴 뉴에이지 음악에 관한 글을 소개한다.

*"92. 3. 14일 독실한 기독교인 의사 김 씨(40세). 그는 환자와 하루 종일 씨름한 후의 피로를 샤워와 저녁 식사 뒤 거실에서 음악을 들으며 푼다.

몇 년 전 구입한 외제 오디오 기기를 통해 은은히 울려 나오는 조지 윈스턴의 'Winter into Spring'의 멜로디는 그의 온 몸을 구름 위로 올려주는 듯한 느낌을 갖게 한다.

어느 날, 김 씨의 집을 동창인 이 목사가 방문했다.

"아니 자네 이 음악을 듣나?"

이 목사는 음반 꽂이에 무수히 꽂혀 있는 조지 윈스턴과 키타로(喜多?)의 판들을 보며 깜짝 놀라는 것이었다.

"그래, 아주 감미롭지…. 그것들을 듣고 있을 땐 마치 하늘 위를 떠다니는 것 같은 기분이야."

"여보게, 이건 사탄의 달콤한 유혹이…"

"뭐…? 사탄…?"

이 목사는 그 음악들이 모두 동양의 신비주의와 심령 사상에 근거를 둔 것으로 지극히 반 기독교적인 음악들이라고 김 씨에게 말했다.

"그래도 나는 이 음악들을 통해 정신적 위안을 얻고 있네."

"그게 문제일세. 자네는 과거 성경 읽기와 기도를 함으로써 평안과 용기를 얻는다고 하지 않았나?…. 그런데 이제 성경과 기도 대신 그 음악들이 자네 생활에 주요 부분이 되어 버린 거네."

그때야 김 씨는 자기가 조지 윈스턴에 심취한 후부터 하나님과 점차 멀어져 갔음을 깨달을 수 있었다.

뉴에이지 운동을 연구하는 기독인들이 마지막 때의 '영적인 흥기'로 사탄이 뉴에이지 음악, 출판, 영화 등을 이용한다고 강조하는 이유는 앞에 인용한 사례에서 확인할 수 있다.

과거 악은 겉으로 보기에 분명한 악한 모습으로 나타났기에 그 분별이 가능했다. 그러나 최근 들어 사탄은 달콤한 사랑으로 자신의 모습을 뒤덮은 채 우리들에게 다가오고 있다.

기독인들조차 정확한 지식을 갖고 있지 않으면, 그들의 유혹에 넘어가 자신도 모르게 한 발씩 '흑암의 함정'에 빠져들기 마련이다.

뉴에이지의 궁극적 목적은 기독교적 세계관과 사회관을 파괴하는 것이다. 어린이들과 청소년들은 이미 뉴에이지에 알게 모르게 침식당해 있다는 것이 이에 관심 있는 기독 인사들의 지적이다.

'환상적'이라는 미명하에 쏟아져 나오는 갖가지 영화, 비디오, 만화, 게임, 장난감 등에 우리의 자녀들이 심취해 있다는 것이다.

과거 흥행에 크게 성공했던 'E.T'나 '스타워즈' 등도 모두 이에 속하는 것으로 알려져 있다.

즉, 죽은 자에게 질문하는 것, 주문으로 영을 불러내는 초혼, 마술사, 마녀, 부적, 마법의 칼 등이 어린 세대의 정신세계를 마구 오염시키고 있다는 것이다.

흔히 부모들은 '우리 때도 신데렐라, 백설 공주, 날으는 담요 등의 이야기를 듣고 자라지 않았나?'라고 말한다. 그러나 요즈음 청소년들을 사로잡고 있는 오락물들의 내용은 과거의 것들과 비교해 볼 때 영적으로 위험하다는 지적이다. 더욱 반 성경적이고 잔인하다는 것이다."*

대부분의 사람들이 어떤 음악이 뉴에이지 음악이며, 무엇이 잘못되었는지 알 수 없을 때 마귀는 몇몇 사람들을 이용하여 모든 사람들을 속이려 한다.

그러나 그 때 성령님께서 이런 면에서 영적으로 뛰어난 사람들을 통해 가르쳐 주신다. 그래서 비록 나는 잘 분별할 수 없다 할지라도, 영적인 선각자들이 이미 구분해 놓은 것들은 피하는 것이 지혜로운 일이라고 생각된다.

나는 오래 되었지만, 낮은 울타리를 통해 발간된 1992년 '사탄은 마침내 대중문화를 선택했습니다'(신상언), 1995년 '당신은 뉴에이지와 그 음악에 대해 얼마나 알고 있습니까?'(곽용화) 등 낮은 울타리에 연재된 글들이 뉴에이지의 위험성을 이해하는 데 많은 도움을 주었다.

2부

개인과 생활

개인 신앙 · 가정생활 · 직장생활과 인간관계

3장
개인 신앙

1. 왜 하나님은 기도의 응답에 불공평하신가?

과거에 비해 오늘날 사람들이 얼마나 윤택한 삶을 살고 있는지 모른다. 얼마 전까지만 해도 열심히 사는 목적이 배부르게 먹고 사는 것이었는데, 이제 적게 먹는 것을 목표로 삼는 사람들이 많은 세상이다. 과거에는 상상도 할 수 없었던 편리한 문명의 기기들을 사용하면서 풍요로운 삶을 살아가고 있다.

그러나 그 어려웠던 과거보다 불평과 원망이 더 많다. 과거보다 행복지수는 더 떨어졌고, 가지고도 만족하지 못하고 더 가지기 위해서 끊임없이 다투면서 살아가고 있다.

왜 가난한 나라에서 경제적으로 세계 10위 안에 들 정도로 잘 사는 나라가 되었는데도 더 불만이 많고 더 많이 요구하게 되는 걸까?

인간은 자신의 필요가 채워지게 된다고 만족하는 존재가 아니기 때문이다. 사람이 먹고 사는 문제가 해결되면, 소유가 아닌 다른 사람과의 공평성을 요구하게 된다.

'왜 저 사람은 가졌는데 나는 못 가졌는가?' '꼭 같이 일했는데 왜 저 사람에게는 둘을 주고 내게는 하나만 주느냐?'에 대한 불만이, 가난할 때 먹지 못하는 불만보다 더 커지기 때문이다. 공평하지 못함에 대한 문제 말이다.

하나님은 공평하신 분인가, 불공평하신 분인가?

Q "죄송합니다. 3주째 살짝 교회를 다니고 있는 사람입니다.

제가 과거 언젠가 기도에 관해 이런 말씀을 들은 적이 있습니다. 하나님께 기도해서 응답을 받으면, 응답해 주신 하나님의 은혜에 대해 감사하며 더 열심히 신앙생활을 할 것이고, 만일 기도에 응답해 주시지 않아 여전히 고난 가운데 있다할지라도 '이 땅에서는 고난 가운데 있지만 장차 하나님 나라에 들어가 영원한 축복 가운데 살 것을 믿고 항상 기뻐하며 살아야 한다'는 말씀이었습니다.

그렇다고 칩시다.

그러면 왜 하나님은 어떤 자의 기도는 이 땅에 살 때 들어주시고, 어떤 자의 기도는 안 들어주시는 겁니까?

기왕이면 이 세상에서도 어려움 없이 사는 것이 좋은 것 아닌가요? 그것이 하나님의 은혜라면 모든 그리스도인들이 다 그 은혜 받아 살게 해주시면 되는 것 아닌가요?

그리스도인이라고 해서 천국 소망만 가지고 사는 사람은 없다고 생각합니다. 모두가 다 이 세상에서도 잘 살기 위해서 노력하고, 애쓰고, 또 그 일을 위해 기도하고 있잖습니까? 그런데 하나님은 너무 불공평하신 것 같습니다.

제가 힘들어서 기도를 하고 있는데…. 왜 제 기도를 안 들어 주실까요? 때로는 말씀에 위로를 받기도 하지만, 삶에 지치다보니 이제 응답 없는 기도를 계속하기가 너무 힘이 듭니다."

A 배고픈 사람에게 찾아가 '배고프시니 참 힘드시겠습니다. 위

로의 말씀을 드립니다'라고 한다 해서 위로가 될 수 없는 법이다. 배고 픈 사람에게는 위로의 말이 아니라 먹을 것을 줄 때 비로소 위로가 되는 것이다.

기도 응답이 없어서 그 이유를 묻는 사람에게 문제해결의 응답 외에는 그 무슨 말이나 설명이나 그 어떤 것도 그에게 시원한 답이 될 수 없을 것이다.

더군다나 '왜 하나님이 다른 사람의 기도는 들어 주시면서도 나의 기도는 들어주시지 않느냐'는 질문에 그 어느 누가 답할 수 있겠는가? 피조물인 인간이 어떻게 창조주 하나님의 뜻을 헤아릴 수 있겠느냐는 말이다.

그럼에도 불구하고 먼저 이점을 기억해야 한다.

'하나님은 신이시고, 나는 피조물인 인간이다. 피조물인 인간의 머리로 하나님을 이해할 수 없다. 하나님은 완전히 아시는 분이시고, 나는 아주 작은 부분만 아는 존재'라는 점 말이다.

즉, 내가 불공평하다고 생각하는 그것이 공평할 수 있다는 것이고, 내가 공평하다고 생각하는 그것이 불공평한 일일 수도 있다는 것이다.

예컨대 '하나님, 이 문제 해결해 주세요' 하고 기도를 했는데, 내가 원하는 그 문제를 하나님이 내가 원하는 대로 응답해 주셨다고 할 때, 그 일로 말미암아 다른 누군가는 손해를 보고 나로 인해 고통을 받고 어려움을 당하게 되었다면, 그 기도 응답이 내게는 공평한 것일 수 있지만 피해를 보는 다른 사람에게는 너무나 불공평한 일일 수 있다는 것이다.

그러므로 전능하시고 완전하신 하나님께서 하시는 일을 우리가 이해하지 못하는 것이 오히려 더 당연한 일이다.

그러나 하나님은 완전하시고, 의로우시고, 공평하신 분이시다. 나의 이해 관계를 떠나서 말이다. 그리고 하나님은 우리의 모든 기도를 들으시고 신실하게 응답해 주시는 분이심을 성경이 증거하고 있다.

설사 우리의 기도가 정당하지 못한 기도라 할지라도 하나님은 그 기도조차 외면하지 않으신다는 점이다.

응답의 방법과 응답의 시간은 내 생각과 다를지라도, 하나님은 그 기도를 하나님의 방법으로 더 완전하고 내게 더 유익이 되는 것으로 응답해 주신다.

그래서 나의 삶을 뒤돌아보면 '왜 기도에 응답해 주시지 않느냐?'고 하며 답답해했던 그 일도, 수년이 지난 지금에 와서 보면 하나님이 다 응답해 주셨더라는 것이다. 더 큰 것으로, 더 완벽하게 말이다.

심지어 응답해 주시지 않은 것이 응답인 경우가 얼마나 많던가! '만일 하나님께서 과거 그 때 내가 기도한 대로 응답해 주셨더라면 큰일 날 뻔 했다'라고 생각되는 일들 말이다.

거절과 사랑

하나님은 내가 생각하는 것보다 훨씬 더 크신 분이시다. 하나님은 인간이 이해할 수 없는 창조주시다. 그리고 나를 사랑하시되 독생자 예수 그리스도를 십자가에 달아 죽이시기까지 하신 분이시다.

그러므로 믿는 자가 어떤 어려움을 당했을 때, 그리고 또 그 어려움이 즉시 해결되지 않고, 기도의 응답이 늦어지며, 그래서 고난을 겪게 될 때 그것으로 인해 하나님이 나를 사랑하지 않는 것 같다거나, 내 기도를 응답해 주시지 않는다고 보아서는 안 된다.

사람도 자기 자식을 사랑하는 방법이 단순하지 않은 법이다. 자식이 원하는 대로 다 해주고, 갖고 싶다고 하는 것 다 사주는 부모는 없다. 그렇게 키운다면 자식을 망치는 부모일 것이다.

인간은 모두가 죄인이기 때문에 자기가 하고 싶은 대로 놔두면 그 인생은 오히려 망하게 되어 있다.

그래서 자식이 장난감을 갖고 싶다고 할 때, 그 장난감이 내 자식의 건강을 해친다거나 상처를 줄 수 있는 위험한 것이라면 자식이 떼를 쓸 때 매를 때려서라도 사주지 않는 것이 자식을 사랑하는 부모다. 그 대신 자식에게 유익하다고 여겨지는 다른 장난감을 사 주더라도 말이다.

나도 내 자식을 그렇게 키웠다. 물론 자식의 입장에서는 이해가 안 될 수 있고, 원망스러운 마음을 가질 수 있을 것이다.

그러나 이제 부모님이 다 돌아가시고 내가 늙어 손자를 가지고 보니, 이제야 부모님의 사랑과 은혜를 깨닫는 부분이 너무 많아 눈시울이 시큰시큰해지는 일들이 많다.

누가 뭐라고 해도 분명한 것은 부모님의 거절, 그것이 사랑이었더라는 점이다.

성경은 이렇게 말씀하고 있다.

"네가 먹어서 배부르고 아름다운 집을 짓고 거주하게 되며 또 네 소와 양이 번성하며 네 은금이 증식되며 네 소유가 다 풍부하게 될 때에 네 마음이 교만하여 네 하나님 여호와를 잊어버릴까 염려하노라 여호와는 너를 애굽 땅 종 되었던 집에서 이끌어 내시고 너를 인도하여 그 광대하고 위험한 광야 곧 불뱀과 전갈이 있고 물이 없는 간조한 땅을 지나게 하셨으며 또 너를 위하여 단단한 반석에서 물을 내셨으며 네 조상들도 알지 못하던 만나를 광야에서 네게 먹이셨나니 이는 다 너를 낮추시며 너를 시험하사 마침내 네게 복을 주려 하심이었느니라" _신 8:12-16

하나님께서 사랑하시는 이스라엘 백성들이 광야에서 고생하도록 내버려 두신 이유에 관한 말씀이다. 왜 사랑하는 자기 백성들을 광야에서 고난을 당하도록 두셨냐는 것이다.

그 이유는 오히려 자기 백성을 사랑하시기 때문이었다. 교만하여 죄 짓고 망하지 않도록 하시기 위해서, 마침내 복을 주시기 위함이었다.

그래서 비록 그들의 기도를 외면하시기도 하고, 힘들어 하는 것을 보고 계셨지만 그렇다고 하나님이 그들을 사랑하시지 않았다든가 멀리 떠나신 것은 아니었던 것이다.

만나로 먹이셨고, 바위에서 물을 내셨으며, 낮에는 구름기둥으로 그 강렬한 사막의 뙤약볕을 가려주셨고, 밤에는 불기둥으로 그 사막의 추위를 막아주셨고, 위험한 순간에는 언제나 수많은 기적을 통해 자기 백성들을 지키고 보호해 주셨다.

그러나 이스라엘 백성들은 '하나님은 우리를 떠났다. 이해할 수 없다'라고 했던 것이다.

오늘도 여전히…

하나님은 오늘도 자기 백성들을 사랑으로 붙들고 계신다.

비록 지금 당하는 어려움이나 고통이 참기 힘든 상태라 할지라도, 그러나 뒤를 돌아보면 걸음걸음마다 하나님께서 동행해 주심의 흔적들을 발견하게 될 것이다. 그 당시에는 하나님의 동행하심을 전혀 느끼지 못하고 오히려 하나님과 상관없는 비신앙적인 삶을 살기도 했지만, 그때마저도 하나님이 함께 해주셨기에 지금의 내가 여기에 있는 것이다.

때로는 위험한 순간에 구해주셨고, 죽음의 그림자가 나를 지나가도록 하셔서 생명을 건져주셨다. 그때는 하나님께서 지키시고 구원해 주셨다는 것을 나는 알지도 깨닫지도 믿지도 않았지만 말이다.

이스라엘 백성들이 그랬다.

그럼에도 불구하고 언제나 이스라엘 백성들과 함께 해주셨던 하나님…. 바로 그 하나님께서 내가 여기에 이를 때까지 보이지 않는 하나님의 은혜의 구름기둥, 불기둥으로 동행해 주셔서 지금 내가 그리스도인의 자리에 서 있는 것이다.

그러므로 지금은 이해가 되지 않는 일이 많고 불공평한 것으로 보인다 할지라도, 숱한 믿음의 선진들이 '하나님은 신실하시며, 하나님은 언제나 나와 함께 계셨고, 지금도 함께 계신다'라고 고백해온 대로 지금도 여전히 믿음의 사람들이 하는 고백이 바로 이 고백이다.

'하나님은 공평하신 분'이라는 고백의 찬송을 부른 사람이 누구인가?

이 세상의 많은 사람 가운데 가장 '하나님은 불공평하다'고 원망해야만 할, 태어나면서부터 뇌성마비로 걷지도 못하고, 손으로 밥도 제대로 떠먹지 못하고, 혼자서는 움직일 수도 없어서 누군가 밀어줘야만 하는 휠체어를 타고 다니며, 글자 한 자 쓰기 위해 온 몸을 비틀며 땀을 비 오듯 흘려야 하는 송명희 씨가 고백하는 하나님이 '공평하신 하나님'이다.

이 시의 내용과 당신의 처지를 곰곰이 비교해 보라.

나 가진 재물 없으나,

나 남이 가진 지식 없으나,

나 남에게 있는 건강 있지 않으나……

나 남이 못 본 것을 보았고,

나 남이 듣지 못한 음성 들었고,

나 남이 받지 못한 사랑 받았고,

나 남이 모르는 것 깨달았네!

공평하신 하나님이… 나 남이 가진 것 없지만,

공평하신 하나님이… 나 남이 없는 것 갖게 하셨네

2. 왜 기도할 때 외치고 부르짖으라고 하는가?

하나님이 귀가 먹었는가?

하나님은 우리의 신음소리까지 들으시는 분이시고, 마음을 감찰하시는 하나님이라고 하면서, 왜 또 기도할 때는 미친 사람처럼 악을 쓰며 부르짖어 기도하라고 하는 걸까?

부흥성회를 마친 후 어떤 성도님이 해 온 질문이다.

Q "목사님! 이번 부흥회 이후 솔직한 저의 심정입니다.

기도할 때 남보다 더 크게 외치라 하고, 더 열정적으로 부르짖어 기도하라고 하는 요구에 부담이 컸습니다.

하나님은 내 마음의 뜨거운 사랑을 아시고 계실 텐데 왜 꼭 외쳐야만 하는지 혼돈스럽습니다.

육신의 부모도 계속 울고 보채고 하는 자식을 밉다하고, 조용하게 묵묵히 자기 일 열심히 잘하는 자식을 더 사랑하는데, 왜 하나님께는 외치고, 부르짖고, 울부짖고, 그것도 남들이 다 보는 앞에서 그런 신앙고백을 해야만 하는지 모르겠습니다.

제가 아직 초신자라 믿음이 약해서 그런 건지요?

제가 하나는 확실히 믿을 수 있습니다. 저의 능력과 저의 물질적 부를 이루어 주신 것은, 제가 열심히 살아왔기 때문만이 아니라 하나님께서 주셨기 때문이라는 점을 말입니다."

A 성숙한 그리스도인이 되기 위해서 겪는 과정과 아픔이 있다. 마치 어린아이가 자라면서 겪게 되는 성장통과 같이 말이다.

처음에는 어색하고, 불편하고, 이해가 안 되어서 일어나는 갈등들이 많다. 그러나 '이해가 되지 않아서 믿을 수 없었던 말씀들이, 믿음이 생기고 보니 이해가 된다'는 간증이 바로 신앙 성숙의 결과로 나타나게 된다.

나도 청년 시절에 그런 생각을 했었다.

하나님은 전지하신 분이시고, 지각에 뛰어나신 분이신데 왜 크게 소리 질러 기도해야만 하느냐고 말이다. 특히 한국의 교인들이 너무 시끄럽게 기도하는 통에 하나님이 불편하실 거라고 빈정대기까지 했던 적이 있었다.

그러나 이제 와서 보니, 그것이 얼마나 어린 신앙이었는지, 그것이 얼마나 교만이었던가를 깨닫고 보니 참 많이도 부끄럽다.

기도란 하나님께 나의 사정을 아뢰는 것이다. 하나님은 기도를 원하신다. 하나님께 기도를 한다는 것이 '하나님은 내 생명의 주인이시며, 나의 하나님이시며, 나는 하나님의 은혜로만 살 수 있는 존재입니다'라는 신앙고백이기 때문이다.

그래서 기도하지 않는 것은 자기 스스로의 힘으로 살 수 있다는 하나님 앞에서의 교만이 되는 것이며, 반대로 기도의 내용을 떠나 기도한다는 그 자체로서 '나의 나 된 것은 하나님의 은혜요, 지금까지 산 것도 하나님의 은혜요, 지금도, 나의 남은 생애도 다 하나님의 은혜로 사는 존재입니다'라는 신앙고백의 행위가 되는 것이다.

그래서 그리스도인에게 기도란 '영혼의 호흡'이라고 하는 것이다. 기도하지 않으면 영적으로 죽은 것이나 다름이 없다는 뜻이다.

그런데 기도를 들으시는 하나님은 전지전능하신 분이시며, 무소부재하신 분이시며, 사람의 마음과 생각까지 다 통찰하시고 계신 분이신데 왜 소리를 지르고 외쳐야만 들으시는 것처럼 기도해야 하느냐는 점이다.

특히 부흥집회 때 간증하신 분의 말에 의하면 '다른 사람이 싫어할 정도로 눈치코치 없이 부르짖어서 응답과 축복을 받았다'고 하는데, 그러면 우리도 은혜와 축복과 응답을 받으려면 그렇게 기도해야만 한단 말인가?

그렇지 않다. 하나님은 인격적인 분이시다. 나의 신음소리도 듣고 계시며, 내 마음의 생각까지 통찰하고 계신 분이시다.

'마태복음 6장'에 보면 예수님께서 외식적으로 기도하는 바리새인들을 책망하셨다.

> "너는 기도할 때에 네 골방에 들어가 문을 닫고 은밀한 중에 계신 네 아버지께 기도하라 은밀한 중에 보시는 네 아버지께서 갚으시리라 또 기도할 때에 이방인과 같이 중언부언하지 말라 그들은 말을 많이 하여야 들으실 줄 생각하느니라 그러므로 그들을 본받지 말라 구하기 전에 너희에게 있어야 할 것을 하나님 너희 아버지께서 아시느니라" _마 6:6-8

기도는 말을 많이 해야 하는 것도 아니고, 큰 소리로 해야 하는 것도 아니다. 오히려 골방에 들어가 은밀하게 기도하라고 하신다.

말을 많이 할 것도 없는 것이 '내가 구하기 전에, 기도하기 전에 하나님께서 나의 필요를 이미 다 알고 계신다'고 말씀하기 때문이다.

그러므로 외치고, 소리 지르고, 열정적으로 울부짖고, 남들이 다 보는 앞에서 그렇게 야단을 해야만 하나님이 들으시는 것은 결코 아니다.

그러나 성경은 또 이와 같이 말씀하신다.

"너는 내게 부르짖으라 내가 네게 응답하겠고 네가 알지 못하는 크고 은밀한 일을 네게 보이리라"_렘 33:3

이로 볼 때 기도의 방법이 문제가 아니라는 것이다. 골방에 들어가서 기도를 하든 부르짖어 기도하든, 전심으로 간절하게 기도하라는 것이요 가식적으로 기도하지 말라는 것이다.

"나를 사랑하는 자들이 나의 사랑을 입으며 나를 간절히 찾는 자가 나를 만날 것이니라"_잠 8:17

'누가복음'에 보면 예수님께서 간절히 기도하시는 모습을 이렇게 표현하고 있다.

"예수께서 힘쓰고 애써 더욱 간절히 기도하시니 땀이 땅에 떨어지는 핏방울 같이 되더라"_눅 22:44

그릇보다는 그릇에 담긴 내용을…

그러니까 기도할 때 전심으로, 간절하게 기도하라는 것이다. 간절한 기도가 중요하다는 것이지 울부짖느냐 조용히 골방에서 기도하느냐의 방법이 중요한 것은 아니라는 것이다.

그 유명한 한나의 기도는 소리 하나 내지 않고 입술만 달싹달싹 하는 기도였다. 제사장이 얼굴이 붉게 상기되어 입술만 움직여 기도하는 한나를 보고 술 마신 것으로 오해할 정도였는데, 그 모습을 성경은 "한나가 마음이 괴로워서 여호와께 기도하고 통곡하며…"(삼상 1:10)라고 기록하고 있다. 소리 하나 내지 않았지만 통곡하며 울부짖어 기도했다고 한 것이다.

즉, 방법이 아니라 간절한 마음이 중요하다는 말이다.

간절한 마음의 표현은 사람마다 다를 수 있다. 성격에 따라서 고함을 지르며 울부짖는 것으로 간절함을 나타내는 사람이 있는가 하면, 그 심정은 살을 칼로 도려내고 뼈를 부서뜨리는 아픔이지만 피가 흐를 정도로 입술을 굳게 깨물면서 속으로 소리치는 사람도 있다는 것이다.

장례식에서 슬픔을 표현하는 방법도 사람마다 다르다. 소리치며 곡을 해도 진정성이 없는 사람이 있는가 하면, 소리 내고 울지 않아도 속으로 통곡하며 슬퍼하는 사람도 있지 않던가!

문제는 하나님께 얼마나 간절히, 믿음으로 기도하느냐인 것이다.

그런데 우리가 한 가지 중요하게 생각해야 할 것이 있다.

정말 자기의 자존심이나 체면도 내려놓고, 사람을 의식하거나 의지하지도 않고 오직 하나님만 의식하고 하나님만 바라보게 되면 울부짖는 정도가 아니라 때굴때굴 구르면서 자기의 간절한 마음을 하나님께 표현할 수가 있다는 것이다.

성격에 따라 차이가 있겠지만, 앞뒤가 막히고 그야말로 절망의 나락에 떨어져버리게 되면 자기의 지식, 경험, 사람을 의식하던 체면, 자존심 같은 것은 사치에 불과하기 때문이다.

기도하는 방식만 보지 말고, 그 속에 있는 간절함 즉, 전적으로 하나님께 의탁하고 기도하는 믿음의 중요성을 보아야 한다. 그릇보다 중요한 것은 그릇 속에 담긴 내용이라는 말이다.

3. 기도 시간이 부족해요

Q "저는 직장인입니다. 기도가 많이 필요한데 기도할 시간이 많이 없습니다. 저녁에 퇴근하면 학원에 가고, 집에 와서 공부 좀 하다 보면 피곤하기에 하나님과 만날 시간이 없습니다. 그건 핑계일 뿐이라고 생각하지만 잘 안되거든요.

시간관리가 잘 안 되는 건지, 마음이 조급해서 그런 건지….

제 믿음이 많이 부족한 것 같습니다. 그래서 왠지 목사님께서 야단치실 것 같지만 용기를 내어서 질문을 해봅니다."

A 현대인들은 다 바쁘게 살아간다. 사실 바쁜 것은 좋은 일이고 축복이다. 세상에서 가장 힘들게 사는 사람은 노동자가 아니라 시간이 남아도는 삶을 사는 사람이다.

나이가 들어도 정정하던 사람이 퇴직을 하고 할 일이 없어지면 금방 늙어버리는 이유가 여기에 있다.

놀면 편안하고 좋을 것 같지만, 일이 없어 노는 것만큼 견디기 힘든 일도 없는 법이다.

이런 의미에서 하루 종일 직장에서 일하다가 퇴근하여 학원에 가고, 거기서 집에 돌아와 또 공부하며 바쁘게 사는 일에 대해 감사해야 할 것이지만, 육체적으로 정신적으로 얼마나 피곤하겠는가? 그런데도 불구하고 '내가 기도해야 하는데….'라는 마음을 가질 수 있다는 것만으로도 성령의 사람이 분명하다 할 것이다.

그런데 왜 기도해야겠다는 마음이 생긴 것일까? 그것도 영적인 부담이 될 정도로 말이다. 뭔가 찜찜한 마음이 들어서 그런 건가, 마음이 공허해서 그런 건가, 기도하지 않으면 뭔가 잘못될 것 같은 두려운 마음이 들어서인가, 아니면 그냥 그리스도인이기에 기도해야만 한다는 의무감 때문인가?

스스로 이점부터 생각해 보아야 할 것이다. 왜 내가 기도에 대한 부담을 가지게 되었는가 하는 점 말이다.

기도의 목적

먼저 바쁘게 살아가는 부분부터 생각해 보자.

앞서 언급한대로 바쁜 것은 축복이다. 그런데 바쁘다는 그 자체만으로는 은혜요 축복이지만, 그 바쁘게 일한 결과까지 모두가 다 반드시 축복으로 이어지는 것은 아니라는 점이다.

현대인들은 나름대로 다 바쁘게 살아가고 있다. 그러나 세상에 부지런히 일하고 바쁘게 산다고 다 성공하는 것도 아니고 복을 받는 것도 아니다.

그래서 '시편 128편'에서 말씀하기를 '복이란 그 손이 수고한대로 먹는 것'이라고 했다. 열심히, 바쁘게, 부지런히 일한다고 다 그 수고의 열매를 얻게 되는 것은 아니라는 말이다.

오늘날 실패와 낭패를 만나 고통스러워하는 대부분의 사람들의 문제가 뭔가? 아침부터 저녁까지 입에 단내가 날 정도로 열심히 했음에도 불구하고 수고의 보람이 없다는 것 때문이다.

'전도서'에 나오는 말씀도 그렇다.

"내가 다시 해 아래에서 보니 빠른 경주자들이라고 선착하는 것이 아니며 용사들이라고 전쟁에서 승리하는 것이 아니며 지혜자들이라고 음식물을 얻는 것도 아니며 명철자들이라고 재물을 얻는 것도 아니며 지식인들이라고 은총을 입는 것이 아니니 이는 시기와 기회는 그들 모두에게 임함이니라"

_전 9:11

그러므로 열심히, 부지런히, 바쁘게 일하는 것보다 더 우선하는 것은 하나님의 은혜다. 그래서 '내가 아무리 노력해도 그것으로 되는 것이 아니라, 하나님의 은혜로 되는 것입니다'라는 신앙고백이 바로 기도라는 점이다.

다음 두 사람 중에 누가 더 어리석고, 누가 더 억울한지를 한번 생각해 보자. 두 사람이 다 기도하지 않는 사람의 경우다.

한 사람은 게으른 사람이다. 놀기를 좋아한다. 그래서 일도 하지 않고 놀기만 했다. 그렇다면 그 결과는 뻔하다. 손에 쥔 것이 아무것도 없다.

또 한 사람은 부지런한 사람이다. 너무너무 바쁘게 뛰는 사람이다. 그런데 죽을 힘을 다해 일을 했는데도 나중에 보니 손에 아무 것도 없다면, 꼭 같이 빈손인 이 두 사람을 두고 누가 더 어리석고 누가 더 억울한 사람이라 하겠느냐는 말이다.

그래서 종교개혁가 루터는 이렇게 말했다.

"요즈음은 너무 바쁘다. 너무 바빠서 정신을 차리지 못할 정도다. 그래서 기도 시간을 더 늘려야겠다!"

바쁘면 바쁠수록 그 바쁜 일이 헛수고가 되지 않도록 기도하는 자가 지혜로운 자인 것이다.

그런데 기도하지 못하는 이유가 '시간이 많이 없고, 피곤하기 때문'이라고 한다면, 여기에서 깊이 생각해 보아야 한다는 말이다.

바로 "우선순위 문제"다.

내 삶의 우선순위에 기도를 어느 위치에 두고 있느냐는 것이다. 만일 기도가 우선순위의 첫 번째라면 문제는 달라진다. 내 삶의 시간 중 남는 시간을 기도의 자리로 두는 한 결코 기도의 시간을 내기 힘들 것이다. 언제나 기도하려고 하면 다른 일이 생길 것이고, 기도할 만한 시간이 생기면 피곤해서 자야 하고 말이다.

그러나 기도가 순위 중 우선이라면 가장 피곤하지 않은 시간, 가장 정신이 맑은 시간을 기도의 시간으로 택할 것이다.

그러므로 내가 가진 문제라는 것이 '바빠서' 혹은 '피곤해서'의 문제인지를 먼저 점검해 보아야 한다.

기도의 방법

그리고 또 한 가지 생각해 보아야 할 점은, 도대체 기도를 어떻게 얼마나 해야 되는 것으로 생각하느냐는 점이다.

먼저 기도를 너무 어렵게만 생각하고, 그 방법 또한 부담스러운 쪽으로만 생각하고 있지는 않느냐는 말이다.

처음부터 너무 긴 시간을 잡지 말고 시작하라.

가장 정신이 맑고, 주님께 시간을 제물로 바칠 수 있는 시간을 택하라. 그리고는 그 시간을 주님께 드리라. 단 10분만이라도 말이다. 처음부터 새벽기도, 철야기도…. 이런 쪽으로만 생각할 것이 아니라, 짧아도 매일 규칙적으로 가장 귀한 시간을 정하여 기도를 시작할 필요가 있다.

그러면 하나님께서 기도의 문을 열어주실 것이다. 지혜를 주실 것이다. 그래서 그 바쁜 시간마저도 지혜롭게 관리할 수 있게 되고, 즐겁고 여유 있는 삶을 즐길 수 있게 될 것이다.

다시 말해서 시간에 끌려 다니는 사람이 되지 말고, 시간을 다스리며 사는 사람이 되라는 것이다.

바쁘게 사는 사람이라고 기도하지 못하고, 일이 많다고 피곤하게 살게 되는 것은 아니다. 바쁘게 사는 삶 가운데서 오히려 기도를 더 많이 하는 사람이 있다. 그리고 많은 일을 하면서도 인생을 즐기며 여유 있는 삶을 사는 사람이 있고 말이다.

바로 '하나님의 사람이 사는 삶의 특징'이 이런 삶이다.

4. 기도가 너무 힘들어요
-남보다 기도하기 힘든 이유는, 제가 알지 못하는 뭔가가 있는 것이 아닌지…

Q "저에게 하나님에 대한 왜곡된 마음이 있어서 기도하는 것이 쉽지 않은 것 같습니다. 하나님은 자꾸 부정적으로 말씀하시는 것 같고, 안 된다고 하시는 것 같고, 저의 모자람과 부족함에 대해서만 말씀하시면서 늘 회초리를 들고 저를 바라보시는 것 같아요. 그래서 간구하는 기도가 어려운 것 같습니다.

좋으신 하나님, 인자하신 하나님, 긍휼이 풍성하신 하나님이시라는 것은 너무나 잘 알고 있습니다. 그런 하나님의 성품 또한 제가 체험하지 못한 것은 아닙니다만, 그럼에도 불구하고 그런 하나님의 긍정적인 성품보다 부정적인 성품이 제겐 더 많이 와 닿는 것 같습니다.

저는 간구할 땐 남들보다 두 배의 힘을 쏟습니다. 왜냐하면 하나님에 대해 왜곡된 성품을 심어주는 사탄과 또 다른 저 자신과의 싸움을 하면서 기도해야 하기 때문입니다. 그러다 보면 간구가 아니라 거의 몸부림에 가까울 때가 많습니다. 그래서 기도하고 나면 온 몸이 아픕니다. 근육통까지 생기기도 하니까요. 머리로는 하나님이 좋으신 분이시라는 걸 알지만, 가슴으로는 참 차갑고 냉정하고 무서운 하나님이심을 먼저 느끼는 것 같습니다.

목사님, 저는 기도할 제목이 산더미처럼 쌓여있습니다. 그럼에도 하나님에 대한 잘못된 생각 때문에 기도하기가 어렵지만, 그러나 기도를 포기하지는 않습니다. 그리고 결코 포기하지 않을 것입니다. 왜냐하면 저는 주님의 은혜가 없이는 살아갈 수 없거든요.

저 같은 여인에게는 아버지와 남편의 모습에서 하나님에 대한 형상을 볼 수 있다고 하는 말을 들은 적이 있습니다. 그런데 저는 아직 미혼이기에 그런 면에서는 아버지의 영향이 크겠죠.

그런데 오히려 저는 아버지 때문에 하나님에 대한 잘못된 생각이 생긴 것은 아닌지 모르겠습니다. 아버지에 대한 그 수많은 부정적인 생각들…. 내 마음 속에 차곡차곡 쌓여진 아버지에 대한 분노와 용서할 수 없는 일들 때문에 말입니다.

목사님, 저는 아버지를 용서했구요, 또 지금도 계속해서 용서를 선포하고 있습니다. 그리고 아버지를 사랑하고요.

제가 하나님 앞에 나아가는 것이 남들보다 몇 배의 힘을 들여야 하는 데는 제가 알지 못하는 뭔가가 있는 게 아닐까요?

제가 하나님의 뜻을 구하고 알아가는 데도 너무 힘이 듭니다. 기도하는 것을 포기하지는 않는데 자꾸 지쳐갑니다. 어떻게 해야 할까요?"

A 하나님은 두려운 분이시다. 성경은 하나님을 두려워하라고 말씀한다.

"몸은 죽여도 영혼은 능히 죽이지 못하는 자들을 두려워하지 말고 오직 몸과 영혼을 능히 지옥에 멸하실 수 있는 이를 두려워하라"_마 10:28

"마땅히 두려워할 자를 내가 너희에게 보이리니 곧 죽인 후에 또한 지옥에 던져 넣는 권세 있는 그를 두려워하라 내가 참으로 너희에게 이르노니 그를 두려워하라"_눅 12:5

"그러므로 우리가 흔들리지 않는 나라를 받았은즉 은혜를 받자 이로 말미암아 경건함과 두려움으로 하나님을 기쁘게 섬길지니"_히 12:28

"외모로 보시지 않고 각 사람의 행위대로 심판하시는 이를 너희가 아버지라 부른즉 너희가 나그네로 있을 때를 두려움으로 지내라"_벧전 1:17

그러나 이렇게 말씀하시는 두려움은 삼가 경건하게 살라는 말이요, 죄짓는 일에 두려워하라는 뜻이다. 그저 무조건 하나님을 무서운 존재로 여기며 살라는 말이 아니다.

집안에 아버지가 있으면 자식들이 행동을 조심하게 된다.

자녀들이 자기들끼리 있을 때는 티격태격 다투다가도 아버지가 집에 계시면 조심하게 된다. 아버지가 무서워서가 아니라 아버지의 권위를 존중하기 때문이고 아버지를 사랑하기 때문이기도 하다. 이와 같은 두려움을 뜻하는 것이다.

그러나 한편으로 자식은 아버지의 등에 올라타기도 하고 함께 씨름을 하기도 한다. 이런 육신의 아버지를 통해 하나님의 모습을 그려볼 수 있다. 주님께서도 탕자의 비유를 통해 말씀하셨듯이 말이다.

그 어떤 세상의 아버지의 모습도 하나님 아버지를 제대로 그려낼 수 없다. 다만 인간이 인간을 사랑하는 사랑 가운데, 부모의 자식 사랑이 가장 크기 때문에 그것으로 비유할 뿐이다. 그러나 그 어떤 부모의 사랑도 하나님의 사랑과 결코 비교할 수 없다.

성경은 하나님 아버지의 사랑을 이렇게 설명하고 있다.

"여인이 어찌 그 젖 먹는 자식을 잊겠으며 자기 태에서 난 아들을 긍휼히 여기

하나님의 사랑은 부모의 사랑과 같지 않다는 뜻이다. 그러므로 만일 세상의 부모를 통해 하나님을 설명하자면, 세상에서 가장 사랑이 많은 아버지를 예로 들어야 할 것이다. 왜냐하면 세상에는 자식을 팔아먹는 부모도 있기 때문이다.

나는 어릴 때 아버지가 돌아가셨다.

그래서 나에게는 아버지에 대한 아름다운 추억이 없다. 아버지의 자상함이나 아버지의 따뜻한 품을 나는 모른다. 든든한 울타리로서의 아버지도 경험해 보지 못했다. 아버지와 뒹굴며 장난쳐 본적도 없다. 아버지에게 업혀본 기억도 없다.

만일 내가 내 아버지의 추억과 이미지로 하나님을 발견하려 한다면 하나님은 멀리 계신 하나님, 나와 아무런 상관이 없는 하나님으로 그려지고 말 것이다.

하나님의 사랑을 인간이 완전하게 설명하고 깨닫는 일은 불가능하다. 단 하나님의 사랑을 우리가 가장 크게 이해할 수 있는 것은 오직 '십자가의 사랑'뿐이다.

목자의 막대기를 두려워하는가?

지금 상담을 요청해온 자매님은 하나님과 하나님의 사랑을 아는 사람이다. 하나님의 사랑이 십자가의 사랑인 줄 알기에 하나님을 믿는 것이요, 인간의 생사화복이 하나님께 달렸다는 사실을 알기에 결코 기도를 포기할 수 없다고 말하는 사람이다.

그러나 문제는 하나님을 알고 그 분의 사랑도 알고 풍성한 은혜도 알지만, 지금 내가 느끼는 하나님, 내가 받아들이는 하나님은 늘 두려운 하나님으로 인식되는 것이 문제라는 것이다.

여기에서 다윗이 쓴 '시편 23편'을 보자.

"여호와는 나의 목자시니 내게 부족함이 없으리로다 그가 나를 푸른 풀밭에 누이시며 쉴만한 물가로 인도하시는도다 내 영혼을 소생시키시고 자기 이름을 위하여 의의 길로 인도하시는 도다 내가 사망의 음침한 골짜기로 다닐지라도 해를 두려워하지 않을 것은 주께서 나와 함께 하심이라 주의 지팡이와 막대기가 나를 안위하시나이다 주께서 내 원수의 목전에서 내게 상을 차려주시고 기름을 내 머리에 부으셨으니 내 잔이 넘치나이다 내 평생에 선하심과 인자하심이 반드시 나를 따르리니 내가 여호와의 집에 영원히 살리로다"

다윗은 하나님의 지팡이와 막대기를 생각하며 평화를 느꼈다. 그 지팡이와 막대기가 한없는 위로가 되었다는 것이다.

그러나 꼭 같은 그 지팡이와 막대기에 두려움을 느낄 수도 있다는 것이다. 즉, 때리는 회초리로, 내 길을 막는 방해물로도 느낄 수 있다. 왜냐하면 양을 치는 목자가 가진 막대기는 말 듣지 않는 양을 찌르기도 하고, 엉뚱한 길을 가는 양의 길을 막기도 하기 때문이다.

다윗이 범죄하여 하나님께 징계를 받을 때였다.

선지자 갓이 다윗에게 세 가지 벌 중 하나를 택하라고 했다. 그때 다윗이 말하기를 '여호와께서는 긍휼이 크시니 우리가 여호와의 손에 빠지고 내가 사람의 손에 빠지지 않기를 원하노라'고 했다. 매를 맞아도 하나님께 맞겠다는 것이었다. 하나님의 매는 사랑의 매이기 때문이다.

하나님은 열 대를 때리시겠다고 매를 드시고는, 두 대 때리시고도 우는 자녀를 가슴에 품고 매를 거두시는 분이심을 다윗이 잘 알았기 때문이었다.

하나님은 그 어떤 경우에도 예수 믿어 구원받은 자기 자녀를 사랑하신다. 내 느낌과 상관없이 말이다.

어떤 연유에서 하나님이 늘 자신의 부족함에 대해 꾸중만 하시고, 회초리를 들고 바라보시는 분과 같이 느끼게 되었는지는 모르겠으나 그 느낌을 바꾸는 노력이 필요하다. 그렇게 되어야만 하고 또 그렇게 될 수 있다.

성경구절을 암송하라

가장 좋은 방법은 성경구절을 암송하는 일이다.

성경은 하나님의 사랑의 표현들로 가득하다. 하나님의 사랑과 긍휼히 여기시는 은혜에 대한 성경구절들을 암송하는 것이 좋다.

그리고 기도할 때 몸부림치며 간절히 구하는 것보다 먼저 하나님의 사랑을 느끼며, 그 성경구절을 중심으로 감사하는 기도를 시작해 보라.

기도의 응답이 늦어지고, 기도하다가 가슴이 답답해질 때 바로 그 암송한 하나님의 말씀을 입으로 고백하는 것이다.

"야곱아 너를 창조하신 여호와께서 지금 말씀하시느니라 이스라엘아 너를 지으신 이가 말씀하시느니라 너는 두려워하지 말라 내가 너를 구속하였고 내가 너를 지명하여 불렀나니 너는 내 것이라"_사 43:1

자신의 이름을 넣어서 암송하고, 선포하고, 고백해 보라.

"아무 것도 염려하지 말고 다만 모든 일에 기도와 간구로 너희 구할 것을 감사함으로 하나님께 아뢰라"_빌 4:6

"너의 하나님 여호와가 너의 가운데 계시니 그는 구원을 베푸실 전능자시니라 그가 너로 말미암아 기쁨을 이기지 못하시며 너를 잠잠히 사랑하시며 너로 말미암아 즐거이 부르며 기뻐하시리라"_습 3:17

이런 하나님의 말씀들을 마음에 자꾸 새기고, 기도하기 힘들 때 고백해야 한다. 기도는 일방적으로 하나님께 요구하는 것만이 아니다. 하나님께서 내게 말씀하시는 것을 듣는 시간이 필요하다. 그때마다 떠오르는 하나님의 말씀을 입술로 고백하며 묵상하면 하나님께서 말씀하시기 시작하실 것이다. 깨닫게 하시고, 풍성한 은혜의 자리로 인도해 주신다.

하나님 앞에 나아갈 때마다 평안을 얻어야 한다. 하나님은 그것을 원하신다. 수고하고 무거운 짐 진 자들을 부르셔서 쉬게 해주시는 하나님이시기 때문이다.

내 느낌보다 중요한 것은 기록된 하나님의 말씀이며, 하나님을 느낌으로 아는 것보다 중요한 것은 말씀대로 믿고 고백하는 일이다. 그렇게 할 때 내 느낌조차도 평안과 확신과 소망으로 바뀌게 될 것이다. 지각에 뛰어나신 하나님의 평강이 임하게 될 것이다.

하나님은 내 느낌과 상관없이 나를 사랑하신다. 독생자 예수 그리스도를 나를 위해 십자가에 내어주시기까지 말이다.

5. 제가 구원을 받은 걸까요?

세례를 베풀 때마다 일어나는 일이 있다.

세례 공부를 몇 주 동안 열심히 한 후 당회 앞에서 세례 문답을 하게 된다. 문답 장소에 들어오기 방금 전에도 부목사님들을 통해 구원의 확신에 대한 고백을 다짐 받는다. "구원의 확신이 있느냐?"는 질문을 받으면 "예, 지금 죽어도 천국에 들어갈 수 있습니다." 그 이유를 물으면 "예수님이 내 죄를 다 담당해 주셨기 때문입니다"라고 대답할 것을 수십 번도 더 다짐을 받고 문답에 임하게 된다.

그럼에도 불구하고 "하나님 앞에서 솔직하게 대답하십시오. 지금 죽어도 구원받아 천국에 들어갈 수 있다고 생각하십니까?"라고 물으면 "자신이 없지만 노력하겠습니다. 더 열심히 믿겠습니다"라고 하는 분들이 있다.

Q "목사님, 제가 구원받았는지 어떻게 알 수 있을까요? 제 삶을 보고요? 제가 교회 다닌다는 사실로요?

전 예수님을 하나님의 아들이라 믿고, 저의 죄를 위해 십자가를 지셨음도 믿어요.

그러나 이것이 관념적인 것이 아닌가 하는 생각이 들 때가 있거든요. 혹 제가 성전 뜰만 밟는 가라지가 아닌지… 구원에 대한 확신이 서지 않습니다. 구원의 확신 속에 살고 싶은 데도 말입니다."

A 예수를 믿는 사람들 가운데 자기 자신이 구원을 받았는지에 대해 확신을 못하는 사람들이 의외로 많다.

특히 자신의 삶을 두고 볼 때 자신이 없어지고 만다. 신앙의 열매가 나름대로 있어야 하는데 열매가 없는 것 때문에 갈등은 더 심하고, 생각하는 것이나 행동하는 것이 믿지 않을 때와 별로 달라진 것이 없다는 점(겉으로는 교회에 다니고 굉장히 달라진 것처럼 보이지만)이 마음에 걸린다.

그래서 괜히 성전 뜰만 밟고 다니는 것 같고, 믿음이 있는 척, 경건하게 사는 척하는 자신의 모습이 더 위선적으로 느껴지기도 한다. 설교를 들을 때는 뭔가 마음에 와 닿는 것 같은데 늘 그 때뿐인 것 같고 말이다.

그런데 참으로 놀라운 일은, 이렇게 갈등한다는 것 자체가 구원받은 증거라는 사실이다.

구원받지 못한 것 같고, 성전 뜰만 밟고 다니는 것 같고, 내가 믿는 믿음이라는 것이 열매도 없는, 믿음이 아닌 어떤 기분이나 관념 속에서 맴도는 자기최면과 같은 것이 아닐까 하고 생각하는 자체가 구원받은 사람만이 할 수 있는 생각이라는 점이다.

"그러므로 내가 너희에게 알리노니 사람의 영으로 말하는 자는 누구든지 예수를 저주할 자라 하지 아니하고 또 성령으로 아니하고는 누구든지 예수를 주시라 할 수 없느니라"_고전 12:3

예수님을 하나님의 아들이라 믿고, 주님이 내 죄 때문에 십자가를 지셨음을 믿는 그 믿음은, 성령님이 아니시고는 결단코 할 수 없는 고백이다. 성령님께서 주시는 믿음이 아니고서는 입술로도 못하고, 관념 속에서도 못하고, 생각으로도 믿는다고 고백할 수 없다는 것이다.

느낌이나 기분과 상관없다

구원은 기분으로 받는 것이 아니다. 자기 확신으로 받는 것도 아니다. '이만하면 구원받을 만하다'라고 할 사람은 단 한 사람도 없다.

주님께 가까이 가면 갈수록, 예수를 잘 믿어보면 볼수록, 의인으로서의 열매가 나타나는 것보다 자기의 죄가 더 드러나게 될 뿐이다.

그래서 율법적으로 보면 점점 더 구원과는 거리가 먼 것만 같아진다.

그러나 '내가 이래가지고서 어떻게 예수 믿는 사람이라고 할 수 있겠으며, 구원받은 하나님의 자녀의 삶이라고 할 수 있겠느냐?'라는 생각이 든다는 것만으로도 이미 구원받았다는 증거가 되는 것이다.

왜냐하면 절대로, 확언컨대 구원받지 못한 사람은 죽었다 깨어나도 이런 생각이나 고백을 못하기 때문이다.

그래서 이런 말이 있다.

'이 세상에는 두 종류의 사람이 있다. 자기를 의인이라 하는 죄인이 있고, 자기를 죄인이라 하는 의인이 있다'는 말이다.

구원은 예수 믿어서 얻게 되는 것이지 착하게 살아서 받게 되는 것이 아니다. 그러므로 어떻게 살든 예수 믿는 자는 구원 받는다. 설사 엉망진창으로 산다 할지라도 말이다.

다만 이 말씀을 기억해야 할 뿐이다.

"너희가 순종하는 자식처럼 전에 알지 못할 때에 따르던 너희 사욕을 본받지 말고 오직 너희를 부르신 거룩한 이처럼 너희도 모든 행실에 거룩한 자가 되라 기록되었으되 내가 거룩하니 너희도 거룩할지어다 하셨느니라"

_벧전 1:14-16

하나님은 구원받은 그리스도인에게 '거룩하게 살라'고 하신다. 죽었다 깨어나도 거룩하게 살 수 없는 우리에게 거룩하게 살라고 하시니 불가능한 일이 아닌가?

그러나 하나님은 예수 그리스도의 피로 구원받은 우리를 거룩한 신분의 자리에 세워주셨다. 그래서 그 신분이 '거룩한 사람'으로 바뀌어 버린 것이다. '거룩하게 살지 못하는 거룩한 자'다.

그래서 거룩하게 살아보려고 애를 써 볼만 하지 않는가! 거룩한 사람이 되기 위해서 애를 쓴다면 가능한 일도 아니겠거니와 얼마나 피곤하겠는가? 이런 자가 바로 '율법주의자'인 것이다.

그러나 우리는 거룩한 자이기 때문에 거룩한 자처럼 행동하는 것은 자연스러운 일이요, 사실 즐거워해야 할 일인 것이다. 걸음마 연습하는 아이처럼 한 발짝 두 발짝 떼다가 쿵 넘어지기도 할 것이다. 그러나 엄마는 '어제는 한 발짝 떼더니 오늘은 두 발짝이나 떼었네!' 하면서 입이 함박꽃이 된다. 자기 자식이기 때문에 말이다.

그래서 예수 믿어 구원받은 그리스도인들은, 오늘도 하나님의 말씀을 따라 한 발짝 한 발짝 순종의 걸음을 떼어야 할 사람들이다. 그것이 어설픈 것 같고 위선적인 행동 같아도… 하늘에서 보고 계시는 하나님께서는 함박웃음을 웃으시며 기뻐하실 것이니까 말이다.

6. 그리스도인의 흡연 문제에 대하여

Q "저는 오래 전부터 담배를 끊기 위해 노력을 해왔지만 실패해 왔습니다. 한동안 끊어보기도 하지만 또다시 담배에 손이 가버립니다.

이런 반복적인 생활때문에 저 자신의 의지와 결단력의 문제로 여겨 져 이제는 저 자신을 자학하는 현상까지 이르게 되었습니다.

술은 이미 끊은 지 오랜데, 담배만은 유독 끊어지지 않아 괴롭습니다.

하나님께 기도는 하지만, 제가 간절히 기도하지 않아서인지 금연에 대한 하나님의 어떠한 응답도 없어 답답하고, 저의 우유부단함 때문에 이제 삶의 모든 부분에서 어떤 일을 계획하거나 추진하기조차 두렵습 니다.

이제 배우자를 향한 눈을 돌릴 시기인데, 누가 이런 나약한 남자를 자신의 남편으로 맞이하고 싶겠습니까? 특히 믿음이 있는 자매라면 말 입니다.

저는 이 문제 해결하고 싶습니다. 신앙적으로도 그렇고, 결혼을 위 해서도 그렇고, 저 자신의 결단력 있는 삶을 위해서도 말입니다.

목사님, 어떻게 해야 합니까? 도와주세요!"

A 요즘 사회에서도 흡연하는 사람은 공공의 적이다.

웬만한 공공장소에서는 거의 다 흡연이 금지되고 있다. 그리고 각종 질병의 원인이 흡연문제로 인해 생긴다는 연구 결과들이 밝혀지고 있 고, 그것도 직접 흡연이 아닌 간접 흡연의 피해가 더 크다고까지 한다.

그래서 요즘, 아파트 화단 앞에 쪼그려 앉아 담배를 피우고 있는 가장들을 많이 볼 수 있다. 집안 식구들에게 쫓겨나서 담배를 피우고 있는 초라한 가장의 모습들 말이다.

이런 상황에서 담배를 끊어야 된다는 사실을 모르는 사람이 있을까? 끊어야지, 끊어야지 하면서도 끊지 못하는 것이 문제일 뿐이다.

그런데 신앙적으로도 그렇다.

흡연이 구원에 관계된 문제라고 하지는 않는다. 그러나 한국 교회는 술과 흡연을 처음부터 금지해왔다. 그것이 성경적이기 때문이다.

나에게 귀한 친구 한명이 있다. 바로 교도소 교도관으로 복음 전도 역사에 한 획을 그은 박효진 장로다.

그가 청송에서 근무할 때 교회의 집사였다. 그러면서도 지독한 골초였다. 아내가 금연을 요구하면 언제나 "성경에 담배 피우지 말라는 말이 어디 있느냐? 그 증거를 대면 끊겠다!"고 하면서 담배연기에 찌들어 살았다.

그런데 그 교회의 집사님(현재 박 장로님이 섬기시는 교회의 담임목사님) 한 분이 이렇게 말씀하신다. "박 집사님, 담배 피우지 말라는 말이 성경에 어디 있느냐고요? 고린도전서 6:19절을 찾으십시오."

그런 말이 정말 성경에 있는가 하여 뒤적뒤적 찾았다.

"읽어 보시지요."

"너희 몸은 너희가 하나님께로부터 받은바 너희 가운데 계신 성령의 전인 줄을 알지 못하느냐 너희는 너희 자신의 것이 아니라 값으로 산 것이 되었으니 그런즉 너희 몸으로 하나님께 영광을 돌리라"_고전 6:19-20

"박 집사님, 성령님께서 거주하시는 거룩한 하나님의 성전에 날마다 담배연기로 가득 채우는 것이 하나님께 영광이 되겠습니까?"

"………."

여기에서 무릎을 치며 회개하게 되었고, 그 일이 계기가 되어 새로운 신앙의 길로 들어서게 되어 지금은 전 세계를 다니며 복음을 전하는 일꾼이 되었다.

그리스도인으로서 금연을 하는 것은 신앙적으로 당연한 일이다.

그러나 금연을 하고 싶지만 못하고 있고, 금연의 문제를 넘어서 인생 전체의 삶에 영향을 끼치고 있다는 분의 경우에 어떻게 해야 하는 것일까?

흡연 그 이전에 생각해야 할 문제

먼저 이 문제를 담배 끊는 문제로 접근하지 않았으면 좋겠다. 왜냐하면 담배의 문제로만 생각하면 더 끊기가 어려울 것이기 때문이다.

사람이 어떤 일에 집착을 하게 되면 자꾸 거기에 빠져드는 법이다. 의식적으로 '잊어야지, 잊어야지!' 한다고 잊혀지는 것이 아니다. 오히려 더 생각이 날 뿐이다.

이와 마찬가지로 '끊어야지, 끊어야지…' 하는 마음이 오히려 더 생각나게 만들고, 그 생각이 스스로를 참지 못할 자리로 이끌어 가버리게 되는 것이다.

여기에서 좀 마음을 터놓고 편하게 생각해보자. 흡연, 그 자체만의 문제일까?

물론 우선 지금 고민하고 해결하고자 하는 문제가 흡연문제다. 그런데 담배를 피우고 나면 몸이 아픈 것도 아니고, 지금 당장 폐암에 걸려 기침을 하는 것도 아니다.

담배란 일종의 기호다. 커피를 과다하게 마시는 분들은 커피를 마지지 않고는 잠을 자지 못하는 분들도 있다. 건강에 해가 될 정도로 마신다면 이것도 일종의 흡연과 같다고 볼 수 있는 것이다.

그런데 그리스도인이 커피에 중독이 되다시피 과하게 마신다고 해서 '예수 믿는 사람이 어떻게 그럴 수 있느냐?'라고 하면서 이상하게 보는 사람은 없다.

그런데 유독 담배를 피우는 교인들을 보고는 그냥 지나치지 않고 정죄에까지 이른다. '어떻게 교인이, 어떻게 집사가 담배를 피워!' 이렇게 말이다.

왜 이렇게 되었을까?

여기에는 물론 교회사적인 면과 성경해석의 문제로 설명이 되어야 하겠지만, 어쨌건 우리 사회에서 통념적으로 굳어져 있는 바다. 그래서 불신자들도 예수 믿는 사람이 담배를 피우면 이상하게 보고 마치 엉터리 신자인 것처럼 여긴다.

그런데 문제는 이것을 마귀가 이용하고 있다는 점이다.

그리스도인이 흡연을 할 때 가장 즐기는 존재가 바로 마귀 사탄이다. 그것이 죄가 되기 때문이 아니라, 그 일로 인해 괴로워하는 것을 마귀가 기뻐하기 때문이다. 마귀 사탄이 우리 사회의 통념을 적절하게 이용하고 있는 것이다.

만일 그가 그리스도인이 아니라면, 하나님의 택한 백성과 하나님이 지극히 사랑하는 자녀가 아니라면 이 문제 때문에 전혀 괴로워할 필요가 없을 것이다. 그 어느 누구도 그의 흡연문제를 가지고 시비하지 않을 것이다. 그런데 그가 흡연문제 때문에 괴로워한다는 사실 하나만으로도 그가 하나님의 백성임이 분명하다 할 것이다.

'네가 어떻게 그리스도인이냐? 예수 믿는다고 하면서 숨어서 담배나 피우고, 교회 갈 때는 칫솔로 박박 문질러 이 닦고 성경책 끼고 잘도 가는 구나. 관둬라 관둬… 어떤 자매가 너 같은 위선자를 좋아하겠는가?' 이렇게 참소하며 괴롭히게 되는 것이다.

그리고 자책하고 좌절하게 만든다. '끊는다, 끊는다 하면서도 그것도 못 끊는 너 같은 존재가 뭘 할 수 있겠냐? 너는 낙오자야! 결단력도 없고, 무엇 하나 제대로 할 수 없는 존재야!' 이렇게 계속 지껄이는 것이다. 이것이 마귀의 전형적인 공격 수법인 것이다.

그래서 먼저 알고 행해야 할 것은 담배 끊는 일이 아니라, 우선 이런 마귀의 궤계에서 벗어나야 하는 일부터다.

이런 마귀의 참소하는 소리가 내 양심의 귀를 울릴 때 고백하고 선포해야 할 내용이 있다.

'그래, 나는 담배도 못 끊는 못난 인간이다. 그리스도인답지 못하고, 위선적인 모습이 있는 자가 맞다. 그래도 주님은 날 사랑하신다. 이대로 평생 못 끊는다 할지라도 주님은 이것 때문에 날 버리시지 않는다. 내가 주님을 나의 주로 모시고 있는 이상 그 어느 누구도 나를 주님의 사랑에서 끊을 수 없다. 그래, 난 결단력이 부족해! 그러나 이것까지 주님께 맡겼다. 그래 어쩔래! 더러운 마귀 사탄아, 내게서 물러가라!' 이렇게 고백하고 주님께 더 나아가야 한다는 것이다.

주님의 십자가 보혈의 피는 이 모든 허물을 다 덮고도 남는다. 그래서 먼저 이 부분에서 양심의 자유를 얻어야 한다.

좋은 것으로 채우라

그리고 담배를 끊는 문제는 그 다음의 일이다.

이 문제는 의외로 간단할 수 있다. 담배를 끊은 경험이 있는 그리스도인들의 간증을 들어보면 '내 힘으로는 안 되더라. 그런데 은혜를 받으니까 저절로 끊어지더라!' 이런 고백들이 많다.

이것이 무슨 뜻인가 하면, '더 좋은 것이 생기면 옛 것은 버리게 된다'는 말이다.

왜 담배를 피게 되는가?

답답할 때 담배를 피워 물면 뭔가 시원한 느낌이 든다. 이미 깊이 중독이 되었다면 자다가 일어나도 우선 먼저 담배 생각부터 날 것이다. 그때 한 모금의 연기의 맛이 꿀맛이라고들 말한다. 그러니 어떻게 끊을 수가 있겠는가? 그것이 낙인데….

그런데 그보다 더 맛있는 것이 생긴다면 어떻게 될까? 더 시원하고, 니코틴이 주는 안식보다 더 큰 평안함을 주는 것이 생긴다면 어떻게 되겠는가 말이다.

이런 고백을 종종 듣는다.

"목사님, 그때는 담배 맛이 그렇게 좋았었는데, 어느 날인가부터 쳐다보기도 싫고 냄새만 맡아도 구역질이 납니다. 참 이상해요!" 이런 고백 말이다.

앞서 소개한 박효진 장로의 경우가 그렇다.

그는 자기 의지로 담배를 끊은 것이 아니다. 삶의 중간 중간에 건강을 위해서, 집사의 체면 때문에 '끊어보자!' 이렇게 일주일도 끊어보고, 몇 달도 결심하여 끊어 본적은 있었지만 그게 얼마나 가더냐는 말이다. 화나는 일 한번 만나면 다시 한 대 피워 물게 되고 그때부터 도로 마이타불이 되어버리더라는 것이다.

그런데 그리스도의 사랑이 그 마음에 가득 들어오니까, 성령께서 그 마음속에서 역사하시니까… 출근하여 평소와 같이 담배를 피워 물었더니 기절할 것 같더라는 것이다. 갑자기 냄새도 맡기 싫고, 밖으로 뛰쳐나가 토해버리게 되더라는 것이다.

물론 모든 사람에게 해당되는 보편적인 일이 아닌 특별한 경우라고 할 수 있지만 원리는 분명히 같다. 담배 연기 대신 은혜의 향기를 마시고 채우면 된다는 것이다. 뭔가로 대신 채우면 다른 무엇은 나가게 되어 있는 것이다.

다시 말하자면, 담배 끊으려고 노력할 것이 아니라, 그 자리를 은혜로 채우기 위해 힘쓰라는 말이다.

좀 더 교회 속으로 깊이 들어가라. 말씀을 좀 더 가까이 하라. 은혜를 사모하는 마음으로 경건한 모임에 더 적극적으로 참여해보라. 예배 시간을 귀하게 여기고, 찬양 시간에 남보다 더 뜨겁게 찬양하고, 기도회 시간에 남보다 더 열심히 기도해보라.

시시하게 담배 끊게 해 달라는 기도가 아니라 주님 사랑하게 해 달라고 기도하고, 복음을 위해 지금 이대로 할 수 있는 일을 하게 해 달라고 기도해 보라. 그리고 적극적으로 순종하는 자리로 나아가보라.

한 달에 담배를 몇 갑이나 태우는지 모르지만, 그 담배 값을 선교비나 구제비로 헌금해보라.

그것이 굶어 죽어가는 북한 어린이나 탈북자들에게 주님의 이름으로 전달 될 때 나타나는 하나님의 기쁨을 곧 당신의 기쁨으로 되돌려 주실 것이다.

채우라. 끊으려 하지 말고 채워야 한다. 그러면 저절로 물러가야 할 것은 물러가게 될 것이다. 이미 하나님께서 정해 놓으신 배필을 기다리면서, 담배 안 피우는 모습 정도가 아닌 감격스럽게 주의 영광을 위해 멋지게 사는 모습을 보여주리라 결심하고 힘쓰라.

머잖아 곧, 지금 문제라고 생각하는 것이 전혀 문제가 아니라는 것을 알게 될 것이다.

7. 초신자인데 성숙한 신앙으로 자라고 싶지만!

Q "안녕하세요.

저는 교회에 나온 지 얼마 안 되는 초신자입니다. 어렵고 어렵게 그 많고 많은 교회 가운데 선택한 교회에서 정말 은혜로 신앙생활 하고 있습니다.

오래 전 제 눈에 정말 신앙인다운 어떤 분을 떠올려봅니다. 그분의 독실한 신앙생활과 인격, 말씨, 표정, 남을 배려할 줄 아는 여유 있는 마음과 반듯한 자세 등은 저로 하여금 존경과 더불어 감탄을 자아내게 하였습니다. 그 이후로 오랜 세월동안 그런 분을 다시 볼 기회가 없었습니다.

그러나 이 교회에서 그런 분들을 많이 만날 수 있어서 더 큰 설렘이 제 마음에 일어나고 있음을 느낍니다.

교회가 점점 좋아지고 있습니다. 참 좋은 분들도 많습니다. 초신자 주제에 저도 한 사람을 전도했습니다. 바로 제 아들입니다.

그러나 이런 여린 새싹 같은 제 신앙이 마음만큼 쑥쑥 자라지 않고, 난감한 일들이 가끔 있어 목사님의 가르침을 받고 싶습니다. 차라리 혼자 조용히 있을 때는 뭔가 신앙인이 된 것 같고, 이대로 예수님을 닮아가도록 해야겠다는 순수한 마음을 가지다가도, 가끔 사람들과의 교제에서 도대체 뭐가 뭔지 방향감각을 잃어버릴 때가 종종 있습니다.

첫째, 죄인들이 교회에 들어온 후에는 반성하고, 근신하여 진실한 신앙생활을 하면 될 것이지 왜 '죄인이었다. 죄인이기 때문에…'라는 이야기를 계속해야 하는지 궁금합니다. 이미 교회에 발을 들여놓았으면 '죄인이었다'가 아니라, '참 신앙인으로 살고자 노력한다'라는 말이 더 필요한 것이 아닐까요?

둘째, 초신자는 누구를 바라보고 신앙생활을 해야 합니까? (예수님, 목사님 등)

셋째, 순종과 섬김의 문제입니다. 노력 중입니다. 그러나 아직 자기 말만 많이 하고, 엉뚱한 주장을 펴거나, 자세가 반듯하지 못한 사람의 경우 그런 사람은 잘 섬겨지지가 않거든요. 이런 사람과의 교제는 어떻게 해야 하며 어떤 의미가 있는지요? 교회에서 이런 사람과 저 중에 한 사람을 특별히 교육시켜 주셔야 할 것 같습니다."

A 그리스도인은 누구나 하나님이 부르신 자들이다.

그래서 나를 택하여 구원해 주신 하나님의 은혜를 잠시도 잊지 말아야 할 존재들이다. 지나온 수많은 날들의 기쁨과 즐거움, 그리고 아픔과 눈물과 때로는 견딜 수 없는 고통의 개인적인 역사 속에 여기 지금 이 자리로 인도하신 하나님의 섭리(나를 위한 계획과 사랑과 뜻)가 있었다.

나 한 사람을 위해 하나님께서 작정하시고, 계획하시고, 독생자를 십자가에 내어주시고, 성령님을 보내셔서 나를 예수 믿게 하시고, 여기까지 인도하셨으며, 또 영원한 천국까지 인도해주실 하나님의 은혜에 어떻게 다 감사할 수 있겠는가!

기왕이면

예수 그리스도는 모든 인류를 위해서 죽으셨다. 그래서 누구든지 그분을 구주로 영접하고 믿으면 구원을 받게 된다.

그러나 우리 그리스도인의 입장에서 생각해 볼 때, 그 많은 구원받은 사람 가운데 누가 더 귀하게 쓰임 받고, 누가 더 역사의 주인공으로 세움을 받게 되겠는가 하는 점이다.

하나님께서 교회의 목사는 집사보다 더 중요하게 생각하시고, 집사는 일반 성도들보다 더 귀하게 여기실까? 아니면 모두를 꼭 같이 사랑하시고 꼭 같이 귀하게 여기실까?

하나님은 인격적인 분이시기에 인격적으로 생각해 보자.

부모의 자식 사랑에 대한 말 가운데 '열 손가락 깨물어 안 아픈 손가락 없다'라고 한다. 자식이 열 명이라도 부모에게 그 열 명은 모두가 다 귀한 자식들이다. 특히 그 가운데 몸이 좀 약한 자식이 있다면 그를 더 사랑할 수밖에 없는 것이 부모다. 인간이 이 정도라면 거룩하신 사랑의 하나님은 어떻겠는가?

유명한 철학자요 신학자였던 키엘케고르Soren. Aabye Kierkegaard가 했던 유명한 말이 있다.

"모든 인간은 하나님 앞에서 단독자다"

하나님이 나를 대하실 때는 마치 이 세상에 나 혼자만 있는 것처럼, 나 한 사람을 위하여 우주 만물을 창조하신 것처럼, 나 한 사람을 위해 자신의 독생자 예수님을 십자가에 죽이신 것처럼 대하신다는 뜻이다.

그런고로 모든 그리스도인들은 언제나 '하나님 앞에서의 단독자로서의 의식'을 가져야 한다. 그리할 때 성숙한 그리스도인의 자리로 속히 나아가게 될 것이다.

세 가지의 질문에 대한 답을 위해 위와 같은 말을 길게 했다.

첫째 질문인, 죄인들이 구원받아 예수 믿고 신앙생활을 하게 되었으면, 이제부터 진실하게 신앙생활을 하면 될 것인데, 왜 계속해서 '나는 죄인입니다.' '우리 모두는 꼭 같은 죄인들입니다.' '죄인이기 때문에…' 이런 말을 계속해야 하는가 말이다.

누구든지 예수 그리스도를 믿는 즉시 하나님의 자녀가 된다. 즉, 모든 죄는 다 사함을 받고 의로운 자리에 서게 된다는 뜻이다. 이런 의미에서 '나는 이제 죄에서 자유함을 받았다, 나는 의인이다!' 이래야 마땅하다.

그런데 왜 기도만 했다 하면 '나는 죄인입니다.' 하면서 울고, 그리스도인들이 모이는 모임에서도 툭 하면 '뭐 우리가 다 죄인들 아니냐?'는 말로써 자기 자신들의 실수와 허물을 합리화 내지는 덮으려 하는가 하면, 예수 믿어 자유를 만끽하고 있는 다른 사람들에게까지 죄짐을 지우려고 하는가 말이다.

의인인 죄인, 죄인인 의인

그렇다. 우리는 분명히 죄 사함을 받았다. 완벽하게 죄 씻음을 받았고, 완벽한 의인이 되었다. 그렇지 않고서는 그 누구도 하나님의 자녀가 될 수 없기 때문이다.

그러나 아직 나의 존재 자체가 죄가 없는 완전한 의인인 것은 아니다. 장차 내가 변화된 몸으로 천국에 들어가면 죄가 없는 완벽한 의인, 완벽한 하나님의 자녀가 되겠지만… 이 땅에 사는 날 동안에는 인간 존재 본래의 죄가 없어지는 것은 아니다.

그럼에도 불구하고 '나는 의인이다'라고 하는 것은 신분상의 문제다. 죄가 없어져서 의인이 되었다는 것이 아니라, '죄를 사함 받았다'는 것이다.

> "그러므로 이제 그리스도 예수 안에 있는 자에게는 결코 정죄함이 없나니
> 이는 그리스도 예수 안에 있는 생명의 성령의 법이 죄와 사망의 법에서 너를
> 해방하였음이라" _롬 8:1-2

'정죄함'이란, '죄를 죄로 인정하는 것'을 말한다. 마치 검사가 법조
문을 따라 죄를 고발 할 때에 재판관이 그 모든 일을 법에 맞추어 형을
언도 하는 것을 정죄, 곧 죄에 대한 형벌을 확증하는 것을 말한다.

그런데 성경은 '죄의 삯은 사망'이라고 했다.

그래서 모든 인생은 다 사형선고를 받은 자들이다. 그런데 그 '정죄
함'이 없다는 것이다. '죄'가 없다는 것이 아니라 '정죄함'이 없다는 것
이다. 그 이유는 예수 그리스도 그분이 나의 죄를 짊어져 주셨기 때문
이다.

내가 아직 죄인이고 내 죄가 그대로 있어서 마땅히 형 집행을 받아
야 할 자이지만, 나를 대신하여 하나님께서 자기 독생자를 정죄하여
사형시키시고는 나를 향해 '죄 없다'고 해 주신 것이다. 죄가 여전히 있
는데도 말이다.

여기에서 두 가지의 태도가 나올 수 있다.

자유를 누림
첫째는, 자유함을 누리는 것이다.

내가 알게 모르게 지은 그 수많은 죄에 대한 책임을 짊어져야 한다
면 단 하루, 단 한 시간이라도 평안할 수 없을 것이다. 이 세상에서도

그 형벌을 받으며 살다가 죽어서는 영원한 지옥에서 영원토록 고통을 겪어야 마땅한데, 정죄함이 없어져버렸으니 그 하나님의 은혜에 감사하고, 감격하며, 그 죄사함의 기쁨과 자유를 누리며 살아야 하지 않겠는가! 이런 의미에서 그리스도인에게는 늘 감격과 기쁨과 자유를 누리는 삶이 있어야 한다는 것이다.

그러나 또 한편으로, 나를 대신하여 예수님이 정죄를 받아 내가 의인의 신분이 되었고 하나님의 자녀의 신분이 되었지만, 나의 죄가 없어진 것은 아니다. 정죄가 되지 않았을 뿐이다. 그래서 실상 나의 존재는 여전히 '죄를 가진 죄인'인 것이다. 죄인이기 때문에 실수도 하고, 때로는 죄를 짓기도 하고, 하나님의 뜻을 벗어난 삶을 살 수밖에 없는 인생이다.

그래서 우리는 늘 기도해야 한다. '그리스도인답게, 정죄함을 벗어난 사람답게, 하나님의 자녀라는 신분을 가진 자답게, 의인의 신분을 가진 자답게 살게 해 달라'고 말이다.

그리고 '나는 죄인입니다'라고 하는 것은, 내가 죄 용서함 받은 것을 믿지 못한다는 뜻이 아니라, 내가 죄인임에도 불구하고 십자가의 사랑으로 죄 없는 의인의 신분을 주시고, 하나님의 자녀까지 되게 해 주신 은혜에 감사한다는 신앙고백의 한 형태인 것이다.

그래서 자신이 죄인인 것을 알면 알수록, 의식하면 할수록 더 깊은 은혜의 자리에 들어갈 수 있다.

만일 자신이 죄인임을 고백하는 모습이 전혀 없다면 쉽게 교만해 질 수밖에 없을 것이다. 왜냐하면 하나님의 은혜보다는 자신의 자유함과 의로움과, 열심히 신앙생활 잘하는 것을 공력으로 여기기가 쉽기 때문이다.

그래서 열심히 신앙생활 하다가 오히려 그 열심 때문에 넘어지고, 시험에 들고, 상처를 받고 깊은 영적침체에 빠지는 대부분의 이유가 여기에 있는 것이다.

하나님의 은혜를 알면

이런 의미에서 세 번째 질문부터 먼저 생각해 보자.

교회의 성도들 가운데는 '자기 말만 하고, 엉뚱한 주장을 펴거나, 또 자세가 반듯하지 못한 사람들'이 있다. 사실 그런 사람들과의 교제도 어렵지만, 또 그런 사람들을 섬긴다는 것이 쉽지 않은 것이 사실이다.

그런데 바로 그런 사람들을 기쁜 마음으로 용납하고, 그런 분들을 섬길 수 있는 신앙성숙이 어떻게 이루어지겠는가? 바로 '나 같은 죄인도 용서해 주셨는데….'라는 하나님의 은혜를 알 때다.

이런 의미에서 '우리는 모두 죄인들 아닙니까?'라는 말을 쓰게 되는 것이다.

'요한복음 8장'에 보면, 서기관과 바리새인들이 간음 중에 잡힌 여자를 끌고 와서 율법대로 돌로 쳐 죽여야 되지 않느냐고 한다. 그때 예수님께서 '너희 중에 죄 없는 자가 먼저 이 여자를 돌로 치라'고 하신다. 그러자 모든 사람들이 돌을 놓고 돌아가 버린다.

무슨 말인가?

교회가 어떤 곳인가 하면, 돌에 맞아야 할 사람들이 들어와서 대접받을 수 있는 곳이 교회라는 것이다. 예수님께서 제자들의 발을 씻기실 때, 자신을 배신할 가룟 유다의 발까지 씻어주셨다. 모든 것을 다 아시고도 말이다.

교회생활을 하다보면, 말 같지도 않은 말을 하는 사람을 만나게 된다. 상식이 통하지 않는 교인도 만나게 될 것이고, 자기 혼자 잘난 것처럼 행동하는 꼴 보기 싫은 교인도 만나게 된다는 것이다. 그런데 중요한 것은 바로 그런 사람들을 섬겨야 하는 곳이 교회라는 것이다. 그래서 나를 그런 사람들이 있는 교회로 부르셨고 말이다.

교회 밖에서라면 상종도 안할 사람이겠지만, 바로 그런 사람에게 손을 내밀어 잡아주고, 웃어주고, 섬겨주는 곳이 교회다. 그리고 그것이 기쁨이 될 때 비로소 성숙한 그리스도인이 되는 것이다.

사실 사회에는 지체 높은 귀족이라 할 만큼의 신분을 가진 사람이지만 교회의 주차장에서, 식당에서, 아무도 보지 않고 알아주지도 않는 곳에서 섬기며, 그 백옥 같이 예쁜 손을 교회당 화장실 변기 속에 집어넣고 닦으면서 기뻐하는 그리스도인이 오늘날 교회 안에 얼마나 많은지 모른다.

다시 말하자면, 모든 사람을 죄인으로 볼 수 있어야 한다는 말이다. 죄인이기 때문에 말도 되지 않는 행동들을 하는 것이다. 혼자 잘난 척 떠들어대는 모습도 죄인이기 때문에 그렇다는 말이다.

그런데 그런 죄인임에도 불구하고 그가 예수 그리스도를 믿는 것 하나 때문에 정죄함이 없는 사람이 된 것이다. 거룩하신 하나님이 바로 그 사람을 택하셨다. 내가 보기에 형편없는 바로 그 사람을 위하여 하나님께서 자신의 독생자를 십자가에 내어 주셨다.

그렇다면 하나님께서 그 사람을 받으셨는데, 내가 받지 않는다면 나는 누구이겠느냐는 말이다.

여기에서 우리는 모두 자기 자신을 살펴보아야 한다.

나는 목사이지만, 스스로 목사의 자격이 없다고 생각되는 부분이 너무 많은 사람이다. 만일 하나님께서 목사답지 못한 부분을 골라내어 벌을 주신다면 나는 살아남아 있지 못할 사람이다.

그럼에도 불구하고 지금도 목사로서 교회를 섬길 수 있는 단 하나의 이유가 있다면, 그것은 오직 하나님의 긍휼하심, 불쌍히 여겨주시고 나의 허물을 용서해 주시되 날마다 시간마다 용서해 주시는 은혜 때문이다.

그래서 나는 새벽마다 "하나님, 나는 죄인입니다. 죄인 중에 괴수입니다. 불쌍히 여겨주시지 않으시면 저는 망합니다. 그래서 더욱 불쌍히 여겨 주세요'라고 부르짖지 않으면 안 될 사람이란 말이다.

하루를 살면서도 순간순간 속으로 '하나님, 아시잖아요. 내가 죄인이라는 걸 말입니다. 내가 죄인임에도 불구하고 나를 여기까지 인도해 주심에 감사합니다. 지금 누구누구와 대화하러 갑니다. 제 입에 말과 지혜를 주시지 않으시면 저는 또 실수할 겁니다. 도와주세요" 이렇게 중얼중얼 거리며 가는 삶이 어찌 내게 유익이 되지 않겠는가!

이것이 자유함을 잃어서라거나 죄 사함의 확신이 없어서가 아니라, 더 큰 감격과 감사와 기쁨의 자리로 나아가는 지름길이 되기 때문에 중요한 것이다. 그리고는 하루의 삶을 마치고 잠자리에 들 때 "오늘도 하나님의 은혜로 지냈습니다. 저의 기도를 들어주셔서 감사합니다. 잠자리에 듭니다. 자고 깰 때까지도 오직 하나님의 은혜가 필요한 자입니다. 지켜 주세요."

이것이 그리스도인의 임마누엘의 은총을 누리며 사는 삶이다.

이제 두 번째의 질문을 보자.

그리스도인이 누구를 바라보고 신앙생활을 해야 하는가 하는 점 말이다. 한마디로 우리가 바라보아야 할 분은 오직 예수 그리스도 한 분 뿐이다.

"믿음의 주요 또 온전하게 하시는 이인 예수를 바라보자 그는 그 앞에 있는 기쁨을 위하여 십자가를 참으사 부끄러움을 개의치 아니하시더니 하나님 보좌 우편에 앉으셨느니라"_히 12:2

예수 그리스도를 바라보려면

사람을 보면 시험에 들게 된다.

만일 목사만 바라보고 신앙생활을 한다면 더 큰 시험에 들 수 있다. 목사도 꼭 같은 죄인이기 때문이다. 목사이기에 좀 더 바르게 살려고 애를 쓰고 몸부림을 치며 살지만, 그러나 목사만 바라보고 신앙생활 하다가 목사가 실수하고, 좀 실망스러운 행동을 하게 될 때는 더 큰 시험에 들고 마는 것이다.

그런데 예수님은 눈에 보이지 않는다.

물론 말씀 속에서 만날 수 있지만, 교회에 나와도 우리 눈에는 예수 님이 아닌 사람을 볼 수밖에 없다.

그러므로 오직 예수를 바라본다는 것은, 구원받은 그리스도인과 함께 하시고 그 배후에서 역사하시는 주님을 의식하면서 사람을 보는 것을 의미한다.

즉, 엉뚱한 짓 하는 사람을 볼 때는 그를 용서하시고 받아주신 사랑의 주님을 바라보고, 멋진 그리스도인을 볼 때는 그와 함께 하시고 그렇게 성숙시켜 주신 주님을 바라보면서, 자신도 그런 주님 닮은 삶을 살기 위해 애쓰는 자를 가리켜 '예수를 바라보는 사람'이라고 하는 것이다.

다만 신앙생활을 할 때 가능하면 신앙 인격이 훌륭하고, 생각이 성경적이고, 긍정적이며, 겸손하게 잘 섬기며, 다른 사람을 배려할 줄 아는 사람과 사귀는 것이 좋다.

그런 분들에게 배우되, 더 나아가 나 자신이 그 배운 인격과 신앙으로 사귀기 싫은 사람들까지 섬기는 자리로 나아가야 할 것이다. 뿐만 아니라, 할 수만 있으면 교회에서 시행되는 모든 훈련 프로그램에 적극적으로 참여하는 것이 좋다. 그리할 때 자신도 모르는 사이에 신앙이 자라고, 그 신앙 인격이 성숙되어 갈 것이기 때문이다.

요즈음, 이단들이 많다. 교회 밖에서 시행되는 성경공부(?)에 주의해야 할 시대라는 점을 잊지 말아야 할 것이다.

8. 그리스도인답게 살고 싶은데 형편이

Q "목사님, 모래알 같이 많고 많은 사람 가운데서 개똥같은 삶을 살아가다 보니 제 어깨에 지워져 있는 짐이 너무 많아 힘에 겹습니다.

지금 저는 3 Job(세 가지 일)을 하고 있습니다. 약한 몸에(심장이⋯) 평균 4시간쯤 자면서 일하다 보니 힘이 많이 부칩니다. 이제 속히 2 Job, 3 Job 하지 않고도 주님을 온전히 기쁘게 해 드릴 수 있는 날이 왔으면 좋겠습니다.

제가 가게 일을 하면서 교인이라는 사람들과 언쟁을 좀 하게 되었습니다. 목사님의 말씀 중에 '내가 가라지다'라는 말씀을 하셨는데, 그분들 눈에 제가 그렇게 보였을지 모르겠다는 생각이 듭니다.

제가 사람들을 대해보니 그리스도인의 냄새가 나는 분들을 더러 봅니다만, 하여간 못된 것들만 잡냄새가 나더라고요.(저를 포함해서 ^^)

그러나 저도 정말 그리스도인의 냄새만 풍기며 살 수는 없을까! 그 점이 궁금합니다.

첫째, 세상에서 그리스도인으로서 견지해야 할 기본적인 태도나 자세 등이 있을까요? 욕하고 싸워도 무방한지요? 저하고 싸운 자들이 나중에 전도에 방해가 될 것 같아서⋯.

둘째, 새해 또 심기일전해야 할 절박한 상황입니다. 쉴 새 없이 다가오는 시험과 사탄의 방해가 많습니다. 여차하면 계속 죄짓고 회개하는 삶을 반복하며 살아야 할 것 같아 걱정이 됩니다."

A "내게 주신 은혜로 말미암아 너희 각 사람에게 말하노니 마땅히 생각

할 그 이상의 생각을 품지 말고 오직 하나님께서 각 사람에게 나누어주신 믿음의 분량대로 지혜롭게 생각하라"_롬 12:3

생각이 문제다

우리는 많은 부분에서 힘든 일 때문에 고통을 당하는 것이 아니라 생각에 생각을 더하고, 또 그 생각이 생각을 낳은 것으로 인해 가만히 앉아서 지옥까지 내려가기도 한다.

그리고 그 생각이 나를 염려의 늪에 빠뜨리고, 절망의 구덩이에 미끄러져 들어가게 한다.

"그러므로 내일 일을 위하여 염려하지 말라 내일 일은 내일이 염려할 것이요 한 날의 괴로움은 그 날로 족하니라"_마 6:34

이것이 주님께서 직접 하신 말씀이기 때문에 그리스도인은 억지로라도 그렇게 해야 하고, 이를 악물고서라도 오늘의 삶에서 즐거움과 기쁨을 찾으려고 애를 써야 한다.

그리고 더 냉정하게 생각해서, 그렇잖아도 어깨에 짊어진 짐도 무거워 육체가 부서질 지경인데, 왜 다른 사람이나 주위의 환경 때문에 심장까지 압박을 당해야 하겠는가?

아니 할 말로 내 비위를 건드리는 그 사람 때문에 내 심장이 압박을 받고 스트레스를 받을 때, 그 상대는 발 뻗고 코골며 잠자고 있을 터인데 왜 내가 그 사람 때문에 안식을 잃고 행복을 잃어버리고 살아야 하겠는가 말이다. 나를 힘들게 한 그 사람은 자기 때문에 당하고 있는 나의 고통에 대해서 전혀 알지도 못할뿐더러, 미안함도, 양심의 가책도 없고, 나를 의식조차 하지 않고 있는데 왜 나만 손해를 보겠는가 하는 말이다.

그러므로 무엇보다 우리에게 '털어버리는 훈련'이 필요하다. 웬만한 일에는 눈을 감고 '그러려니'하는 태도의 훈련 말이다.

사실 이런 훈련이 신앙 훈련의 중요한 내용이다.

내 능력과 내 성품과 내 성격상 어렵다 해도 주님 때문에 용서할 수 있고, 주님 때문에 참아 넘길 수 있고, 주님 때문에 웃어줄 수 있고, 주님 때문에 눈감을 수 있는 훈련. 여기에 주님의 은혜가 임하고, 성령의 능력이 나타나며, 그 길이 바로 신앙 성숙의 길이 되는 것이다.

그리스도인이 세상의 직장이나 그 삶의 현장에서, 다른 사람도 아닌 예수 믿는 사람들에게 상처를 받았다면 '예수 믿는다는 사람이 어떻게 그럴 수 있어'라는 생각보다는 그냥 '손님 중의 한 사람'이라고 생각해야 한다.

가끔 신문에 보면 끔찍한 범죄를 저지른 사람을 소개하면서 '어느 교회에 다니는 사람'이라고 한다. 그러면 대부분의 세상 사람들은 '예수 믿는 사람은 다 그래!' 이렇게 말한다. 그러나 그 사람이 한 달 전에 교회에 등록한 사람일 수 있고, 그 교회에 오래전 등록한 교인일지라도 일 년에 한두 번 나오는 사람일 수도 있는 것이다. 그래도 항상 싸잡아 '예수 믿는 놈들!'이라고 욕을 할 때 그리스도인으로서 얼마나 속이 상하더냐는 말이다.

그런고로 손님이 와서 '어느 교회에 다닌다'고 하더라도, '교인이니까 뭔가 좀 다를 것'이라는 생각보다는 그냥 손님으로 생각하라는 것이다. 오히려 그 교인이라는 사람이 불신자보다 더 못한 행동을 하거든 '그러니까 예수 믿어야 할 사람이지, 그래서 하나님이 저런 인간을 예수 믿게 하셨지! 그래서 은혜라고 하는 것 아닌가!' 이렇게 생각하는 훈련이 우리에게 필요하다는 말이다.

그리고 더 나아가서 세상 말로 좀 싸가지가 없어도 예수 믿는다는 그것 때문에 좀 더 잘해주고 말이다. 주님 대접한다고 생각하고….

'목사님, 말이야 쉽지만, 그게 어렵습니다' 하겠지만, 그래도 그것이 그를 위한 것이 아니라 내가 사는 방법이라는 점을 기억해야 할 것이다.

'선으로 악을 이기라'는 말씀대로 이것이 깨끗이 복수하는 길이다.

첫째, 세상에서 그리스도인이 견지해야 할 기본적인 태도나 자세는 무엇일까?

간단하게 말하면 '예수 믿는 자답게' 살면 될 것이다. 좀 더 생활적인 면에서의 표현을 쓰자면 '그리스도의 냄새(향기)를 풍기는 삶을 살라'는 말이 될 것이다.

아마 '욕하고 싸워도 되느냐?'라는 질문을 한 것으로 보아 '인간관계 속에서 견지해야 할 그리스도인의 태도'에 대한 질문인 것 같다.

그렇다면 일단 '싸우지 말라'는 것이다.

성경은 한결같이 '다툼을 피하라'고 말씀하니까 말이다.

"그러므로 각처에서 남자들이 분노와 다툼이 없이 거룩한 손을 들어 기도하기를 원하노라"_딤전 2:8

"너는 그들로 이 일을 기억하여 말다툼을 하지 말라고 하나님 앞에서 엄히 명하라 이는 유익이 하나도 없고 도리어 듣는 자들을 망하게 함이라"_딤후 2:14

"어리석고 무식한 변론을 버리라 이에서 다툼이 나는 줄 앎이라"_딤후 2:23

"어리석은 변론과 족보 이야기와 분쟁과 율법에 대한 다툼은 피하라 이것은
무익한 것이요 헛된 것이니라"_딛 3:9

할 수만 있으면 맞닥뜨리지 말고 피하는 훈련이 필요하다. 마귀는
대적해야 한다, 그런데 바로 다툼을 피하는 것이 바로 마귀를 대적하
는 일이다. 다투는 것은 이미 마귀를 도와주는 격이고 말이다.

다툼은 상대를 해롭게 하는 것이 아니라 나 자신을 파괴하는 주범이
라는 사실을 잊지 말아야 할 것이다.

둘째, 신앙의 성숙이란 단번에 이루어지는 것이 아니다

말씀 순종하는 일에 작은 것 하나부터 애쓰기 시작할 때 자기도 모
르게 변하여 성숙에 이르게 되는 법이다. 그런고로 한번 결심하고 얼
마 가지 않아 무너졌다고 '나는 안 돼!'하면서 낙심하고 포기해서는 안
된다. 회개하고 또 죄짓고, 또 회개하고 죄짓고 하는 반복적인 삶이라
할지라도 스스로 포기하고 자책해서는 안 된다.

마귀는 그리스도인을 쉴 새 없이 반복적으로 공격해 온다. 그리스도
인답게 살아보려고 결심하고 시작하는 자에게 말이다. 사탄은 공중의
권세를 잡은 자다. 그러나 두려워하지 말라. 우리의 대장 예수 그리스
도는 그 공중을 포함한 하늘과 땅의 모든 권세를 가지신 분이시다.

하나님의 계명을 구체적으로 지키면서 사는 비결이 따로 있는 것은
아니다. 다만 날마다 하나님의 은혜를 구해야 한다.

바로 **'기도생활'**이다.

하루에 4시간 정도밖에 자지 못하니 새벽기도회에 나가기 힘들 것이고, 따로 기도시간을 내는 것도 힘들 것이라고 생각하기 쉽지만 성경은 '쉬지 말고 기도하라'고 한다.

다시 말하자면 삶 자체를 기도생활로 바꾸라는 뜻이다.

일하면서도 기도하고, 중얼중얼 찬송도 하고, 입으로 자꾸 신앙을 고백해보라. 하나님은 입술의 열매를 지으시는 분이시다. 그래서 자꾸 쉬는 입에 중얼중얼 기도하고 찬송하고 축복을 선포하라는 말이다.

사탄의 방해를 이기는 가장 확실한 방법은 예수 그리스도의 이름으로 물리치는 것이다.

'예수 그리스도의 이름으로 명하노니 사탄아 물러가라' 이렇게 할 수도 있겠지만, 그 보다는 늘 입으로 주를 시인하고, 감사의 말을 하고, 스스로를 축복하며 '잘 될 것이다. 하나님이 내게 은혜와 복을 주실 것이다'라는 긍정적인 생각을 입으로 선포하고 시인하는 삶이야말로 그리스도인이 가진 특권 중에 특권인 것이다.

계명이란 주님께서 '내가 너희를 사랑한 것 같이 너희도 서로 사랑하라'고 말씀하신 대로 '사랑'이다.

그러니까 '그리스도인답게 사는 구체적인 방법'이란 결국 '사랑의 실천'이다. 그런데 내가 무슨 성자도 아니고, 나 자신도 스스로 통제하기 힘든 마당에 남까지 사랑하며 산다는 것이 어떻게 가능할까?

무슨 대단한 거룩한 삶을 말하는 것이 아니라, 못된 손님이 들어와서 성질 건드려놓고 돌아갈 때 속상해 하며 저주를 퍼붓지 말고 오히려 중얼중얼 축복해버리라는 것이다. '주님, 저 사람 축복해 주시옵소서!' 이를 악물고 이렇게 해버리라는 것이다. '예수 믿고 복 받게 해 주옵소서!' '잘 되게 해 주옵소서!' 누구에게든지 축복해버리라는 말이다.

사랑이란 고상하게 마음속에서 우러나는 어떤 천사 같은 행위가 아니라, 오히려 이를 악물고 참아주고, 눈감아주고, 속이 뒤집어질 정도로 미운 사람을 향하여 입으로 축복해버리는 것이다. 그래서 순종이라고 하는 것이다.

그런데 억지로 한다 해도, 이렇게 주님의 이름으로 축복하는 것만큼 큰 사랑이 세상에 없다는 것이다.

시도해 보라.

기간을 정해놓고 그렇게 시험해보라. 내 삶에 어떤 변화가 일어나는지, 성령님께서 어떻게 역사하시는지를 말이다. 하나님께서 어떻게 나를 대우하시는지를 곧 알게 될 것이다.

9. 교회로부터 받은 상처가 아물지 않을 때

처음 주일 예배에 참석했을 때 주체할 수 없는 눈물을 흘리며 '왜 내가 진작 예수를 믿지 않았던가! 조금만 더 빨리 교회를 다녔더라면 그토록 세월을 낭비하지 않았을 텐데…'라고 감격해 하시는 분들을 자주 본다.

그런 분들이 몇 개월 혹은 몇 년을 지난 후, 처음 그토록 친절하게 주님의 사랑으로 대해 주었던 교인들로부터 상처를 받고 가슴앓이 하는 교인들 또한 얼마나 많은지 모른다. 왜 그래야만 하는 걸까?

Q "목사님, 때 묻은 옷을 입고, 아직도 버려지지 않는 자아를 안고 성화를 위해 몸부림을 치지만, 의지가 약하여 쓰러지고 또 일어나 걷기를 계속하고 있습니다.

'너희는 서로 사랑하라. 내가 너희를 사랑한 것 같이 너희도 서로 사랑하라'는 말이 귓전에서 떠나지 않습니다. 늘 말씀으로 권고해 주셔서 감사합니다. 금년에 받은 언약의 말씀을 따라, 세상 한 모퉁이의 밀알로 썩어져 열매 맺는 한 해가 되고 싶습니다.

세상은 변하지만, 불변하는 진리의 말씀이 나를 자유케 하셨기에 믿고 늘 기도하지만, 아직도 예전에 다니던 교회로부터 받은 상처가 잘 아물지 않습니다.

현재 내 앞에 닥친 모든 어려운 문제의 해결을 위해서라도 하나님의 은혜를 더 받는 자리로 나아가야겠고, 주님의 뜻대로 살기 위해 더 기도에 힘써야겠는데, 아물지 않는 상처 때문에 마음이 정돈 되지 않아 기도생활과 말씀대로 사는 생활이 잘 되지 않습니다.

이러다가 영적으로 다시 쓰러질까봐 걱정이 됩니다."

🅐 사실 육체적인 아픔보다, 마음의 상처로 인한 고통이 더 큰 법이다.

특히 그리스도인이 기도가 안 되고, 말씀에 순종하는 삶에 방해를 받는 문제가 있다면 그 문제의 해결보다 더 시급한 일은 없을 것이다.

그런데 유감스럽게도 오늘날 많은 그리스도인들이 세상으로부터 받은 상처가 아닌, 교회로부터 받은 상처로 가슴앓이 하시는 분들이 많다는 사실이다.

죄인들이 모인 교회이기 때문에, 다양한 부류의 사람들이 모인 곳이기에 갈등이 있고, 주고받는 상처가 있기 마련이다.

사실 따지고 보면 그로 인해 섬김의 훈련이 가능한 것이긴 하지만, 그러나 그 상처를 오래 가지고 있어서는 안 된다. 그 상처로 인해 더 깊은 영적침체에 빠져버리게 될 것이고, 그 기간이 길어지게 되면 영육간에 너무 많은 손해를 입게 되기 때문이다.

우리가 세상을 살면서, 또 교회 안에서 상처를 받지 않고 살 사람이 있을까? 상처의 종류와 질이 다를 수는 있겠으나 인간관계에서는 주고받는 상처는 있기 마련이다. 모든 인간은 죄인이기 때문에 말이다.

그래서 예수님께서 주기도문을 통해 '우리가 우리에게 죄 지은 자를 사하여 준 것 같이 우리 죄를 사하여 주옵시고'라는 기도를 계속해서 해야 한다고 가르쳐 주신 것이다.

우리는 날마다 내게 상처 주는 사람들을 용서하는 삶을 살아야 하는 존재들이다. 그리고 이것이 중요한 이유는 하나님으로부터 용서받는 삶을 살 수 있는 비결이기 때문이다.

우리는 예수를 믿음으로 모든 죄는 이미 용서함을 받았다. 하나님의 사랑으로 말이다. 이미 하나님의 사랑과 용서로 받은 그 구원을 취소할 자는 아무도 없다. 이 세상 어떤 권세도 끊을 수 없고, 심지어 천사나 죽음조차도 끊을 수도 취소할 수도 없다.

"내가 확신하노니 사망이나 생명이나 천사들이나 권세자들이나 현재 일이나 장래 일이나 능력이나 높음이나 깊음이나 다른 어떤 피조물이라도 우리를 우리 주 그리스도 예수 안에 있는 하나님의 사랑에서 끊을 수 없으리라"

_롬 8:38-39

그러나 그리스도인은 하나님께 '궁극적인' 죄의 용서는 완전하게 받았지만, '날마다'의 삶에서 용서받는 것도 필요하다.
주님께서 이에 대한 교훈의 말씀을 많이 해주셨다.

"서로 친절하게 하며 불쌍히 여기며 서로 용서하기를 하나님이 그리스도 안에서 너희를 용서하심과 같이 하라"_엡 4:32

"누가 누구에게 불만이 있거든 서로 용납하며 피차 용서하되 주께서 너희를 용서하신 것 같이 너희도 그리하고"_골 3:13

'주께서 너희를 용서하신 것 같이!'….
우리는 궁극적으로 완전한 죄사함의 용서를 받은 자들이지만, 또한 끊임없이 계속해서 하나님께 용서 받고 산다는 것이다.

"너희가 사람의 잘못을 용서하면 너희 하늘 아버지께서도 너희 잘못을 용서하시려니와 너희가 사람의 잘못을 용서하지 아니하면 너희 아버지께서도 너희 잘못을 용서하지 아니하시리라"_마 6:14-15

이미 우리가 예수를 믿을 때 모든 죄를 다 용서해 주셨는데, 이제 와서 '너희의 잘못을 용서하지 아니하리라'고 하시는 말씀의 뜻은 뭘까?

아버지와 자식 간의 문제라는 것이다.

지극히 사랑하고 계시지만, 사랑하시는 만큼 '왜 네가 그 정도 밖에 안 되니? 네가 누군데! 넌 내 자녀야. 내 자녀답게 살아야 해!'라고 하신다는 말이다.

성숙을 기다리시는 하나님

그래서 일어나는 일이 뭔가?

분명히 아버지가 사랑하는 자식도 아버지께 야단맞을 수 있다. 아버지는 그 자식을 극진히 사랑하지만 사랑하기 때문에 자식을 야단칠 수 있는 것이다.

여러 회사 중에 한 회사를 지금 당장이라도 물려줄 수 있지만, 아버지가 바라는 아들에 대한 기대치가 있기에 연기하며 기다릴 수 있다.

지금 겪고 있는 세상적인 어려움이 뭔가? 문제 해결을 위해 기도하고 있는 일 말이다. 만일 그 문제가 해결되지 않고 있다면 그 이유를 어디에서 찾고 있는가?

과거의 상처, 잊을 수 없는 아픔을 준 그 사람, 주님께서 다 용서하고 덮고 털어버리기를 원하고 계시는 바로 그 일이 지금 다른 그 어떤 일보다 더 앞서야 할 일인지도 모른다는 것이다.

그것 때문에 일이 풀리지 않고 세상적인 고통이 계속 되고 있는데, 나는 계속해서 마음의 상처를 곱씹으며 누군가를 용서하지 못하는 마음으로 미워하는 삶을 사는 악순환이 계속 될 수 있는 것이다.

이렇게 생각해 보라.

나에게 깊은 상처를 주었던 그 사람이 지금 내가 자기 때문에 이토록 고통하고 있다는 것을 알고 있을까? 그 사람은 생각지도 않고 다 잊어버리고 발 뻗고 살고 있다고 한다면, 왜 나만 고통스럽게 손해보고 살아야 할까? 왜 내가 스스로 아물어 가는 상처를 다시 건드려 파고, 또 아물만하면 헤치고 파고 자꾸 상처부위가 더 커지게 만드는 삶을 살겠는가 말이다.

이미 돌아가신 어떤 목사님에 대한 이야기다.

나이가 80이 훨씬 넘으셨을 때 제게 말씀을 하시기를 '내가 평생을 성경을 연구하며 가르쳤지만, 이해할 수 없는 내용이 있었다'고 하셨다. 그 내용이 바로 '왜 성경은 장수長壽를 축복이라고 하는가?'에 대한 부분이었다.

왜 장수가 축복인가?

나이가 많아지면 아픈 곳이 좀 많은가? 허리 아프다가 나으면 어깨 아프고, 어깨 나을만하면 다리 아파 일어서기도 힘들고, 앉기도 힘들고, 잠자기조차 힘든 노년의 삶을 가리켜 왜 축복이라고 하는지 이해가 안 된다는 것이었다. 빨리 죽어 천국 가는 게 축복이지…

그런데 은퇴 후에서야 비로소 장수가 축복이라고 하신 이유를 깨달으셨다는 것이다.

장수가 축복인 이유는 이것이었다.

"모든 죄는 예수님의 피로 깨끗하게 씻음을 받았다. 살아오면서 지은 모든 죄와 앞으로 살면서 지을 죄까지 다 용서함 받았다. 앞으로 몇 년을 더 살지 모르지만 여전히 죄를 지을 수밖에 없을 것이다. 그러나 그 죄도 내가 예수를 믿으니 하나님은 그 죄를 기억지도 않을 것이다.

그런데 하나님께서 절대로 잊지 않고 기억하시고 상을 약속하신 일이 있다. 바로 '냉수 한 그릇이라도 남을 대접하고 주는 삶'이다. 그래서 오래 사는 것이 복이다. 왜냐하면 앞으로 살면서 짓는 죄는 전혀 문제가 안 되지만, 아무리 작은 선행이라고 할지라도 하나님이 잊지 않으시는 상급이 되기 때문에 더 살아야 한다. 더 살면서 냉수 한 그릇이라도 더 주고 죽어야 한다!"

이 사실을 깨달으셨다는 것이다.
그리고는 내게 이렇게 말씀하셨다.

"남을 칭찬하고, 격려하고, 대접하며, 아무리 작은 것이라도 베푸는 삶은 모두가 다 하늘의 상급이 되어 쌓이고 쌓이니, 하루라도 더 산다면 베풀 수 있으니 장수가 복이라네! 조목사도 그렇게 살게!"

그 분은 정말 그렇게 사셔서 '교단의 자랑스러운 인물'로 선정이 되시기도 했다.

용서를 넘어서

마음의 상처를 치유하지 못한다는 것은 내게 상처를 준 사람을 용서하지 못한다는 것이고, 내게 상처를 준 어떤 일에 대해 용납하지 못한다는 의미다.

누군가를 용서해야 한다는 것에만 집중하지 말라.

그렇게 되면 그리스도인이기에 더 큰 갈등이 일어나고 더 큰 괴로움 속에 빠질 수가 있다. 주님께서는 용서하라고 하셨는데 용서하지 못하고 있는 자신에 대한 갈등과 미움 때문에 말이다.

그래서 '용서해야 한다'는 소극적인 신앙에서 더 적극적인 신앙으로 나아가야 할 필요가 있다. 용서는 잠시 접어두고 누군가를 도와주고, 격려하고, 칭찬하며, 시간만 있으면 좋은 말을 심으며 사는 적극적인 신앙생활로 나아가라는 것이다.

시간만 나면 누군가를 돕고, 격려하고 축복하는 말을 심다보면 용서할 수 없는 그 사람을 용서하려고 애쓰지 않아도 저절로 용서가 되어 있음을 발견하게 될 것이다.

하루를 살아도 살면서 실수하고 짓는 죄는 예수님의 이름으로 다 용서 되지만, 작은 선행 하나, 격려하는 말 한마디는 하늘에 차곡차곡 쌓여간다고 하셨으니 하루라도 더 살아야 할 이유가 있는 것이고, 그래서 하루하루의 삶 자체가 감사의 이유가 될 수 있는 것이다.

10. 집사님 한 분이 내 속에 사탄이 있다고 말해요
-제 마음에 있는 악한 사탄을 물러가게 해 주세요

Q "목사님! 저는 교회를 나오면서부터 얼마 전까지만 해도 정말 행복하다고 생각하고, 정말 은혜와 축복 속에 하루하루를 보냈습니다. 정말 우리 교회 목사님과 교역자들과 장로님, 집사님들을 보며 '아 정말 저렇게 살아야겠구나!' 하면서 엄청 존경하면서 그로 말미암아 정신적으로 행복했습니다.

그런데 갑자기 얼마 전부터 어떤 믿음 좋으신 집사님의 말씀과 행동이 제게 상처로 자리 잡기 시작했고, 결국에는 그분과 허심탄회한 대화를 위해서 식사자리까지 했는데도 답은 나오지 않고, 더 시험을 받게 되었습니다.

그 집사님은 자기가 한 말을 기억하지 못한다고 하면서 '성령이 임하셔서 말씀한 것일 뿐'이라고 했습니다. 그런데 그때 주고받은 대화 속 구절구절 속에서 저는 얼마나 상처를 많이 받았는지 모릅니다.

물론 저도 그분에게 저의 솔직한 심정을 말함으로서 상처를 주었는지도 모르겠습니다.

어쨌건 그 집사님이 성령께서 하신 말씀이라고 하면서 제게 하신 말이 '제 마음에 사탄이 있다'는 것입니다. 그리고 지금 이대로 살면 안되고 더 열심히 신앙생활을 해야 한다고 했습니다.

그렇다면 지금 제게 있는 모든 어려움들이 다 제 속에 있는 사탄 때문이며, 그것은 아직 제가 가진 믿음이 적기 때문인가요?

이제 정말 이렇게 살다가는 벌 받게 되는지 걱정이 되고 또 무서운 생각까지 듭니다.

목사님, 제가 생각해도 저와 저의 집, 그리고 제 주위에 정말 사탄이 많은 것 같습니다. 하지만 저는 사탄을 물리칠 힘도 없고, 그렇다고 믿음에 매달릴 정도의 신앙심도 없습니다. 미운 사람을 사랑할 수 있는 온유함도 아직 없습니다.

어젯밤에는 하나님을 떠나버리고 싶을 정도로 제게 분노가 가득했었습니다. 기도도 나오지 않았습니다. 어떻게 해야 할까요?"

Ⓐ 하나님과 상관없는 삶을 살다가 예수를 믿고 하나님의 자녀가 되었을 때, 그동안 경험할 수 없었던 감격과 기쁨과 영적인 행복을 체험하게 된다.

그런데 시간이 지나면서 여러 가지 신앙의 갈등도 만나고, 또 믿음의 사람들과의 인간관계에서 일어나는 갈등, 그리고 성경을 읽어가면서 이해되지 않는 말씀들에 대한 의문과 갈등, 또한 영적인 일에 대한 혼란스러운 문제들을 접하게 된다.

그러나 이런 과정들은 지극히 정상적인 과정이요, 어린아이 같은 신앙에서 성숙된 믿음의 사람으로 성장하기 위한 영적 성장통成長痛이다. 어린아이가 수많은 엉덩방아를 찧으면서 걷게 되듯 말이다.

신앙생활, 특히 교회생활에서 모든 그리스도인들이 조심하고 기억해야 할 부문이 뭐고 하면 '어떤 개인의 경험이나 개인적인 신앙의 체험을 보편화(일반화)시키면 안 된다'는 것이다.

왜냐하면 개인적으로 하나님을 만난 경험이라든지, 신앙의 체험, 기도의 응답, 성령의 체험 등 이런 것들은 누구에게나 꼭 같이 일어나는 것이 아니기 때문이다.

물론 그들의 경험을 참고 하고, 또 하나님께서 어떻게 역사하시는지에 대한 원리를 깨닫는 데는 도움을 받을 수가 있지만, 어떤 개인이 하나님의 음성을 듣고 '하나님이 당신에게 이렇게 저렇게 하라고 하셨다'라든지, '이것이 당신을 향하신 하나님의 뜻이다'라고 하는 식의 권면을 그대로 하나님의 뜻과 말씀으로 받아들이는 것은 아주 위험하다.

심지어 그가 목사라고 할지라도 그런 식으로 권면하지 않는다.

특히 신령한 체험을 통해 신령한 눈이 열린 사람이라고 할지라도, 그가 24시간, 365일 성령 충만해서 하나님과 직통하면서 사는 것이 아니다. 자기 생각을 얼마든지 하나님의 뜻으로 오해할 수 있고, 심지어 그런 사람일수록 마귀가 이용하고 미혹하여 성령의 인도하심으로 오해할 수 있게 만드는 위험이 도사리고 있기 때문이다.

그러므로 철저하게 성경중심의 신앙생활이 되어야 한다.

그래서 어떤 신령하다 하는 사람의 말보다 성경말씀에 더 권위를 두는 훈련이 필요하다. 아직 스스로 성경을 읽어서 하나님의 뜻을 분별할 수 없는 수준이라면, 적어도 각종 예배 시간에 전해지는 메시지(설교)를 통해 하나님의 말씀을 듣고자 애써야 한다.

개인적인 체험의 보편화(일반화)는 위험하다

혹 어떤 분이 '성령께서 이렇게 말씀하셨다'라고 할 때, 그런 분과 언쟁하거나 토론할 것이 아니라 교회의 교역자와 먼저 상의하는 것이 지혜로운 일이다. 자기가 그동안 신앙생활 해 오면서, 또는 성령의 역사로 성경 말씀을 깨달은 바를 따라 '성도님이 이렇게 신앙생활 하는 것이 주님께서 원하시는 일인 것 같습니다'라고 해야 할 것을, 권면하는 과정에서 '성령께서 이렇게 말씀하셨다'고 하는 경우가 많다.

그러므로 그리스도인은 믿음이 약한 누군가를 권면할 때 삼가 조심해야 한다.

개인적인 성령의 체험이나 성령의 음성을 듣는 일은 그럴 수도 있고 아닐 수도 있다. 그래서 그런 개인의 체험을 따라가면 안 된다. 그리고 나 자신도 개인적인 체험을 강조하거나 그것이 진리인양 남을 가르치려고 해서는 안 된다. 그런 개인적인 체험이란 언제나 말씀으로 검증이 될 때 유익한 것일 뿐이라는 점을 명심해야 한다.

신앙생활이란 영적인 전쟁이다. 분명히 우리 그리스도인들은 사탄과 치열한 영적 싸움을 하며 살아가고 있다. 그런고로 우리를 힘들게 하고, 괴롭게 하는 모든 일들은 다 사탄의 역사라고 할 수 있다. 그리고 끊임없이 사탄은 우리를 넘어뜨리려고 우는 사자와 같이 덤벼들고 있다. 그가 초신자이건, 믿음이 좋은 신자이건 말이다.

그러나 모든 그리스도인이 명심해야 할 점이 있다. 마귀는 결단코 하나님의 자녀들을 이길 수 없다는 점이다. 우리를 시험할 수는 있다. 잠시 넘어뜨릴 수도 있다. 그러나 아주 넘어뜨릴 수는 없다. 왜냐하면 나를 구원하신 예수 그리스도가 나의 대장이 되시기 때문이다.

사탄은 공중권세를 잡은 자다. 그러나 우리 주님은 공중을 포함한 하늘과 땅의 모든 권세를 가진 분이시기 때문이다. 그러므로 우리는 마귀의 공격을 주의해야 하지만 두려워할 필요는 없다.

마귀 사탄과의 싸움에서 이기는 비결은 오래 예수를 믿었다는 관록에 있지 않다. 오직 예수 그리스도의 이름에 능력이 있을 뿐이다. 그러므로 아무리 예수를 이제 믿기 시작한 초신자라 할지라도 자기 인생과 가정의 주인이 예수 그리스도이심을 입으로 선포해야 한다. 입으로 선포하는 것이 중요하다. 하나님의 형상을 닮은 그리스도인의 말에는 능력이 있다. 왜냐하면 하나님은 우리의 입술의 열매를 지으시는 분이시기 때문이다.

하나님은 교만한 자를 대적하신다. 특히 자기의 신앙을 자랑하며, 마치 하나님이나 된 것처럼 행세하는 것을 가장 싫어하신다.

'형제들아 너희를 부르심을 보라 육체를 따라 지혜로운 자가 많지 아니하며 능한 자가 많지 아니하며 문벌 좋은 자가 많지 아니하도다 그러나 하나님께서 세상의 미련한 것들을 택하사 지혜 있는 자들을 부끄럽게 하려 하시고 세상의 약한 것들을 택하사 강한 것들을 부끄럽게 하려 하시며 하나님께서 세상의 천한 것들과 멸시 받는 것들과 없는 것들을 택하사 있는 것들을 폐하려 하시나니 이는 아무 육체도 하나님 앞에서 자랑하지 못하게 하려 하심이라'(고전 1:26-29)고 하신 점을 기억해야 한다.

그런데 또 그 반대의 경우가 있다.

하나님께서 우리를 부르실 때는 우리의 약점, 부족함, 믿음이 없는 것, 미움이 가득하고 마귀의 종노릇하며 살아온 것을 다 아시고 불러 주셨다.

그런데 옛 주인인 마귀 사탄이 구원받은 그리스도인을 미혹하여 넘어뜨리려는 전형적인 공격 방법이 '너는 안 돼, 너는 믿음이 작아, 너같이 온유하지 못한 자가 예수 믿는다고? 포기해! 봐라! 너는 남을 섬기지도 못하고 사랑하지도 못하잖아! 너는 가짜야!' 이런 생각을 심어주는 것이다.

그렇다. 나는 하나님의 자녀 될 자격도 없고, 하나님의 자녀답게 살

능력도 없다. 나의 힘으로는 마귀 사탄을 이길 수도 없다. 다만 하늘과 땅의 권세를 가지신 주님께서 나를 이기게 해 주신다. 바로 그 주님께서 나를 택하셨고, 나를 사탄의 손에서 구해주시기 위해 십자가에 죽기까지 하셨다.

그래서 이 믿음이 필요하다.

마귀 사탄이 "너는 안 돼!"라고 공격해 올 때 "그래 나는 안 된다. 그러나 주님이 나를 사랑하시고, 나와 함께 계신다. 주님께서 하실 것이다"라고 선언하고 입으로 선포하는 것이 중요하다는 점이다.

그리스도인은 결코 마귀 사탄의 역사를 두려워해서는 안 된다.

11. 하나님이라는 존재가 있다는 증거가 있나요?

Q "하나님을 인격적으로 만난다는 게 도대체 뭘까요? 있지도 않은 허상을 만들어 놓고, 그 허상에게 사랑과 축복과 보호를 받겠다고 하며, 스스로 위로를 받고 있는 것은 아닌가 하는 생각이 듭니다.

나 자신이 하나님의 존재를 부정할 수 없도록(우연, 혹은 억지로 끼워 맞추지 않은) 해 달라고 많은 노력을 해 봤어요. 즉 방언이나 환상, 혹은 음성 등의 은사를 통해서 부인할 수 없는 하나님의 존재를 확인코자 무던히도 구해 보았지만, 아무리 노력해도 깜깜 무소식입니다.

이런 말을 하면 듣게 되는 말이 있지요. '믿음이란 보이지 않고 이해가 안 되는 것을 믿는 것'이라고 말입니다. 이런 식의 변명은 이제 정말 지겹습니다. 정말 잘 믿고 싶어서 구하는 건데도 왜 답이 없을까요? 하나님의 때를 기다리라고요? 하나님의 때라는 건 있는 걸까요? 하나님이 저한테 관심이나 있는 걸까요?

정말 하나님이 살아계셨으면 좋겠습니다."

A '하나님은 정말 살아 계신가? 살아 계시다면, 부인하고 거절할 수 없는 명백한 증거는 무엇인가?'

'누구는 방언을 하고, 신비한 환상을 봤다 하고, 음성을 들었다고 하는데 그게 정말일까? 거짓말 하는 것은 아닐까? 최면술의 일종이거나, 사람이 사모하고 어떤 일에 집중하고 깊이 빠지다 보면 정말 그런 것 같이 여기게 되는 착각과 같은 현상은 아닐까?'

당연한 갈등

영적인 세계를 믿지 않는 자는 이런 갈등을 하지 않는다. 그러나 눈에 보이는 세계만 있는 것이 아니라 영적인 세계가 있다는 것을 그 영혼이 인지하는 자는 갈등하게 되어 있다.

하나님의 존재는 경험해 보지 않았으니 믿지 못하겠다고 하자.

그러면 귀신의 존재를 부인할 자가 있는가? 점쟁이가 점을 칠 때 그야말로 귀신같이 알아맞히는 현상을 부인하겠는가? 무당이 굿을 할 때 신비한 일들이 일어나는 현상을 부인할 수 있겠는가?

사람이 귀신에게 붙잡혀 끔찍한 행동을 하고, 온 집안 식구들을 피폐하게 만드는 일들을 두고, 그냥 정신병으로만 생각할 수 있겠는가?

그 누구에게도 영적 세계에 대해 배운 바가 없는 아프리카 토인들이라도 육체적인 차원을 넘어선 종교를 가지고 있다. 그들 스스로 신을 만들고, 우상을 만들어서라도 어떤 절대자를 찾고자 한다. 이 세상에 존재하는 모든 피조물 중 인간만 이런 행동을 한다. 인간만이 유일한 영적인 존재이기 때문이다.

성경은 귀신의 존재를 인정한다.

사탄의 권세를 가리켜 '공중의 권세를 잡은 자'라고 증거 한다.

"그 때에 너희는 그 가운데서 행하여 이 세상 풍조를 따르고 공중의 권세 잡은 자를 따랐으니 곧 지금 불순종의 아들들 가운데서 역사하는 영이라"_엡2:2

지금 사탄의 권세가 인간이 살고 있는 세계를 장악하고 있다는 뜻이다. 귀신의 힘이 엄청나다는 것이다. 점쟁이나 무당의 신비한 능력을 과소평가해서는 안 된다. 다만 성경은 이런 마귀 사탄은 인간을 파멸

시키고 그 영혼을 지옥으로 끌고 가는 존재라고 밝히 말씀하고 있다.

반면에 예수 그리스도의 능력을 가리켜 '하늘과 땅의 권세를 가지신 분'이라고 증거 한다.

그런고로 이런 영적 전쟁에서 이길 수 있는 유일한 길은, 사탄이 잡고 있는 공중을 포함한 모든 하늘과 땅과 우주 만물의 권세를 가지신 예수 그리스도로만 가능한 것이라고 성경이 증거하고 있다.

그렇다면 생각해 보라.

귀신의 존재를 부인할 수 없는 것이라면, 지금까지 인생의 주인과 아비 노릇을 해 오던 사탄(사탄을 인생의 '아비'라고 함. 요 8:44 참조)이, 자기를 배반하고 떠나 예수 믿고 하나님의 자녀가 되려고 할 때 가만히 있겠는가? 결사적으로 방해하는 존재가 바로 마귀 사탄이다.

그래서 개인적으로 의심하게 하고, 부정적인 생각을 하게하고, 이해할 수 없는 갈등을 일으켜 진리에 이르지 못하도록 방해하고 있는 것이다.

즉, 사탄의 자녀인 불신자가 사탄의 영향을 벗어나 진리를 택하고 하나님의 자녀가 되고자 할 때, 진리에 대해 의심하게 하고, 갈등하게 하고, 스스로 영적인 분쟁 가운데 몸부림치게 만드는 것은 지극히 정상인 것이다.

하나님의 존재가 증명된다면

'신 존재 증명'을 위해 지금까지 인간의 역사 가운데 수많은 천재 철학자들과 신학자들이 모든 지식을 다 동원해 보았지만 성공하지 못했다.

왜냐하면 인간의 지식과 두뇌로서 증명되어질 만큼 하나님이 작지 않으시기 때문이다.

하나님이 인간의 머리로 이해되시는 분이시라면, 인간이 하나님보다 더 커야 하지 않겠는가? 만일 그런 하나님이라면 하나님으로 믿을 것이 없을 것이고 말이다.

그래서 '터툴리안'이 한 말이 유명하다.

"만일 하나님이 내 머리로 이해가 된다면 아는 하나님을 믿지 않겠다. 나는 하나님이 이해가 되지 않기 때문에 믿는다."

그런고로 신 존재 증명이란 사실 불가능한 일인 것이다.

성경은 사람이 하나님을 보면 죽는다고 했다. 그만큼 하나님은 거룩하시고, 도무지 가까이 갈 수 없는 분이시기 때문이다. 다만 하나님께서 자기 자신을 계시하신 만큼만 우리는 하나님을 알 수 있다. 그래서 인간은 성경에 기록된 만큼만 하나님에 대해 알 수 있을 뿐인 것이다.

그런데 하나님은 자신을 개인적으로 알려주실 때 사람마다 다르게 역사하신다. 어떤 사람에게는 신비한 사건을 통해서, 어떤 사람에게는 환상을 통해서, 어떤 사람에게는 방언의 은사를 통해서, 어떤 사람은 어떤 신비한 음성을 통해서, 또 어떤 자에게는 어린아이의 입에서 나오는 말을 통해서 깨닫게도 하신다. 어떤 사람은 바람소리 가운데서 하나님의 음성을 듣기도 하고, 풀 한 포기, 꽃 한 송이 속에서 하나님을 발견하는 사람도 있다.

그러나 가장 확실하고도 보편적으로 하나님 자신을 계시하시는 방법은 기록된 하나님의 말씀을 통해서다.

어떤 개인적인 체험에는 사탄이 개입할 수 있는 위험성이 있다. 사탄은 광명한 천사로 가장해서 사람을 미혹하는 존재이기 때문이다.(고후 11:14)

그러므로 어떤 신비한 방법으로 '누구누구에게 부인할 수 없는 확실한 증거를 보여주셨듯이 내게도 그렇게 보여주시면 믿겠다'고 할 필요가 없는 것이다. 다만 겸손한 마음으로 하나님을 만나게 해 달라고 기도하면서 나 자신을 내려놓을 때, 하나님께서 하나님의 방법으로 역사하실 것이다. 이것이 하나님을 만나 인생이 바뀐 모든 사람들이 하는 고백이다.

그래서 '하나님을 인격적으로 만난다'는 뜻은 '개인적으로 하나님의 살아계심을 체험하는 것'으로 이해해야 할 것이다.

겸손히 하나님의 은혜를 구하면서 열린 마음으로 예배를 드리고 하나님의 말씀을 겸손하게 받을 때, 설명할 수 없는 은혜 가운데 하나님을 만나는 체험을 하게 될 것이다.

그러나 그렇게 하나님을 만나 부인할 수 없는 하나님의 살아계심을 체험한다고 해도, 그것으로 다른 사람에게 '이래서 하나님은 살아계시다'라고 신 존재 증명을 할 수는 없을 것이다. 왜냐하면 하나님은 한 사람 한 사람을 인격적으로 만나주시기 때문이다.

4장
가정생활

1. 순적한 만남에 대하여
–하나님께서 인도하시는 '순적한 만남'을 어떻게 알 수 있는가?

Q "저는 교회를 다니고 신앙생활을 하면서 결혼만큼은 믿음의 사람과 하고 싶었습니다. 그리고 저를 신앙적으로 잘 이끌어 줄 수 있는 사람을 두고 기도해 왔습니다. 그런데 제가 결혼할 나이가 되고 보니 부모님을 비롯한 집안 식구들이 결혼문제를 두고 부담을 주고 있습니다.

제가 지금까지 순적한 만남을 위해 기도해 왔지만, 결혼 상대자로 소개 받고 만나는 사람마다 교회 출석은 하고 있으나 한 달에 한 번 정도 나가는 사람이거나 신앙생활을 제대로 하지 않는 사람들이 대부분입니다. 믿음의 사람이기보다는 직장이 좋은 사람이 많습니다.

부모님은 '교회에 다니는 사람이면 괜찮지 않느냐'고 하시는데, 저는 마음이 내키지 않습니다. 제가 잘나서라거나 눈이 높아서 그런 것이 아님에도 주위에서는 그렇게 보지 않습니다.

제가 만남을 위해 기도하면서 세워 놓은 이런 신앙적 기준이 잘못된 것인지요?

너무 나 자신만의 생각에 사로잡혀 있는 것이 아닌지 하는 생각도 듭니다. 지금 믿음이 좀 부족한 사람이라도 장차 신실한 믿음의 사람이 될 수도 있겠지만, 반대로 신앙 문제로 갈등하고 다투면서 살다가 나 자신의 믿음마저 버리게 될 수도 있지 않을까 하는 생각도 듭니다.

이런 저의 태도 때문에 부모님께서 힘들어 하고 계십니다.

내 마음에 내키지 않은 데도 그 만남이 하나님께서 예비하신 순적한 만남일 수 있는지 궁금합니다."

A '순적한 만남'(개역개정 : 순조로운 만남)이란, 이삭이 리브가를 만난 일에서 나온 말이다.

아브라함의 종이 이삭의 아내를 구하러 메소포타미아로 갈 때 기도한 내용으로 '오늘 나에게 순적하게(순조롭게) 만나게 하사…' 라고 한 말이다. 그리고 기도한 그대로 아브라함의 종은 순적하게 리브가를 만나게 된다.

그런데 여기에 나타난 순적한 만남의 응답 여부는 아브라함의 종이 걸었던 조건에 맞게 나타났을 때를 말한다. 즉, 성중 처녀가 우물에 물을 길러 나올 때, 그 처녀가 누구든 간에 '물 좀 달라'고 하면 물을 아브라함의 종에게 주면서 '당신의 약대도 마시우라'하면 그가 이삭의 배필로서 순적하게 만나게 해 주신 하나님의 응답으로 믿겠다는 조건이었다. 그래서 리브가가 그 조건에 맞았기 때문에 순적한 만남의 배필이 되었던 것이다.

이 일을 상담을 해 온 분에게 적용을 시킨다면 '나의 배필은 믿음의 사람이어야 하는데, 나를 신앙적으로 이끌어 줄 수 있는 나보다 나은 신앙인'이 순적한 만남의 대상 조건이 될 것이다. 그리고 그런 사람을 만났을 때 비로소 순적한 만남이라고 할 수 있고 말이다.

그렇다면 그런 조건에 맞지도 않고, 마음에 내키지도 않는 사람을 만났다면 순적한 만남이라고 할 수 없지 않느냐는 것이다.

믿음이 좋은 사람?

그러나 이렇게 생각해 보자.

지금 자신이 세운 순적한 만남의 조건이 '믿음 좋은 사람'이다. 그런데 그 사람의 믿음을 내가 '좋다, 안 좋다'라고 평가하는 기준이 뭔가?

문제는 자신이 볼 때 '믿음이 시원찮아 보인다' 혹은 '믿음이 좋아 보인다'라는 판단이 지극히 자의적일 수 있다는 점이다.

처음에는 굉장히 믿음이 좋은 것 같았던 사람이 결혼해서는 전혀 반대라든가, 반대로 처음에는 믿음이 시원찮아 보였는데 나중에 보니 신실한 그리스도인으로 사는 사람들이 많다.

이렇게 본다면, 내 생각과 판단과는 상관없이 내가 내어 건 순조로운 만남의 조건대로 벌써 하나님께서 응답하셨는지도 모를 일이 아니겠는가?

그럼에도 불구하고 나는 순적한 만남이 아니라고 생각하면서 다른 사람만 찾고 있는지도 모를 일이다. 그 반대일 수도 있을 것이고 말이다.

그렇다면 차라리 순적한 만남을 위한 기도(조건) 제목을 바꾸는 것이 어떨까?

지금 내가 건 조건(기도제목)이 따지고 보면 솔직하지 못할 수도 있다. 왜냐하면 그 조건 속에는 실상 믿음보다 다른 어떤 것이 더 큰 비중을 차지하고 있는지도 모른다. 믿음을 빙자한 내가 원하는 어떤 이기적 욕심 말이다.

그래서 막연하게 '믿음 좋은 사람'이 아니라, '주님, 저의 배필로 지금 현재 주일 출석을 매주 잘하고 있는 사람을 만나게 해주세요'라든지 '집안은 어떤 집안, 얼굴 생김새는 어떤 사람…' 이렇게 구체적으로 말이다.

자신을 곰곰이 생각해 보라는 말이다. 실상은 이런 요구를 하고 있음에도 그 모든 내 욕심을 '믿음' 속에 숨겨 놓고 있을지 모르기 때문이다.

이렇게 구체적으로 기도 제목을 적어보면, 믿음이라는 구실 속에 숨겨 놓고 있는 나의 욕심을 발견하게 될 것이다. 그 때 현실 속에서 나 자신을 좀 더 정확하게 알게 되고, 상대를 좀 더 구체적이고도 바르게 평가할 수 있는 눈이 열리게 될 것이다.

하나님은 우리가 진실하게 기도할 때 분명히 응답하시는 분이시다. 혹 그 응답을 내 욕심 때문에 보지 못할 경우는 있지만 말이다.

2. 결혼, 그와 해야 할지 말아야 할지

Q "예전에 교제를 했던 청년을 다시 만나 교제를 하게 되었습니다. 신앙 안에서 살려고 노력했던 형제였는데, 지금은 교회를 다니지 않고 있습니다.

신앙의 회복과 교회 출석을 권면하면 긍정적으로 대답은 하면서도 실행에 옮기지는 못하고 있습니다.

그런데 그 형제가 저를 배우자로 생각을 하고 있습니다. 그러나 저는 그 형제가 교회를 다니지 않는 것이 마음에 걸립니다. 그리고 아직 그 형제를 배우자로 결정한 상태는 아닙니다.

사실 저는 제 배우자로부터 신앙적으로 위로를 받고 싶은데, 그 형제에게 그런 기대를 할 수 없는 상태입니다.

그리고 대화를 해보면 신앙인의 사고에서 나오는 말이 아닌, 세상 사람들이 가진 세속적인 생각들에서 나오는 말들이 대부분입니다.

주일날 저는 교회에 앉아 예배를 드리고, 그 형제는 세상 친구들과 함께 세상 속에 있는 현실에 너무 속이 상합니다. 제가 기도하면서 교회 출석을 권면했을 때 그러겠노라고 대답을 한지 벌써 두 달이 되어 가는 데도 안 되고 있어요. 곧 가겠다고 하면서 말예요.

한편으로 관계가 더 깊어지기 전에 정리를 해야겠다는 생각이 들지만, 제 마음이 처음보다는 그 형제에게 많이 기울어져 버린 것인지 쉽게 정리를 할 수가 없습니다. 그 형제가 저에게 참 잘하거든요. 그리고 사람은 참 착하고 말예요.

기도를 해도 잘 모르겠어요. 다시 누군가를 만나야 한다는 것이 마음에 부담이 되기도 하고요. 또 한편으로는 제가 신앙생활을 제대로 하지 않아서 그런 형제를 만나게 된 것인지, 내 신앙이 그런 형제를 만날 만큼밖에 되지 않아서 그런가 하는 생각도 듭니다.

제 마음을 접어야 할지 어떻게 해야 할지 모르겠습니다.”

A 결혼을 가리켜 인륜지대사 人倫之大事 라고 한다. 그만큼 인간에게 있어서 가장 중요하고도 큰일이라는 뜻이다. 그러므로 함부로 결정할 수 없는 일이 바로 결혼이다.

또 그리스도인의 입장에서는 배우자를 고르는 일에 있어서 불신자들보다 더 제한적이다. 한국에 사는 모든 청년들 가운데 고르는 것도 쉽지 않은 마당에, 많지도 않은 예수 믿는 청년들 중에서만 골라야 하기에 어렵다는 말이다.

오늘날 좋은 청년 만나기가 어려운 세상에서 이제 마음에 드는 청년을 만났으나 신앙문제에 걸려 갈등하는 젊은이에 관한 이야기다.

그것도 아예 불신자 같으면 마음을 딱 접어버릴 수 있겠는데, 교회에 안 다니겠다고 하지도 않고, 그렇다고 나가는 것도 아닐 때의 난감한 경우다.

교제를 하면서 신앙으로의 변화를 기대해보지만 성과는 없으니 하나님의 뜻이 아닌 것 같고 그렇다고 그냥 끝내버리자니 아쉽다. 특히 인간적으로는 착하고, 또 잘 대해줄 뿐만 아니라 믿음직스러워 결혼해도 될 것 같은데 단 한 가지 신앙문제가 걸려 있을 때 어떻게 해야 할까?

실상 이 자매는 그 청년에게 마음이 많이 기울어져 있는 상태다. 단한 가지 신앙문제 때문에 갈등을 하고 있을 뿐이지 인간성이나 다정한 태도, 그리고 결혼 상대자로서의 자격은 인정하고 있다. 한마디로 ‘버리자니 아깝고 가지자니 문제가 있고…' 이런 상태 말이다.

이런 경우를 두고 누가 결혼을 하라 마라 할 수 있겠는가?

그러므로 이런 경우 단정적으로 조언할 수는 없겠으나 극히 상식적이고 모범적으로 생각해보자.

지금 이 자매가 이 일 때문에 갈등하고 있다는 것이 무엇을 뜻하는가?

갈등 자체가 신앙 때문에 하는 갈등이다. 그래서 실상은 이 자매 자신이 답을 알고 있다는 뜻이다. 다만 그것을 긍정하기가 힘들 뿐이고, 자꾸 부인하고 싶은 또 다른 마음이 일어나고 있는 것이다.

우리가 복음을 전해서 믿지 않는 사람을 믿게 만드는 일은 주님의 지상명령이요 가장 귀한 일이다. 그래서 우리는 한 사람이라도 전도하여 그 영혼을 구원하는 일에 최선을 다해야 할 것이다.

그러나 우리가 이것은 알고 있지 않은가? '말을 물가로 끌고 갈 수는 있어도 그 물을 먹는 것은 말 자신이다'라는 사실 말이다. 결국 믿음이란 하나님의 택하심과 은혜가 있어야 주어지는 것이다.

"너희는 그 은혜에 의하여 믿음으로 말미암아 구원을 받았으니 이것은 너희에게서 난 것이 아니요 하나님의 선물이라" _엡 2:8

우리는 모른다. 누가 하나님의 택함을 받은 사람인지를 말이다. 그러므로 우리는 누구에게나 전도해야 한다. 그 어떤 사람에게라도 말이다. 그리고 끝까지 포기하지 말아야 한다. 죽는 그 순간까지도 말이다.

전도와 결혼은 다르다

그러나 결혼은 다르다.

'나는 저 사람과 결혼하여 예수를 믿게 만들 것이다. 그러면 결혼도 하고 한 사람의 영혼도 구하는 것이 되니 일석이조가 아닌가!' 이렇게 말할 수 없다. 왜냐하면 그 영혼을 주께서 택하셨는지 아닌지는 우리가 모르기 때문이다. 그건 하나님의 주권에 달린 문제다.

그래서 미혼 그리스도인은 적어도 구원의 확신이 있는 사람과 결혼을 해야 한다. 이유야 어쨌건 이미 불신자와 결혼을 한 사람의 경우에는 그 상황에서 어떻게 해야 할지를 논할 일이고(불신자와 결혼하여 사는 사람의 경우에 어떻게 해야 하는지에 대한 성경의 교훈은 따로 있다), 미혼인 경우에는 적어도 이것이 원칙인 것이다.

이 자매가 그 청년과 자매가 신앙생활에 대한 약속을 분명히 한 후 결혼했다고 가정해 보자.

이 경우 그 청년이 약속대로 교회에 열심히 출석하게 된다면 참으로 다행스러운 일일 것이다. 그러나 교회의 출석 여부만으로 안심할 수 있는 일은 아니다. 왜냐하면 지금도 만나서 하는 대화 내용의 거의 대부분이 세속적인 사고에서 나오는 것들이라고 했다. 그 가치관이나 관심하는 바가 그리스도인의 삶과는 전혀 다르기 때문이다. 이런 경우에는 교회에 출석을 한다고 해도 자매와의 신앙적 수준과 관심하는 바의 차이가 너무 많기 때문에 두 사람의 갈등과 불화는 자명한 일일 것이다.

결혼 전에는 이런 영적이고 신앙적인 갈등이 크지 않을 수 있다. 그러나 연애는 이미지와 할 수 있지만, 결혼해서 사는 삶은 이미지가 아닌 인격과 살아야 한다.

사람의 인격 가운데 가장 중요한 것이 신앙적 인격이다. 인격이 부딪히면 함께 산다는 자체가 고통이 되어버리고 마는 것이다.

그러므로 이런 대치되는 인격체가 함께 살아가기 위해서는 그냥 참고 살든가, 아니면 자매의 신앙 수준을 낮추거나 포기해야 할 것이다.

물론 형제가 은혜를 받고 단번에 180도로 바뀌어버릴 수도 있겠지만 이런 흔치 않은 경우를 가정해서 결정할 일이 아닌 것이다.

또 결혼한 후 한두 번 교회에 출석하다가 슬그머니 빠져버릴 때는 어떻게 하겠는가?

그때 이 자매의 신앙적 갈등과 고통은 이루 말할 수가 없게 될 것이다. 신앙을 굳게 지킨다면 눈물의 기도가 끊이지 않을 것이고, 그렇지 않다면 자매의 신앙생활 자체도 장담하지 못할 수도 있다. 지금 내가 섬기는 교회 안에도 그렇게 눈물을 뿌리며 사는 성도들이 너무나 많이 있으니 말이다.

두 가지의 결단

결국 신앙의 결단이 필요하다.

하나는, 결혼해서 불신 남편을 위대한 믿음의 사람으로 세우기로 작정하고 결단하는 일이다. 그 어떤 어려움이 찾아온다 해도 결코 신앙을 포기하지 않고, 양보하지 않고, 꿋꿋하게 믿음생활 하며 남편의 구원을 위해 끝까지 헌신하겠노라는 결단이다.

그런 분들이 교회 안에 많다. 늦게 된 자 먼저 되는 역사로, 결혼 전에는 믿음이 없던 사람이었지만 지금은 교회에서 기둥과 같이 쓰임 받고 있는 일꾼들이 분명히 있다.

단, 이런 일이 이루어지기까지 눈물의 기도와 인내와 헌신의 모진 세월이 있었지만 말이다.

또 하나의 결단은 '내가 평생 혼자 사는 한이 있어도 불신 결혼만은 하지 않겠다'고 하는 결단이다. 하나님께서 믿음의 배필을 주실 줄로 믿는 믿음으로 말이다.

어느 쪽을 택하든 본인이 택해야 할 일이다.

단, 지금까지 조언한 내용은, 그 형제가 과거에 교회를 다녔다고는 하나 현재 구원의 확신도 없고, 전혀 신앙적이지 않는 삶을 살고 있으며, 그가 가진 가치관이 자매와는 너무나 다르다는 것을 전제하고 하는 말이다.

다만 조언의 핵심은 '신앙이나 믿음의 가치관을 떠난 본능적이고도 이성적으로 끌리는 감정적인 판단에 맡기지는 말아야 한다'는 점이다.

3. 제사가 왜 잘못된 것인가요?

제사가 정말 우상숭배의 죄인가요? 효도의 차원에서 생각할 수 없나요?

Q "저는 교회를 다니지만 명절마다 제사를 모십니다. 이 때문에 기독교인으로서 명절이나 제삿날만 되면 시험에 듭니다. 제사문제에 대해 기독교인으로서 어떻게 대처해야 하는 건지……

또 제사음식에 관해서도 어떻게 해야 할지 아직 정리가 안 됩니다.

바울 사도가 마음에 거리낌이 없다면 제사음식을 먹어도 괜찮다고 하지 않았나요? 저는 이전까지 마음에 거리낌 없이 먹어도 괜찮다고 생각하고 먹었었는데, 주위에서 신앙생활하시는 분들이 먹으면 안 된다고 하네요. 그리고 정말 제사가 우상숭배인가요? 그냥 우리나라 전통의 문화적인 효도의 차원에서 생각하면 안 될까요?

기독교인으로서의 바른 태도를 가지게 해 주십시오."

A 해마다 명절이나 부모의 기일만 되면 제사 문제 때문에 고통을 받는 분들이 많다. 제사 문제에 어떻게 대처해야 하는지에 대한 가르침도 여러 가지다.

어떤 분은 전투적으로 대처해야 한다고 가르치는가 하면, 어떤 분은 지혜롭게(?) 처신하면 된다고 하고, 또 어떤 분은 제사란 부모 공경 차원에서 보아야지 종교적으로 볼 필요는 없다고도 한다.

우리나라에서 전통적으로 지켜온 제사란 무엇이며, 성경의 정확한 가르침은 무엇일까?

첫째로, 제사는 '우상숭배'다.

제사란 부모를 공경하는 효심 그 이상의 종교적 행위다.

즉, 제례의식은 그 장소에 조상이 직접 강림하여 제사를 받는다는 막연한 가정에서 출발하지만, 제사란 일종의 초혼招魂이다. 즉, 제사상을 차려놓고 귀신이 된 조상을 부르는 종교적 행위다. 그리고는 그 조상신에게 절을 하고 섬기며 복을 비는 것이다.

그러므로 이 제사는 성경이 엄격히 금하고 있는 1, 2계명을 정면으로 위반하는 행위인 것이다. 그리고 우상숭배는 성경이 강조하고 있는 바, 하나님이 가장 싫어하시는 일이다. 특히 '신명기 18:11절'에서는 '초혼자招魂者를 너희 중에 용납하지 말라'고 말씀한다. 초혼자란 '혼을 부르는 자' 혹은 '영을 부르는 자'라는 뜻으로 오늘날의 제사는 사실 이 일을 하는 행위인 것이다.

둘째로, '제사의 의식'의 잘못이다.

제례의식의 독특한 특징은 음식을 차려놓고 절하는 일이다. 제례의 내용을 보면 초헌, 아헌, 종헌, 유식 등이 있는데 주로 술과 음식을 대접하는 엄격한 격식으로 진행된다. 특히 추석 때는 술 대신에 '차'를 올리는 '차례'를 지내는데, 즉, 햇곡식, 첫 곡식을 조상의 전에 올린다는 뜻을 가진다.

유가에서는 이것이 조상에 대하여 공경심을 갖게 하는 한편, 후손에 대한 과시라고 생각한다. 즉, 자손들에게 조상의 제사를 보여줌으로써 도덕적, 교육적 효과를 노린다는 것이다.

이런 면에서 본다면 긍정적인 효과를 기대할 수도 있겠지만, 그러나 성경은 이렇게 말씀하고 있다.

"네 토지에서 처음 거둔 열매의 가장 좋은 것을 가져다가 너의 하나님 여호와의 전에 드릴지니라"_출 23:19

사실 한가위 제사의 시효를 거슬러 올라가 보면 모두가 하늘에 제사를 지내고, 첫 곡식과 열매를 하늘에 바쳤지 조상에게 바친 것은 아니었다. 아무튼 죽은 사람을 위해 음식을 차려놓는 의례 자체가 하나님이 금하신 행위다.

셋째로, 제사는 부모를 공경하는 행위로 볼 수 없다.

효도가 부모를 기쁘게 해 드리는 것이라고 한다면, 살아 계실 때 불효한 사람이 부모가 돌아가시고 난 다음에 온갖 음식을 차려놓고 절을 하는 이유가 무엇인가? 실상은 죽은 조상이 귀신이 되었다고 생각하고 그 조상신에게 복을 빌고 있는 것이다.

결국 부모를 위해서가 아니라 내가 복을 받기 위함이요, 만일 제사를 드리지 않으면 해를 당할까봐 두려워서 하는 행위임으로 실상 효도를 빙자한 자기기만적인 면이 많다.

성경은 인간이 인간에게 해야 할 첫 번째 계명으로 '네 부모를 공경하라'고 했지만, 죽은 다음에 공경하라는 말은 없다.

넷째로, 조상에게 제사를 드리는 나라는 '우리나라 뿐'이라고 할 정도로 거의 없다.

유교의 시조 나라인 중국에서도 우리나라처럼 조상신에게 제사 드리지 않는다. 아니 유교자체에 그런 가르침이 없다. 조상에게 제사를 드리면 조상신이 복을 줄 것이라는 것 자체가 허구임을 알 수 있다.

왜냐하면 선진국들은 조상신을 전혀 섬기지 않는데도 불구하고 윤택하게 살아가고 있기 때문이다. 만일 정말 조상신이 있어 그 후손의 제사 여부에 따라 복과 저주를 내린다면 우리나라 외의 거의 모든 나라들은 다 망해야 마땅하지 않겠는가?

다섯 번째로, 그리스도인은 이 제사에 적극적으로 대처해야 한다.

제사는 이미 우리나라 민족적인 문화의 일면으로 자리 잡고 있음을 부인할 수 없다. 그리고 긍정적인 측면도 있다. 집안의 가풍을 유지해 가는 수단이 되기도 하며, 조상의 은덕을 기리는 일을 통해 어른 공경의 예와 효의 방법을 가르치는 기회가 된다는 점 등이다.

그렇다면 순교를 각오하고서라도 따를 수 없는 우상숭배의 행위는 거절한다고 할지라도, 제사 문화가 주는 긍정적인 면은 적극적으로 세워가는 방법이 없겠느냐는 점이다.

실상 제사문제 때문에 갈등을 빚는 대부분의 큰 이유는 종교적이라기보다 가정의 하나 됨을 깨뜨린다는 이유가 더 많다.

그러므로 직접 절을 하거나 제사 행위에는 절대로 동참하지 말아야 한다. 그러나 이 때 주의해야 할 점은, 집안 어른들의 강경한 태도가 아무리 과도하다 할지라도 불공경한 태도를 보이지 말아야 한다.

오히려 더 적극적으로 가정의 화목과 하나 되는 일에 힘을 써야 할 것이다. 즉, 제사보다 앞선 전야에 돌아가신 어른에 대한 여러 가지 사진 자료들을 준비하여 그분들의 아름다운 모습들과 교훈들을 기억할 수 있도록 한다든지, 혹 가족 가운데 믿는 자들이 있다면 함께 추모사나 찬양 등을 준비하고 부모 사랑에 대한 감동적인 프로그램을 만드는 것과 같은 일이다.

여섯 번째로, 이런 일은 평소에 대처해야 한다.

순교는 총에 맞아 죽거나 매 맞는 것으로만 생각하면 안 된다. 사랑하는 가족의 영혼 구원을 위하여 평소에 순교적 헌신을 해야 한다.

특히 평소에는 가만히 있다가 제사 때만 되면 신앙적인 문제로 갈등을 일으키면 마음의 벽만 더 쌓여가게 될 뿐이다.

제사문제를 제외하고는 나무랄 데 없는 사람이 되라. 명절, 생일, 결혼기념일, 조카들의 입학이나 성인식 등 놓치기 쉬운 기념일을 꼬박꼬박 챙겨 주고, 어려울 때마다 남보다 더 많은 도움을 주라. 그들이 감동하도록 만들 필요가 있는 것이다. 또 평소에 집안 어른들을 찾아보고 효도의 예를 갖추는 것이 제사보다 더 중요함을 기억해야 할 것이다.

왜 그렇게 우리만 손해 보는 일을 해야 하느냐고 할지 모르지만, 집안 식구가 아니라도 전도하기 위해 얼마나 투자를 많이 하는가?

성경은 이렇게 말씀한다.

"누구든지 자기 친족 특히 자기 가족을 돌보지 아니하면 믿음을 배반한 자요 불신자보다 더 악한 자니라" _딤전 5:8

이렇게 적극적으로 대처할 때 머지않아 그들이 영적인 권위 앞에 굴복하고 구원의 길로 들어오게 될 것이다.

일곱 번째로, '제사 음식을 먹는 일'에는 본인의 신앙에 따라 자유를 누릴 수 있어야 한다.

성경말씀을 참고하라.

바울과 같은 믿음이 있다면 먹어도 될 것이요, 다니엘과 사드락과

메삭과 아벳느고와 같은 마음으로 먹지 않는다면 그것도 귀한 일이다. 다만 마음에 거리끼게 하지 말아야 한다. 그리스도인은 자유인이기 때문이다.

"그러므로 우상의 제물을 먹는 일에 대하여는 우리가 우상은 세상에 아무 것도 아니며 또한 하나님은 한 분밖에 없는 줄 아노라"_고전 8:4

"음식으로 말미암아 하나님의 사업을 무너지게 하지 말라 만물이 다 깨끗하되 거리낌으로 먹는 사람에게는 악한 것이라"_롬 14:20

그러나 덕을 세워야 한다. 바울은 모든 음식은 다 하나님께서 주신 것이기 때문에 감사함으로 먹으면 문제 될 것이 없다고 말했다. 그러나 '만일 음식이 내 형제를 실족하게 한다면 나는 영원히 고기를 먹지 아니하여 내 형제를 실족하지 않게 하리라'(고전 8:13)고 하면서 '모든 것이 가하나 모든 것이 유익한 것은 아니요, 모든 것이 가하나 모든 것이 덕을 세우는 것은 아니니'(고전 10:23)라고 말한 점을 기억하면 될 것이다.

여덟 번째로, 가족의 구원을 위해 끝까지 인내하라.
어떤 경우에도 가족의 구원에 대해 포기하지 말라. 패배자는 실패자가 아니라 포기하는 자이다. 올해 안 되었다면 내년에 또 시도하라.

"비록 더딜지라도 기다리라 지체되지 않고 반드시 응하리라"_합 2:3

마음을 굳게 하여 뜻을 정하면 주님께서 도우실 것이다.

4. 명절 때의 가정예배에 대하여

Q "목사님! 명절 때가 되면 명절에 맞는 예배를 드리고 싶어요. 시댁 어른들이 다 돌아가신 터라 집에서 간단하게 음식도 차려 놓고 위패도 모셔놓고 합니다만, 절대신 예배를 드립니다. 교회 다닌지 몇 년이 되다 보니 절은 안합니다.

저는 명절에 맞는 가정예배를 드리고 싶은데 방법을 잘 모르겠습니다.

그냥 저희는 좋아서 찬송가 부르고, 말씀도 그냥 찬송가에 나와 있는 성경구절을 읽고 주기도문으로 마칩니다.

찬송가와 말씀, 기도 등이 적힌 예배문이나 명절에 맞는 예배형식이 있다면 좋겠습니다.

제사를 안 지내는 것도 중요하지만, 명절에 온 가족이 모이는 자리에서 살아계신 하나님께 올바른 명절 예배를 드리는 것도 중요하다고 생각합니다.

앞으로 자라는 자녀들에게도 본이 될 뿐 아니라, 올바른 기독교 가정에서 명절을 보내는 예배 방법도 뿌리를 내리는 것이 바람직하지 않을까요? 명절 때마다 느끼는 일입니다."

A 명절 때가 되면 제사 문제 때문에 어려움을 당하는 분들이 많다.

이 일 때문에 극심한 핍박을 받고, 집안으로부터 따돌림을 받는가 하면, 당연히 받게 되어 있는 유산까지 포기하는 분도 있다.

불신의 가정이 복음을 받아들이고, 그 후대에 이르러 제사 대신 예배를 드리게 되었다면 얼마나 큰 은혜인가!

그러나 기왕에 이렇게 되었다면, 좀 더 바람직한 가정예배가 되도록 해 보자.

예수를 믿지 않던 사람이 예수를 믿게 되면 집안에서 제일 먼저 부딪히는 문제가 바로 제사 문제다. 집안 어른들과 친지들의 따가운 눈초리와 어릴 때부터 형성된 유교적인 조상 숭배에 대한 부담감 때문에, 명절이 되면 음식상(제사상과 비슷한)을 차려놓고, 위패도 모셔놓고, 사진도 내어놓고는 '봐라! 예수 믿는 사람이라고 해서 무조건 제사 안 지내는 것이 아니다. 대신 우리는 예배를 드릴 뿐이다'라는 식의 절차로 제사를 서서히 끊는 분들이 많다. 대단히 지혜로운 방법이다.

그러나 이 방법을 계속해서는 안 된다.

이제 마음대로 예배를 드릴 수 있게 되었다면 좀 더 신앙적인 방법을 사용해야 할 것이다.

누구를 위한 음식상인가?

첫째, 음식을 차리는 문제다.

추도 예배에 가보면 상차림을 제사상과 비슷하게 해 놓는 분이 있다. 그리고 밥상 뒤에 사진도 내어놓고 말이다. 이것은 다분히 제사 성격이 짙게 드리워져 있는 것이다.

제사상의 의미는 '죽은 조상귀신이 와서 잡수시라'는 의미이다. 그래서 미신적인 형식을 따라 음식을 놓는 것이다. 사진까지 내어놓는다는 것은 바로 그 사신의 망령이 와서 음식을 드시라는 의미인 것이다.

이제 그럴 필요가 없다는 것이다.

죽은 영혼은 하나님의 손에 달렸다. 인간이 그 혼을 불러올 수도 없고, 대접할 수도 없으며, 위로할 수도 없다.

무당들이 죽은 조상들을 불러내느니, 죽은 부모님의 음성을 흉내 내며 '부모 귀신이 왔다'라고 하는 것은 마귀의 속임수일 뿐이다. 부모의 목소리와 꼭 같은 목소리 흉내를 낸다 해도, 그것은 결코 부모의 귀신이나 망령이 나타난 것이 아니라 마귀 사탄의 속임수라는 것이다. 영물인 마귀가 그 정도의 흉내도 내지 못하고서야 어찌 귀신이라 하겠는가!

그래서 그리스도인은 그런 제사상의 의미로 상을 차리지 않아도 된다. 거기에 사진이나 위패를 놓지 않아도 되고 말이다. 거기로부터 완전히 자유로워야 한다. 명절이 되면 제사상이 필요한 것이 아니라, 그동안 은혜를 베풀어주신 하나님께 감사하면서 가족들이 즐겁게 먹고 마시기 위한 음식상이 필요한 것이다.

둘째, 명절이 되면 꼭 부모를 생각해서 상을 차려놓고 예배를 드려야 한다고 생각하지 말라는 것이다.

오히려 아이들에게 신앙적으로 비교육적이다. 왜냐하면 세상의 불신자들이 명절만 되면 제사상을 차려놓고 제사를 드리기 때문이다. 그래서 예수 믿는 사람들도 명절 때가 되면 절하고 제사를 지내지는 않지만, 죽은 조상을 위해 예배는 드려야 하는 것으로 생각하기 쉽기 때문이다. 이것은 대단히 잘못된 일이다.

산 사람을 위해 하나님께 은혜를 구하며 기도해야 하는 것이지, 그 어떤 경우에도 죽은 자를 위한 기도나 예배는 비신앙적이며 비성경적이다.

평소 제사를 쭉 지내오던 분들이 예수를 믿게 되고, 그 가정에서 초상이 나고 기일이 왔을 때, 추도예배를 드리는 경우가 많다.

주위의 많은 사람들로부터 '부모가 돌아가시고 기일이 되었는데 제사도 안 지내고, 그냥 모른 척하고 지내는 불효자식'이라는 욕을 듣지 않기 위해서, 혹은 집안으로부터 여러 가지 오해를 받을 수도 있기에 추도예배라는 형식을 통해 '그리스도인들이 불효자식이 아니다'라는 점을 보여준다는 의미에서 이런 방법을 택하기도 하는 것이다.

그러나 오늘날 예수 믿는 사람들은 제사를 지내지 않는다는 것을 알 만큼 아는 세상이 되었기 때문에 이런 추도예배도 드리지 않는 것이 바람직하다. 다만 명절이나 추도일이 되었을 때 자녀들을 모아놓고 집안의 내력과 할아버지 할머니가 사셨던 삶의 모습이라든가, 그분들의 사랑과 본받을 점들을 이야기해 주면서, 아름다운 집안의 전통을 이어받도록 교훈하고 또 예수 믿게 된 은혜와 그 믿음을 유산으로 이어가게 된 축복을 교훈해 줄 수가 있을 것이다.

명절은 명절답게

그러므로 명절은 명절답게 지내도록 하라.

그동안 베풀어주신 하나님의 은혜에 감사하면서 가족들과 함께 맛있는 음식을 만들어 나누어 먹으며 즐거운 시간을 갖는 것이 좋다. 그리고 예배 형식에 부담을 갖게 되는 이유는, 뭔가 제사 의식에 견줄만한 어떤 의식이 있어야 한다고 생각하는 마음 때문이다.

명절 때의 가정예배는 너무 형식과 의식에 치우칠 필요가 없다. 형식에 구애받지 말고 즐겁게 찬송하고, 평소에 은혜 받았던 성경구절을 본문으로 선택하여 그 말씀대로 사는 신실한 그리스도인이 되기를 다시 한 번 다짐하면서 하나님께 감사하면 될 것이다.

대표기도를 한다면 어린아이가 기도하도록 해도 될 것이다. 다만 미리 아이를 예배의 대표기도자로 통보하고, 며칠 동안 대표기도문을 작성해서 읽도록 하면, 아이에게 좋은 교훈이 되고 또 믿음의 아이로 자랄 수 있도록 하는 계기가 될 수 있을 것이다.

어른이 대표로 기도한다면, 아이들이 있을 때는 너무 길게 하지 않도록 해야 한다. 그러면서도 말씀을 대하는 태도나 기도하는 모습을 통해 자녀들에게 거룩하신 하나님 앞에서의 경건한 모습과, 참 좋으신 아버지 하나님을 동시에 보여줄 수 있도록 하면 좋을 것이다.

그리고 모두가 좋아하는 찬송을 즐겁게 부른 후 주기도문으로 마치면 훌륭한 가정예배가 될 것이다.

교회에서 준비해 주는 명절 가정예배나 추도예배 순서지를 참고하거나 교역자의 도움을 받는 것도 지혜로운 일이다.

특히 명절 때, 유교적인 관습에서 비롯된 제사의식의 전통 때문에 예배를 드려야 한다는 생각에서 벗어나 온전히 감사의 예배가 되도록 해야 한다. 그리고 예배드릴 때 음식을 차려놓는 것은 아무런 의미도 없고 그럴 필요도 없고 말이다.

예배를 마친 후 멋지게 상을 차려 식구들이 즐겁게 먹으면 된다. 이것이 바로 주님께서 주신 분복을 누리는 가정이다.

5. 부모를 속이면서 교회를 다니고 있어요

Q "목사님, 이렇게 글로 만나 뵙게 돼서 정말 기쁩니다.

저희 가정은 교회에 나가는 것에 대해 반대가 아주 심합니다. 중1 때부터 교회를 다녔는데 대학 1학년인 지금까지 반대하십니다.

제가 대처하는 방법은, 물론 기도도 하지만요, 그냥 부모님을 속이는 것입니다.

이것이 과연 올바른 방법인지….

고3 때는 독서실 핑계로 잘 다닐 수 있었지만 요즘은 주일마다 교회 나가는 것이 여간 눈치가 보이는 것이 아닙니다.

아직 부모님과 정면으로 부딪칠 자신이 없습니다. 언젠가는 제가 구원 받은 하나님의 자녀인 이상 한 번은 일어날 일이긴 하지만 아직은 두렵습니다. 부모님이 너무 완강하시고, 할머니 또한 절실한 불교 신자이기 때문에 어렵습니다. 정확한 답은 하나님이 해주실 것을 믿지만 답답해서 이런 글을 써봅니다."

A 부모를 속이고 교회에 다녀야 하는 아픔을, 겪어보지 않은 사람이 어떻게 알 수 있겠는가?

흔히 쉽게 말들을 한다. 결단을 내리고 부딪치면 된다고 말이다.

'일사각오'로, '죽으면 죽으리라'는 에스더의 결단으로, 부모와 인연을 끊을 것을 각오하고 부딪쳐서 신앙을 쟁취했노라고 자랑스럽게 간증하시는 분들의 이야기를 들으면, 자신의 약한 믿음 때문이라는 자책감에 더 움츠려든다.

그러나 그 방법만이 순교적인 삶은 아니다.

성경은 '주 안에서 순종하라'고 했다. 그래서 부모에게 순종해야 한다. 다만 '주 안에서'이다. 즉, 하나님을 떠나 '우상숭배 하라'는 말씀에 순종할 수는 없을 것이다.

그러나 이 점을 명심해야 한다.

'네 부모를 공경하라'는 말씀이다. 비록 신앙적으로 순종할 수 없는 경우라 할지라도 공경은 해야 한다는 것이다. 즉, 신앙적으로 합당한 불순종이라 할지라도 공경의 태도로 불순종하라는 말이다.

사실 지금은 극한 어려움 속에서 신앙생활을 하고 있지만, 훗날 부모님들이 모두 신앙생활을 하게 될 것이라 믿는다. 왜냐하면 "주 예수를 믿으라 그리하면 너와 네 집이 구원을 얻으리라"고 말씀하셨기 때문이다.

역사상 불신의 가정에서 예수 믿은 사람치고 부모로부터 핍박받지 않은 사람이 없다. 나의 어머님도 처녀 때 교회에 나가는 일 때문에 외할머님께서 어머니의 머리채를 휘감아 벽에 못을 박아 가두어 놓고 문을 폐쇄시키곤 하셨다고 한다. 그러나 나의 기억 속에 남아 있는 외할머니는 가장 신실한 믿음의 사람, 기도의 사람이다. 그리고 그 후손인 나는 지금 목사가 되어 있고 말이다. 그런고로 실망하지 말고, 포기하지 말고 가족의 구원을 위해 믿음으로 기도해야 한다.

선한 길을 열어주실 때까지

그러면 부모를 속이고 교회에 출석해야 하는 현실 앞에서 취해야 할 바른 태도는 무엇일까?

거짓말을 하고 나와야 한다는 것 때문에 양심에 가책이 되고, 이렇게 해서라도 교회에 다니는 것이 성경적인가 말이다. 즉, 거짓말을 하고서라도 교회에 출석해도 되는 것인지, 아니면 집에서 혼자 기도하고 예배를 드리는 한이 있어도 거짓말은 하지 말아야 하느냐는 문제다.

좋은 적용이 될 수는 없겠지만 "거짓말과 계명"에 대한 내용을 좀 더 구체적으로 살펴보자.

신학교 모 교수님이 '거짓말'에 대한 논문을 써서 박사학위를 받으셨다. 핵심내용은 다음과 같다.

'여호수아 2장 이하'에 보면 기생 라합에 대한 기사가 나온다. 라합이 이스라엘 정탐꾼을 여리고의 경찰로부터 구해 준다. 그런데 라합이 이스라엘 정탐꾼을 구해준 도구가 '거짓말'이었다.

성경은 제 9계명에 이르기를 '거짓 증거 하지 말라'고 엄명하고 있다. '야고보서 2:10절'에서는 '누구든지 온 율법을 지키다가 그 하나에 거치면 모두 범한 자가 되나니'라고 했다.

어떤 사람은 '선한 일을 위해서는 거짓말을 해도 되지 않느냐?'고 한다. 그러나 그렇지 않다. 거짓말은 거짓말이요, 계명을 어긴 것이다. 이런 식의 발상은 성경말씀을 왜곡하여 자의적으로 해석하고 자기의 행위를 합리화하는 데 사용하게 되고 만다.

예컨대 주일에 일하고 지혜롭게(?) 세금도 속이고, 거짓말도 곧잘 하면서 '이렇게 벌어서 나쁜 데 쓰는 것이 아니라, 주의 일에 힘쓰고, 교회에 헌금도 많이 하고, 선교 사업도 열심히 하고 있으니 좋은 것 아니냐?'라고 한다면 괜찮다고 할 수 있겠느냐는 말이다. 그러므로 어떤 경우에도 거짓말은 죄다.

그런데 라합은 거짓말을 하고 책망을 들은 것이 아니라, 칭찬과 복을 받았으되 예수님의 육신적 조상의 족보에 오르는 은총까지 입게 된다.

이런 경우를 논문에서 '계명의 충돌'로 설명하고 있다.

즉, 라합의 경우에 정탐꾼들을 살리기 위해서는 거짓말을 해서 제 9계명을 어겨야 했고, 거짓말을 하지 않으려면 정탐꾼들(하나님의 사람들)을 죽음의 자리에 내어주어 제 6계명(살인하지 말라)을 어겨야 했다.

즉, 9계명을 지키자니 6계명을 어겨야 하고, 6계명을 지키자니 9계명을 어겨야 했다는 것이다.

그렇다면 꼭 같은 하나님의 계명을 지킴에 있어서, 이래도 어기고 저래도 어기게 되는 계명의 충돌이 있을 경우에 어떻게 해야 하느냐는 것이 논문의 주제였다.

그 결론은 이래도 저래도 한 계명은 어기게 되는 계명의 충돌 때는, 그 가운데서 '어느 계명을 택하여 지키는 것이 하나님을 더 기쁘시게 하는 일인가?'를 생각해야 한다는 것이다.

라합의 경우, 9계명을 어기고 6계명을 지켜 하나님의 사람들을 살리는 쪽을 선택했고 그로 말미암아 축복의 사람이 되었다는 것이다.

'9계명을 어기고 4계명을 지킬 것인가, 4계명을 어기고 9계명을 지킬 것인가?'의 문제라고 볼 때 어느 쪽이 하나님을 더 기쁘시게 하는 일일까? 물론 4계명과 9계명 모두를 지키는 일이지만, 현재의 상황에서 너무 영적으로 죄책감을 갖지 않기를 바란다는 뜻에서 하는 말이다.

여러 가지 어려움과 핍박이 예상되지만, 자신의 신앙고백을 통해서 부모를 속이지 않고 떳떳하게 신앙생활 할 각오가 된다면 부모님께 자신의 결심을 말씀드리는 결단이 필요할 것이다.

지금은 비록 예상되는 결과에 대해 두렵고 떨리겠지만, 시도하면 자신의 힘이 아닌 성령의 도우심의 능력으로 온 집안에 구원의 길이 열리게 될 것이다. 이런 경우에도 기억할 것은 기도와, 그리고 부모를 공경하는 태도를 끝까지 견지해야 한다는 점이다.

다만 부모를 속이고 교회를 출석하는 자체에 대해 죄책감을 가질 것이 아니라, 이런 환경에서 벗어날 수 있도록 기도하고, 또 사실대로 말할 수 있는 용기와 계기를 선하게 마련해 주시기를 구하면 하나님의 선하신 손길이 나타나게 될 것이다.

6. 목사님, 술이 원수라더니

Q "제가 다니는 교회에는 창피해서 차마 얘기 못하겠고 목사님 께 상담을 드립니다.

저는 대기업에서 직장생활을 하다가 수년 전 퇴직을 하고, 이것저것 하는 일마다 다 잘 안되어 지금은 신용불량자에 생활보호대상이 되어 있습니다. 신앙생활은 초등학교부터 했는데, 교회에는 그런대로 꾸준 히 다니며 집사의 직분을 맡고 있습니다.

생활이 꼬이니까 술을 좀 많이 먹곤 했는데 술 때문에 상담을 해야 할 상황이 되고 말았습니다. 딸 셋(고3, 고1, 초등학생)에 신앙생활을 열 심히 하고 있는 아내 모두 다섯 식구이며, 운전면허는 취소되어 있고, 당뇨와 허리 디스크로 일을 못하고 있는 상황입니다.

술과 관련된 사고로 벌금이 350만 원, 300만 원 합계 650만 원이 나 와 있는데, 지금 수입은 없고 한마디로 미치겠습니다.

명색이 집사라는 사람이 어떻게 그렇게 되었느냐고 비난받아야 마 땅하겠습니다만, 살다 보니 순간적으로 그렇게 되었고, 이제 후회하며 회개해 보지만 이미 저질러져 버린 상태일 뿐입니다.

저의 교회 목사님과 상의를 하는 것이 좋을까요, 아니면 혼자서 조 용히 감옥에 갔다 오는 것이 좋을까요? 4, 5개월 정도 살아야 할지 모 르겠습니다. 현재 벌금 낼 돈은 없는 상태이고, 수입도 없으니 절망입 니다. 지금 술은 끊었습니다."

A 세상에 문제가 없는 사람은 없다. 사람은 실수도 하고, 또 원

치 않는 일을 만나기도 한다.

그러나 그 문제를 딛고 일어서는 사람이 있고, 그 문제에 먹혀버리는 사람이 있을 뿐이다.

많은 경우에 문제라고 하는 그 문제보다 자기 스스로를 미워하는 자책감과 문제 자체만을 생각하는 것이 문제요, 그로 말미암아 자포자기 해버리는 것이 문제인 경우가 많다.

사람은 지금 당장의 발등에 떨어진 불 문제의 해결에만 매달리기 쉽다는 말이다.

문제 이전의 문제를 보아야……

이 분의 경우를 보자.

누가 650만 원이라는 돈을 갖다 줄 리도 없고, 어디서 구할 방법도 없는 상황이다. 거기다가 몸은 아파서 일은 할 수 없으니 아내와 자식들 보기에 민망해서 잠시도 집에 머물 수조차 없는 것이 지금 당장 발등에 떨어진 불이다.

그렇다면 당장 해결해야 할 벌금이 문제의 본질인가 말이다.

그렇지 않다는 것이다. 먼저 해결해야 할 더 중요하고 본질적인 문제가 있는데, 바로 아직도 남아 있는 자신의 자존심 문제다.

이 자존심의 문제는 어제 오늘의 문제가 아니라, 대기업에서 퇴직하고부터의 문제인지도 모른다.

누구에게나 인정받는 삶을 살다가 퇴직을 했고, 그 자부심 그대로 가지고 있는 상황에서 하는 일마다 실패하게 되자 스스로를 용납할 수 없었을 것이다. 여기에서 모든 사람들이 자신을 비웃는 것 같은 시선을 피할 길은 술밖에 없었고 말이다. 그 술은 괴로운 현실을 잊게 해 줄 뿐만 아니라 무엇보다도 술이 그나마 자존심을 세워주는 역할을 했을 것이다.

그러나 술이 깨고 나면 괴로움은 더하고, 술 취함으로 인한 실수의 결과들은 감당할 수 없고, 그때마다 자존심은 더 비참한 자리로 굴러 떨어지게 되니 또 더 술을 마셔야 하는 악순환은 계속되고 말이다.

자신에게 솔직해지라

여기에서 가장 빠른 문제 해결의 길은 자신이 솔직해져야 한다는 점이다.

특히 자신의 자존감이 낮아지는 일에 두려워하지 말아야 한다. 옛날에는 대기업의 간부요, 엘리트 그룹의 삶을 살았다 할지라도, 지금 현재 자신의 모습 그대로를 사람들에게 보여줄 수 있는 용기와 태도가 필요하다는 것이다.

만일 누군가가 돈을 가져와 당장의 문제를 해결해 준다고 해도, 결코 그것으로 문제 해결이라고 할 수 없다. 지금 그 마음의 상태로 감옥에 갔다 온다 할지라도 앞으로의 삶의 형편이 달라지지 않을 것이다.

왜냐하면 문제는 돈의 문제가 아니기 때문이다. 지금은 온통 그것이 문제의 전부같이 보이겠지만 말이다.

그리고 술을 끊었다고 하는데, 이 모든 문제가 술로 인해 생긴 결과이긴 하지만 술을 먹게 된 동기는 여전히 남아 있다. 그런 상태라면 지금은 술을 먹을 형편이 못되어서 먹지 못할 뿐이고, 돈이 없어 안 먹고 있을 뿐이지 눈에 보이는 문제가 해결되면 또다시 술을 마시게 될 가능성이 더 많다.

이런 문제에 대해 구체적으로 해결방법을 제시할 수는 없을 것이다.

그러나 이제라도 자신이 신앙적으로 바로 서기만 하면 하나님께서 놀라운 일을 시작하실 것이라는 점만은 확실하다.

먼저 아내와 자식들과 함께 의논하는 것이 좋다.

그리고 솔직하게 말해야 한다. 도와달라고 말이다. 그리고 교회에서나 이웃들 앞에서도 자존심 내려놓고, 있는 모습 그대로 보이려는 용기를 내야 한다. 부끄러워하지 말고 말이다.

뭔가 숨기고 덮으려고 하는 모든 일들이 자꾸 자신을 더 피곤하게 만들어버린 주범이라는 점을 알아야 한다. 교회에서도 자꾸 자신을 감추려는 것 때문에 힘들게 되고, 그것 때문에 하나님의 은혜와 멀어지게 되는 것이다. 그 증거 중 하나가 섬기는 교회의 목사님께도 숨기고자 하는 자존심 때문에 상담을 못하고 있는 것이고 말이다.

포기할 것을 포기해 버리면 자유를 얻게 된다. 가리고 있던 것을 다 벗어버리고 그동안 사람들에게 숨기고 있던 것을 다 보여주고 나면 새로운 삶이 시작되고, 새로운 자신감이 생길 것이다. 이제 못할 일이 없다는 자신감 말이다.

왜냐하면 이제 더 내려가려야 내려 갈 곳이 없어져 버렸기 때문이다.

그리스도인에게는 결코 문제가 문제될 수 없다. 왜냐하면 하나님이 그와 함께 계시기 때문이다.

"여호와는 죽이기도 하시고 살리기도 하시며 스올에 내리게도 하시고 거기에서 올리기도 하시는도다 여호와는 가난하게도 하시고 부하게도 하시며 낮추기도 하시고 높이시기도 하시는도다 가난한 자를 진토에서 일으키시며 빈궁한 자를 거름더미에서 올리사 귀족들과 함께 앉게 하시며 영광의 자리를 차지하게 하시는도다 땅의 기둥들은 여호와의 것이라 여호와께서 세계를 그것들 위에 세우셨도다" _삼상 2:6-8

그리스도인은 문제를 해결하는 방법에 있어서 사람의 방법이 아닌 하나님의 방법을 전적으로 의지해야 한다. 그런데 하나님을 전적으로 의지한다는 것은, 내가 하나님 앞에서 벌거벗고 선다는 뜻이다.

그리고 이를 위한 신앙고백은 나의 자존심을 내려놓고 가장 말하기 싫은, 죽어도 머리 숙이기 싫은 그 사람 앞에서도 낮아지는 것이다. 그런 사람이 있다면 지금 찾아가야 하고, 지금 용서를 빌어야 하고, 지금 도움을 요청해야 한다. 만일 거절당한다 해도 마땅한 것이라 생각하고 원망하거나, 자책하거나, 창피해 하지 말아야 한다.

바로 이런 단계에까지 내려갈 수 있다면 기적을 보게 될 것이다. 왜냐하면 그것이 전심으로 하나님을 의지하는 행위가 되기 때문이다.

그리고 전심으로 하나님 앞에서 회개해야 한다. 뉘우침이 아닌 회개 말이다. 말과 행동과 마음가짐과 생각에 이르는 언행심사 전반에서의 회개가 있어야 한다.

회개란 뉘우치는 것이 아니라 하나님께 용서를 구하고 '돌이키는 것'이다. 술을 끊는 것도 회개이겠지만, 그 술을 먹을 수밖에 없었던 자신의 교만과 자존심을 내려놓는 것은 더 중요한 회개라는 점을 알아야 할 것이다.

7. 제 아내가 다니는 교회가 이상해요

Q "제 아내는 청년 시절부터 거의 흔들림 없이 아주 열심히 신앙생활을 해오고 있습니다.

그런데 얼마 전부터 어떤 전도를 강조하는 교회에 관심을 갖더니, 보물을 찾은 양 빠져 들어가는 것 같습니다. 그러면서 율법이 어떻고 복음이 어떻고 하면서 기성교회에 대해 불평을 늘어놓는 일이 많아졌습니다.

그래서 지금까지 우리가 교회를 통해 배워온 말씀 안에서 듣고 아는 일과 실천하는 일에 밸런스를 맞추라고 권유하고 있지만, 시간만 되면 사라지고 있습니다.

그 교회도 괜찮은 곳인가요?

아내의 마음을 돌리려고 한두 번 따라가 보긴 했습니다만 저로서는 잘 모르겠습니다."

A 요즈음 같이 이단으로 인한 문제로 교회들이 몸살을 앓고 있는 때도 없을 것이다. 그래서 교회마다 대책을 세우느라 고심하고 있으며, 범 교단적으로 이단 대책위가 세워져 활동을 하고 있지만 이단으로 인해 어려움을 겪는 교회들이 점점 많아지고 있다.

어떻게 이단인지 아닌지를 분별할 수 있을까?

현재 웬만한 이단들은 이미 다 알려져 있고, 또 연구되어 여러 대책들이 구체적으로 제시되어 있으므로 각 교회에서 주는 지침을 따르면 될 것이지만, 삼가 조심하고 주의해야 할 점 한 가지가 상담해 오신 분의 글에 나와 있다.

기성교회에 대한 비판

전도는 주님의 지상명령이다. 전도 열심히 하자는데 누가 반대할 것이며, 그것을 강조하고 가르치는 교회가 잘못일리가 없다.

그러나 문제는 기성교회를 부정하는 일이다. 무슨 이유를 들던지 간에 기성교회 자체를 부인하고 자기 교회만 옳다고 주장하는 행위는 전형적인 이단들의 모습이다.

지상교회는 완전하지 않다. 각 교회마다 약한 부분이 있고, 또 교회에 따라 목회자에 따라 강조점과 장점이 있을 수 있지만 지상의 그 어느 교회도 완벽하기 때문에 교회가 되는 것은 아니다. 죄인들이 모인 곳이니까 말이다.

기성교회를 비판하는 그 교회는 완벽하겠는가? 벌써 기성교회를 비판하고 자기 교회만 옳다고 주장한다는 자체가 완전하지 못하다는 증거다. 그 교회는 죄인이 없다고 주장하는 것과 같기 때문이다.

완벽한 교회는 천국에 가서 보게 될 것이다. 그러나 지상에는 없다. 그러므로 모든 것에 앞서 기성교회를 부정하고 부인하면 일단 문제가 있다고 보아야 한다.

생각해보라.

기성교회를 부정하고 뛰쳐나가 자기들만의 교회를 세운 그분들은 도대체 복음을 어디에서 받았는가? 그들이 비판하고 부인하는 그 기성교회를 통해서 복음을 받았고 예수 그리스도를 만났다. 만일 기성교회가 없었으면 그들도 복음을 받지 못했을 것이다.

교회는 교회마다 약점이 있을 수 있지만 그럼에도 불구하고 그 교회로 말미암아 오늘도 구원의 역사가 이루어지고 있으며, 그들이 비판하는 그 교회들로 말미암아 전 세계에 선교사가 파송되어 땅 끝까지 복음을 전하라는 주님의 지상명령이 지켜지고 있으며, 재난이 일어나는 세계 곳곳에 그들이 비판하는 그 기성교회들의 교인들을 통해 주님의 사랑이 전해지고 있다.

기성교회를 제외한 자기들만 참 교회라면, 이 엄청난 하나님의 사랑과 복음의 열매를 자기들 교회가 다 감당할 수 있다는 말인가? 그들이 그런 엉뚱한 소리를 하며 교회로 모일 수 있는 바탕도 바로 기성교회다.

그리고 기성교회를 부인하는 것 하나만으로도 능히 짐작할 수 있는 것은 그 교회의 지도자다.

수백 수천 년 교회 역사를 통해, 그 수많은 경건한 신학자들과 믿음의 사람들에 의해 해석되고, 경험되고, 검증되어지고 집대성된 전통적인 복음의 말씀을 가르치고 있는 기성교회가 틀렸고, 자기가 가르치는 것이 옳다고 하는 자체가 얼마나 위험한 사람인가?

시대 시대마다 전통적인 기성교회가 틀렸다고 하는 이단들이 출현했다가 잠시 후 다 사라져 버렸지만, 그 기성교회는 오늘도 여전히 복음을 전하고 있고, 그로 말미암아 예수 믿어 구원받는 역사가 일어나고 있다. 그리고 이제 곧 주님 재림하실 것이고 말이다.

기성교회를 비판하는 자들을 조심하라.

그리고 교회 밖에서의 성경공부나 신앙상담은, 대부분의 이단들이 쓰는 미혹의 방법임으로 극히 위험하다는 것을 명심해야 할 것이다.

8. 남편이 미워요

Q "목사님이 시무하시는 교회의 교인도 아닌데 죄송합니다. 가정적인 일이라 남에게 드러내놓고 말할 수 없어서 이렇게 익명의 글로 도움을 요청해 봅니다.

저는 남편이 너무 밉습니다. 결혼한 지 10년째이며 아들 딸 낳아 사는, 남들이 보면 부러울 것 없는 가정을 이루어 살고 있습니다.

시댁 집안도 가난하고, 남편도 그다지 내세울 것이 없는 환경이었지만, 직장생활 하다 만났고 평소 제가 사람들을 쉽게 좋아하는 스타일이어서 연애로 사귀게 되었습니다. 그것도 시댁의 심한 반대로 어렵게 결혼을 했습니다.

맞벌이로 시작한 결혼생활은 처음부터 너무 힘들었습니다.

회사 일과 집안 일로 힘든 저에게 남편은 심한 잔소리로 괴롭혔고, 잦은 술주정에 때로는 구타까지 서슴지 않았습니다. 남편뿐만 아니라 시댁 식구들에게도 많이 당했습니다.

처음부터 이렇게 시작하여 지금에 이르렀는데…. 지금은 남편의 술주정은 거의 없어졌고, 시댁 식구들은 저의 노력으로 별 충돌 없이 지내고 있습니다. 제가 거의 하자는 대로 다 맞춰주고 살기 때문입니다.

남편의 성격이 부정적이고, 집안일과 아이들 문제에 소홀한 점 등 불만사항은 많지만, 문제는 그것보다 저의 마음속에 있는 남편에 대한 미움이 너무 가득하다는 점입니다.

그러다보니 일상적인 문제로 다투는 횟수가 점점 늘게 되었습니다.

저희는 성격이 극과 극으로 맞지 않습니다. 생각하는 것도 그렇고, 하다못해 우연히 생기는 일도 너무나 안 맞습니다. 이렇게 사는 것이 너무 괴롭고, 그러다보니 우울증까지 생겼습니다.

아이들도 다 귀찮아졌습니다. 저는 성격이 좀 예민하고, 완벽하게 하려는 경향이 있으며, 뭐든 열심히 하는 성격입니다. 그런데 아이들이 자라자 저는 요즘 자아상실감을 많이 느끼고 있습니다.

정말 잘 나가던 결혼 전 시절이 자꾸 그립고, 결혼하면서 내 인생이 다 망가졌다는 생각이 자꾸 듭니다. 지금이라도 뭔가 내 일을 시작하고 싶지만, 부정적인 남편은 하다못해 저의 취미생활까지 방해합니다. 결혼 후 지금까지 어떤 종류든지 내가 뭘 하려고 했을 때 긍정적인 답을 받았던 적이 단 한 번도 없었습니다.

재작년에 자격증 시험을 대비하여 열 달 정도 공부한 일이 있는데, 집안일이나 아이들에게 전혀 지장을 주지 않았음에도 불구하고 온갖 빈정거림과 구박을 다 받았습니다. 쉴 새 없이 구속하고, 잠깐 외출 시에도 감시하는 통에 숨이 막힐 것 같았습니다.

이제 남편이 미워서 견딜 수가 없습니다. 남편이 집에 들어올 시간이 되면 더 우울해지고, 남편 때문에 이제 시댁도 너무 싫지만 겉으로는 잘합니다.

이것이 남편에게서보다 내게 문제가 더 있다는 것을 압니다. 그러나 해결할 방법이 없습니다. 아니 해결하고 싶지도 않습니다. 지금이라도 남편만 없으면 잘 살 것 같은 생각이 듭니다. 그래서 이혼을 간절히 바라는 바이지만 망설여집니다. 어릴 적부터 친정 부모님의 별거생활의 어려움을 보아왔기 때문입니다. 특히 아이들 때문에…….

그러나 아이들에게 날마다 싸우는 모습과 정신적으로 패닉상태로 살아가는 저의 모습을 보여주는 것보다는 차라리 이혼하는 것이 다 낫지 않을까 생각이 됩니다. 어떻게 해야 할까요?"

A 겉으로는 문제가 없는 것 같이, 태연한 척하고 살지만 마음으로는 날마다 이혼을 생각하며 살아야 하는 삶의 고통을 어떻게 말로 표현할 수 있겠는가?

그러고 보면 지난 10년을 잘도 버텨왔다. 거기다가 온갖 노력과 인내로 시댁 식구들과의 관계도 원만하게 만들었고, 남편의 술주정과 같은 문제도 고쳐놓을 만큼 지혜롭게 살아왔다.

그래서 남편이 볼 때는, 아니 시댁 식구들이나 주위에서 볼 때 전혀 문제없는 성실한 아내요, 며느리요, 현숙한 주부다. 그럼에도 불구하고 정작 자신의 속은 썩어가고, 마음은 천리만리 도망가고 싶지만 육체는 붙들려 꼼짝을 못하고 있으니 그 답답함은 새장에 갇힌 새와 다를 바 없다고 할 것이다.

그래서 이런 삶에서 빨리 벗어나고 싶은 마음 때문에 하루하루의 삶이, 한 시간 한 시간이 괴롭고 길게만 느껴진다면 이보다 더 심각하고 힘들고 비참한 삶이 어디에 있겠는가?

문제로 따지자면 바로 남편이 문제다.

성격도 극과 극으로 맞지 않고, 취미도 맞지 않고, 가치관도 맞지 않고, 생각하는 것조차 다르니 대화가 제대로 되겠는가? 묻는 말에 서로 대답이야 하고 살지만, 잘 나갔던 처녀 때 생각을 하면 지금의 신세가 한심하고, 이런 결혼생활일 줄 알았다면 차라리 혼자 사는 것이 훨씬 나았을 것이라고 생각될 것이다.

여기에서 생각해 보자.

이미 스스로 남편보다는 자기 자신에게 문제가 있다고 했다. 그렇다면 자신이 가진 문제가 어떤 문제일까? 사실 스스로 이미 진단을 잘했고, 그래서 잘 참아 온 것이다.

정말 용기를 내서 '에라, 이렇게 살 바에야 이혼해서 마음 편히 살자!'하고 남편과의 관계를 진작 끝내버렸다면 그 결과가 어떻게 되었을까? 생각처럼 그렇게 마음 편히 살고 있을까?

인생은 단순하지 않다. 세상이 아주 복잡하고 가시와 엉겅퀴는 가는 곳마다 있다.

직장생활을 할 능력이 있으니까 먹고 사는 문제는 걱정 없다고 하자. 경제 문제 해결되고, 매여서 살지 않고, 시중들며 살지 않고, 혼자서 하고 싶은 대로 하고, 가고 싶은 데 갈 수 있는 삶을 살게 되면 굉장히 자유로울 것 같지만 그렇지만은 않다는 것이다.

더 나아가서 한 남자에게 매여 살지 않고, 훨훨 날아서 자유롭게 살 것 같지만 그것만은 아니라는 점이다. 오히려 더 매여 살게 될 수 있다.

왜냐하면 세상이 가만히 두지를 않기 때문이다. 그 누군가에게 또 매이고, 무언가에 매이고, 생각지도 못한 올무에 묶이게 되기 때문이다.

그리스도인인가?

그렇다면 우리는 하나님의 섭리를 믿는다. 우연은 없다. 어쩌다 직장생활 하다가 젊은 기분에 만나 결혼하다 보니 여기까지 왔다고 생각할지 모르지만, 그건 불신자들이 하는 생각이다.

주님은 "하나님이 짝지어 주신 것을 사람이 나누지 못할지라"(막 10:9)라고 하셨다.

그러므로 사람이 나눌 수 없다. 나 자신도 사람이기에 내 마음대로 나눌 수 없는 것이다. 헤어질 수야 있을 것이다. 그러나 하나님이 싫어하시는 일을 하고서야 어떻게 잘 되기를 바라겠는가?

생각이 문제다

그런데 자세히 들여다보면 특별한 문제가 없다. 본인으로서는 하루하루가 지옥 같은 삶이기에 가장 절실한 문제요, 심각하고도 시급한 문제라고 생각되겠지만, 그러나 문제를 따지면 문제가 없다. 그 정도의 문제가 없는 가정이 얼마나 되겠는가?

남편과의 성격이 극과 극이라고 했는데, 실상 부부가 성격이 같으면 오히려 더 문제가 된다. 부부는 성격이 달라야 한다. 성격이 다르지만 조화를 이루고 맞추어 사는 것이 부부다. 남이 볼 때는 궁합이 딱 맞는다고들 하고 성격이 어떻게 그렇게 잘 맞느냐고 하지만, 실상은 성격이 맞아서가 아니라 성격은 다르지만 잘 맞추니까 깍지 낀 손과 같이 더 단단해지는 것일 뿐인 것이다.

그러므로 지금 심각한 문제는 바로 "생각"이다. 생각이 지금 자신을 죽이고 있는 것이다. 생각이 불행의 웅덩이로 밀어 넣고 있다는 말이다.

언젠가 모 일간지에 연재되었던 '광수생각'이라는 만화 칼럼에 나온 내용이다.

어떤 친구가 자기 친구에게 말하기를

"요새 여자와 교제한다며?"

"그래, 교제하지."

"그런데 그 여자가 부탁해서 술을 끊었다며?"

"아, 끊었어. 자꾸 끊으라고 해서 끊었지!"

또 다른 친구가 묻는다.

"아, 자네, 그 좋아하던 도박도 끊었다며?"

"그래, 지금 교제하는 여자가 도박하지 않는 게 좋겠다고 해서 그 사람을 위해 끊었지."

또 한 사람이

"자네 요새 담배도 끊었다며?"

"그래, 사랑하는 그 여자가 담배 피우지 말라고 해서 담배도 끊었어."

그 다음 친구가 이렇게 묻는다.

"자네, 그러면 왜 그 여자하고 결혼하지 않는가?"

그때 이렇게 대답한다.

"내가 이렇게 끊을 것 다 끊고 착한 사람이 되고 보니까 내가 꽤 괜찮은 놈이더란 말이야. 이제 와서 가만히 생각해 보니까 지금 그 여자보다 더 좋은 여자를 만날 것 같아서 결혼하지 않고 있는 거네!…"

이런 내용이었다.

이렇게 생각해야 한다. 지금 남편보다 더 좋은 남자는 이 세상에 단한 명도 없다. 내 이상에 딱 맞는 남자를 만나면 그 남자가 날 무시할것이다. 뭐가 모자르다느니, 교양이 어떻고, 표정이나 말투가 고상하지 못하다고 하면서 말이다.

차라리 혼자 사는 게 나을 것 같다는 생각을 하지만, 당분간은 시원할 수도 있을 것이다. 그러나 그건 휴가나 여행과 같은 것이다.

외국 여행이라도 떠나보라. 모든 것 다 잊어버리고 훨훨 나는 기분으로 관광을 하노라면 속이 다 시원해질 것이다. 그러나 관광이 즐거움이 될 수 있는 이유는 돌아갈 가정이 있기 때문이다. 가정이 없으면 관광은 더 이상 관광일 수 없는 것이다.

생각이 문제다.

남편이 자꾸 나하고 맞지 않는다고 생각하면 할수록 점점 더 삶은 곤고해질 것이다. 내게 짐이라고 생각하면 할수록 점점 더 무겁게 느껴지게 될 것이고, 그 짐 때문에 걸을 수도 없게 될 것이다.

어느 선교사님이 아프리카 어느 지역에 갔더니, 동네 앞에 개울이 흐르고 있었다.

그 동네 사람들이 개울을 건널 때 돌을 하나씩 머리에 이든지 어깨에 메고는 끙끙대며 힘들게 건너는 것이었다. 그냥 건너기도 힘든데 왜 그렇게 무거운 돌덩어리를 이고 지고 건너느냐고 물었더니, 개울 물살이 급해서 무거운 돌을 들지 않으면 물에 휩쓸려 떠내려가기 때문이라고 했다.

축복과 은혜의 짐

옳은 말이다.

남편이나 아내나 자식은 때로는 내게 짐이 된다. 그러나 짐은 짐이로되 내 인생이 쓸데없는 곳으로 떠내려가지 않도록 붙잡아주는 보석과 같은 짐인 것이다. 다만 짐으로 생각하는 사람은 지옥 같은 삶을 살 것이요, 은혜로 생각하는 사람은 감사하면서 살게 될 것이다.

취미가 맞지 않는다고 했다. 정말 취미의 문제일까? 아닐 것이다. 사람이 미우면 그가 하는 모든 행동이 다 싫어지는 법이다. 그러나 좋아하는 사람이 하는 일은 어떤 짓을 해도 멋있게 보인다. 실제로 함께 해 보면 나하고 맞지 않는데도 말이다.

물론 근본적으로 취미나 취향이 다를 수 있다. 그러나 비싼 돈 주고 여행할 때 입에 맞는 음식도 있고, 어떤 곳에 가면 희한하고 괴상한 음식을 만날 때도 있다. 그러나 그런 음식을 즐길 수 있는 것은 내 마음이 허락하기 때문이다. 웃으면서 깔깔대면서 "세상에 이런 음식이 다 있냐?" 하면서 말이다.

성경은 인생을 '나그네 인생'이라고 했다.

이 세상의 삶은 여행길에 불과한 것이다. 정착지가 아니라는 말이다.

우리가 지금 여행을 하고 있는데 즐겨야 하지 않겠는가! 남편이 있기에 여행길이 안전할 수 있고, 내 곁에 있다는 것만으로 쓸데없는 파리(?)들이 달려들지 않는다.

생각을 바꾸는 것이 중요하다.

그래도 내 남편만한 사람이 없다고 생각을 해보라. 그리고 그게 사실이다. 외출을 한 번 해도 어디 갔다 왔느냐고 꼬치꼬치 묻는 것도 내 남편이 아니라면 아무도 물어줄 사람이 없다. 만일 어디 갔다 왔는데도 아무 관심도 없다면 그건 더 문제가 아니겠는가? 이것을 간섭이라고 생각하고 못살게 구는 쪽으로 생각하면 남편이 의처증 환자가 되고 정신적으로 불안정한 사람이 되고 마는 것이다.

그런데 사실 남편이 그렇게 하는 것은 어쩌면 당연한 일일 것이다. 왜냐하면 지금 아내의 마음이 그토록 남편을 증오하고 마음이 멀어져 있고, 할 수만 있으면 멀리 도망갔으면 좋겠다고 생각하고 있으니…. 인간이 짐승이 아닌 영물인데 아내의 마음이 멀어져 있다는 것을 왜 느끼지 못하겠는가! 가까이 가려면 가려할수록 더 멀어져 가는 아내를 바라보는 남편의 마음이 오죽 불안하겠는가? 그래서 남편도 점점 더 소심해져 가는 것이다.

행복은 선택이다

생각을 바꾸라.

세상에 별 사람 없다고 말이다. 내 이상에 꼭 맞는 남자란 없다. 오히려 그런 남자 만나면 정말 고생할 것이다. 왜냐하면 그 남자는 자기 이상에 맞는 여자 생각만 할 것이기 때문이다.

지금 있는 그 자리에서 멋지게 살아야 한다. 나와 생각도, 취미도, 방향도 맞지 않기 때문에 재미있게 살려고 해도 안 된다고? 모처럼 분위기 좀 살려보려고 제안을 하면 단번에 판을 깨어버리는가?

그럴 때는 남편의 취미대로 즐기라는 것이다. 내 수준에 맞지 않더라도 말이다. 같이 즐기려고 하면 즐길 수 있는 것이다. 하다못해 우리가 자식하고 놀면서 전혀 수준이 맞지 않는 놀이를 해도 얼마나 즐거운데…….

그러다 보면 남편의 마음이 편안해지고, 행복해지고, 은혜로워지게 될 것이고 모든 것이 변할 것이다.

무엇보다도 부부는 믿음 안에서 살아야 한다. 말씀이 기준이 안 되면 자기 생각이 인생의 기준이 되기 마련이다. 그러면 반드시 불행해진다. 그러나 하나님의 말씀의 교훈을 따라 '내가 존재하는 이유는 첫째가 하나님의 영광을 위하여, 그리고 당신을 위하여!' 이렇게 서로가 말씀에 맞추고, 믿음으로 서로를 세워주는 것이 부부다.

부부는 반드시 행복해야 한다. 남이 뭐라고 하든 내 가정 내가 지켜야 한다.

친구들을 만나서 이런 저런 얘기 하는 것도 조심해야 한다. 여기에 함정이 있기 때문이다. 모여서 '넌 왜 그렇게 사느냐?'는 말들에 영향을 받으면 안 된다. 그들이 내 가정, 내 행복 지켜주는 것이 아니다.

내 가정, 내 행복은 내가 지켜야 한다.

헤어지는 것이 더 낫지 않을까 하는 생각은 버리고, 지금 있는 그 자리에서 행복을 만드는 것이 훨씬 더 쉬운 일이라는 점을 잊지 말아야 한다. 인생이 그렇게 길지 않기 때문이다.

잠시 후에 황혼의 그림자가 바로 내 앞에 드리워지게 될 것이다. 따지고 보면 내 인생을 다시 재정비하여 새롭게 출발할 시간이 없다. 벌써 반 이상이나 왔다. 되돌아갈 만한 여유 있는 인생이 아니다.

전도서에서는 이렇게 말씀한다.

"내 헛된 평생의 모든 날 곧 하나님이 해 아래에서 네게 주신 모든 헛된 날에 네가 사랑하는 아내와 함께 즐겁게 살지어다 그것이 네가 평생에 해 아래에서 수고하고 얻은 네 몫이니라"_전 9:9

생각만 바꾸면 행복하게 살 수 있다.

9. 가정을 바로 세운 후 교회 출석하면 안 되나요?

Q "저는 믿음 안에서 가장 소중한 것이 가정이라고 생각합니다. 그러나 또 한 편으로는 '주님의 몸 된 교회가 우선이어야 하는데…' 라는 생각 때문에 갈등하기도 합니다.

한 남자의 아내, 그리고 아이들의 엄마로서의 역할도 제대로 못하고, 가정 때문에 교회출석도 제대로 못하는, 이것도 저것도 아닌 삶 같이 느껴지기도 합니다.

목사님, 한 알의 밀알이 떨어지면 많은 열매를 맺는다고 했는데, 저의 밀알은 저희 가정에 떨어진 것 같아요. 이것이 잘못된 신앙인지 궁금합니다.

주일날 교회에 출석하지 못할 때는 찬양으로 위로를 받으며, 집안을 맴돌면서 기도와 묵상의 시간을 보냅니다.

제 마음속에는 언제나 "남편을 구원해서 가정예배도 드리고, 온 가족이 넘치는 사랑으로 함께 주의 전에 나가기를 원합니다. 주님, 도와 주세요! 전 약하여 할 수 없는 일이 너무 많아요" 이렇게 기도하며, 또 가슴앓이를 합니다.

천국, 혼자 갈 수 없잖아요!

남편은 무엇이 바른 삶인지 깨닫지 못하고, 직업상 소돔과 고모라 같은 세계를 살아가고 있습니다.

저에게는 늘 "보이지 않는 하나님은 믿으면서 옆에 있는 남편은 왜 믿지 못하느냐?"고 트집을 잡곤 합니다.

믿음 없는 남편을 사랑한 죄라 생각하며, 기도하면서 저의 행동에 대한 남편의 방해와 구속은 가정의 평화와 사랑하는 아이들과 남편을 위해 기꺼이 받아들이는 편입니다.

이 세상에서도 천국을 느껴야 믿음의 열매가 맺힌다고들 하는데, 저는 현재 천국을 이루지도 느끼지도 못합니다. 그렇다고 지옥도 아닙니다. 다만 영적 긴장감이 있을 뿐입니다. 아직 믿음의 진보는 없지만, 결실을 맺기 위한 과정이라 굳게 믿고 있습니다.

교회를 생각하면 마음이 아플 때가 많습니다.

"교회에 나와 열심히 기도하면 하나님께서 응답해 주실 텐데, 왜 집에만 있느냐?"고 책망하시는 분도 계십니다.

그러나 저는 잠에서 일어나기 전부터 찬양을 들으며 일어납니다. 하루 온종일 수시로 기도합니다. 가난해서 예물을 많이 드리지도 못하고, 아직 남편을 구원하지도 못해서 부끄럽지만, 하나님의 동행하심은 확신하며 살아가고 있습니다.

현재 저의 생각은 이렇습니다.

남편이 때가 되어 하나님의 부르심을 느낄 수 있을 때까지 더욱더 현숙한 아내가 되어, 남편이 스스로 삶을 바꿀 수 있도록 끊임없이 기도할 수밖에 없다고 생각해요.

저 스스로 주일 성수를 원하면서도 지키지 못하는 아픔을 가지고 있는데, 이를 질책하기 위해 저를 만나러 오는 분들과 대화하는 것도 이제 부담스럽습니다.

제가 거의 집에서 생활하는 저의 모습이 답답하다고들 합니다. 그러나 저는 이런 저의 생활방식 때문에 저의 가족들이 쉼을 얻는다는 생각에 감사하고 있는데 말예요.

저의 생각이 잘못된 건가요?

전 꼭 천국에 갈 건데요, 제 사랑하는 가족들과 같이 가고 싶습니다. 지금 저의 삶이 잘못된 것이라면 깨우쳐 주세요.

저는 여자로서, 아내로서, 엄마로서도 부족하기에 하나님 말씀의 지혜로 저의 가정에 구원의 등불을 켜고 싶습니다. 현재 제 삶 속에서 어떻게 처신하는 것이 향기로울지 꼭 가르쳐 주세요."

Ⓐ 교회 출석은 못하고 있지만, 주일이 되면 집에서 찬송으로 위로를 받으며 속히 모든 식구들이 교회 출석하는 날이 오기를 기도한다는 사연이다.

참 특별한 분이다.

여러 가지 신앙생활에 대한 어려움과 괴로움을, 가정 구원을 위한 한 알의 밀알로 여기며 참아내고 있다는 점과, 그런 삶에 대해 만족하며 감사하고 당연시 여기면서 산다는 것이 말이다.

그런데 문제는, 많은 믿음의 사람들이 '그렇게 살면 안 된다. 왜 주일날 교회에 출석을 하지 않는가? 혼자서 집에서만 찬송하고 기도한다고 되는 일이냐? 그게 신앙생활이냐? 그렇게 답답하게 살지 말라!'는 질책들을 하는 것이 부담이 된다는 것이다.

자신은 이유가 있어서 그렇게 사는 것이고, 그것이 잘못된 삶이 아니라 남편과 가족을 전도하고 구원하기 위한 지혜로운 처신이라고 생각하는데, 그리고 그런 생활에 만족하고 있는데 정말 자신의 삶이 잘못된 것인지, 고쳐야 할 부분이 있다면 무엇인지를 묻고 있는 것이다.

그리스도인이 가정을 귀하게 여기는 것은 지극히 성경적이다. 예수 믿고 신앙생활 잘한다고 하면서 가정생활에 등한이 하고, 잘 돌아보지 않는 것은 잘못된 일이다.

물론 주의 일과 교회를 위해, 때로는 가정보다 교회를 우선해야 할 경우가 많이 있다. 그러나 그렇다고 해서 가정에서의 의무를 등한히 해서는 안 된다. 왜냐하면 가정은 하나님께서 세우신 제도요, 하나님은 가정을 통해서 교회를 세우시기 때문이다.

불신결혼을 했기에, 믿음의 사람으로서 받아야 할 괴로움은 달게 받겠다는 마음으로 가정 구원을 위해 한 알의 밀알이 되어 썩는 역할을 하겠다는 결심과 믿음은 참으로 귀하다고 할 것이다. 그 믿음으로 온 가족이 다 구원받게 될 줄로 확신한다.

그러나 또한 분명하고도 더 중요한 것은 그리스도인의 모든 삶은 교회 중심이어야 한다는 점이다. 주님께서 그리스도인의 신앙고백 위에 교회를 세우셨기 때문이다.

"시몬 베드로가 대답하여 이르되 주는 그리스도시오 살아계신 하나님의 아들이시니이다 예수께서 대답하여 이르시되 바요나 시몬아 네가 복이 있도다 이를 네게 알게 한 이는 혈육이 아니요 하늘에 계신 내 아버지시니라 또 내가 네게 이르노니 너는 베드로라 내가 이 반석 위에 내 교회를 세우리니 음부의 권세가 이기지 못하리라 내가 천국 열쇠를 네게 주리니 네가 땅에서 무엇이든지 매면 하늘에서도 매일 것이요 네가 땅에서 무엇이든지 풀면 하늘에서도 풀리리라"_마 16:16-19

가정의 화목을 깨뜨리지 않고 복음을 전하기 위한 노력은 정말 귀한 일이다. 성경대로 현숙한 아내의 역할을 하면서 열심히 기도할 때 하나님께서 남편의 마음을 움직여 믿음을 부어 주실 것이다.

그런데 지금까지 믿고 기도해온 내용이 '남편이 하나님의 부르심에 응답할 때까지 현숙한 아내의 역할을 잘하며 기도하겠다'는 내용이다.

그런데 언제까지 기도만 하고 있을 것인가? 남편 스스로 모든 것을 정리하고 '이제 교회 나가자'하고 나서기를 기다리겠다는 것인가?

이제 믿는 바를 행함으로

믿음이란 기도한 후 믿고 행하는 삶이 따를 때 비로소 믿음이 믿음일 수 있는 것이다. 믿음의 기도란 '하나님께서 내 기도를 들어 주셨다'는 확신과 함께 '그 믿음대로 행하는 삶이 따라야' 한다는 말이다.

그래서 가족의 교회 출석을 위해 헌신적으로 기도했다면, 또한 교회 출석을 위한 삶에서의 헌신도 있어야 한다.

"그러므로 내가 너희에게 말하노니 무엇이든지 기도하고 구하는 것은 받은 줄로 믿으라 그리하면 너희에게 그대로 되리라" _막 11:24

"오직 믿음으로 구하고 조금도 의심하지 말라 의심하는 자는 마치 바람에 밀려 요동하는 바다 물결 같으니" _약 1:6

남편 스스로 돌이켜 '교회 가자!'라고 할 때까지 기다릴 것이 아니라, 이제 응답하신 줄로 믿고 교회 출석을 위해 행동을 취해야 할 때가 되었다는 말이다.

남편에게 '주일날 예배에 참석하자'고 권면하는 일을 두려워하지 말아야 한다. 마귀 사탄과 전쟁하듯이 적정하고 담판을 지으라는 뜻이 아니다. 오히려 가장 자연스럽게 성령님의 역사하심을 믿고, 남편의 기분이 좋을 때 한마디씩 툭툭 던지는 말이 필요하다. "나는 참 행복해요. 그런데 이제 당신과 함께 주일날 교회에 예배드리러 갈 수만 있다면 더 소원이 없을 텐데…." 그러고는 더 이상 말하지 않아도 된다. "쓸데없는 소리!" 하며 면박을 줘도 그냥 넘기면서 또 기회를 틈타 툭툭 한마디씩 던지면 된다.

그리고 기독교 서점에 가서 가볍게 볼 수 있는 경건 서적이나 잡지를 사서 탁자에 놓아두는 것도 지혜로운 일이다.

기도만 할 것이 아니라 이제 구체적으로 행동이 필요하다는 말이다. 이것이 믿음에 따르는 행함의 신앙고백이기 때문이다.

당장 남편과 함께 나갈 수 없다면 우선 혼자서라도 주일 예배에 참석하기 위한 방법을 구체적으로 강구해야 한다. 남편이 생각하기를 '아내가 주일 예배에 참석하더니 살림살이를 더 잘 하네!' 할 수 있도록 한다면 이것이야 말로 남편 구원을 위한 최고의 헌신일 것이다.

교회에서 예배드리고 돌아와서는 자랑하고, 감사하고, 생기가 돌아 남편이 더 안심할 수 있도록 하고 말이다.

가정을 소중하게 생각하고 또 자신의 삶에서 그리스도의 향기를 뿜어내어 가족을 구원코자 하는 태도는 칭찬받아야 할 일이다. 그리고 이를 위해 지혜롭게 처신하면서 믿음으로 지속적으로 기도하고 있으니 주님께서 그 기도 어찌 응답해 주시지 않겠는가!

다만 이제 용기를 가지고 구체적인 실천 방안을 강구해야 한다. 두려워하지 말고 말이다. 이미 하나님께서 기도는 응답하셨다 할지라도 이제 내가 믿음으로 행할 때 그 응답이 완성되는 것이다.

주위에서 권면하는 믿음의 사람들을 너무 부담스러워 할 필요가 없다.

　오히려 그런 분들에게 구체적으로 기도를 요청할 수 있지 않은가? 중보의 기도는 상상 외로 능력이 있다는 점을 알아야 한다.

　그리고 주일 예배에 참석해서 하나님의 말씀을 받고, 찬송하고 하나님을 경배하는 것은 집에서 혼자 묵상하며, 기도하며, 찬송하는 것과는 비교할 수 없는 은혜가 주어진다는 점을 알아야 한다. 왜냐하면 하나님은 성도들이 함께 모여 예배드리는 것을 가장 기뻐하시기 때문이고, 이것이 신앙고백의 최고봉이기 때문이다.

10. 사업 실패 후 극단적인 생각까지 하게 되네요

Q "요즘 왜 이리도 어려운지 모르겠습니다.

물론 저보다 더 어려운 상황에 처하신 분들이 많겠지만, 너무너무 답답하고 괴로워서 이렇게 목사님께 글이라도 적어보고 싶네요.

결혼한 지 벌써 16년…. 지금까지 아니 앞으로도 계속 아내에게 의지하며 살아야 할지도 모르겠습니다.

결혼 후 남부럽지 않은 직장과 넉넉한 환경 속에서 세상 무서운 줄 모르고 생활하였으나, 직장을 그만두게 되고부터 지금까지 계속 실패 가운데 집안의 가장으로서 아무것도 한 일이 없군요.

얼마 전 사업을 시작하였으나 또다시 어려움을 맞고 보니 정말 아내와 아이들 보기가 미안할 뿐입니다.

주님께 기도하고 매달려보지만 현실이 너무나도 어려워 최근에는 극단적인 생각까지 하게 되었습니다.

정말 어떻게 해야 할지 모르겠습니다.

목사님, 제가 어떻게 해야 합니까? 하루하루가 두렵고 겁이 납니다."

A 결혼한 지 16년이면 중년에 접어든 나이다. 이제 한창 가장으로서의 역할을 해야 할 시기에, 오랫동안 그 역할을 못해 상처 난 자존심으로 인한 자괴감의 고통은 이루 말할 수가 없을 것이다.

직장도 이곳저곳 전전해 보았고, 여러 사업에 손도 많이 대어보았지만 번번이 실패요 남는 것은 좌절과 절망감뿐인데… 아내에게 의지해서 살아가는 삶의 비애를 누가 이해하며 누가 위로해 줄 수 있겠는가?

그런데 이제 여기에서 유추해 볼 수 있는 무서운 현상은, 이 상처 난 자존감이 스스로를 자책하고 자포자기하는 마음을 넘어서 남을 공격하는 것으로 나타나기 쉽다는 점이다. 그것도 숱한 세월동안 가정을 돌보느라 희생적인 삶을 살아온 아내와 철없는 자식들에게 공격적인 태도가 되기 쉽다는 것이다.

아직 이런 단계에까지 이르지 않았기를 바라지만, 가능성은 충분하기에 정말 조심해야 할 부분이다.

바로 여기에서 생각을 적극적으로 바꾸어야 한다.

아마 이쯤 되면 스스로 자신에 대한 신뢰감을 상실하기 쉽다. 즉 '나는 안 된다'는 생각이 무의식 속에 자리를 잡게 된다는 말이다.

그리고 인내심을 상실하기 쉽고 책임감을 잃어버리기 쉽다. 또 실패한다 해도 '아내가 어떻게 해서 먹고 살게 되겠지…' 하는 마음이 무의식 속에 습관이 되어버릴 수 있다는 점이다.

그래서 쉽게 포기하고, 쉽게 직장을 그만 두고, 어렵고 복잡하고 힘든 일에는 쉽게 손을 떼어버리는 습관이 몸에 배기 쉽다. 그리고 이런 자신을 스스로 미워하게 된다. 스스로 자책하며 절망에 빠져버리고 만다. 더 무서운 것은 이것이 공격적으로 나타나서 어떤 사람은 집안 식구들에게 손찌검까지 하게 되고, 더 큰 폭력을 동반하기도 한다.

이렇게 되는 또 하나의 이유는, 너무 욕심을 크게 내기 때문이다. 즉 마음속 깊이 '내가 누군데… 적어도 나는 이 정도는 돼야 해!' 이런 생각이 자기를 지배하고 있을 때이다.

과거에 잘 나가던 때의 자기의 모습이 현실을 보지 못하게 만들어버리는 것이다.

작은 일에 대한 생각을…

나의 존재 가치를 언제 어디에서 찾을 것인가?

지금 '나는 나로서 존재의미를 가진 자'라는 확신이 있어야 한다.

내가 생각하는 만큼 성공하고, 적어도 내가 생각하는 만큼 자리를 잡고, 돈도 내가 원하는 만큼 벌어서 복음과 남을 위해 척척 쓸 수 있는 사람이 되어야만 나의 존재 가치가 있는 것이 아니라는 말이다.

그래서 작은 일에 대한 생각을 바꾸어야 한다. 사람들에게 무시당하고 조롱당할 만한 일이라고 할지라도 작게 보지 않고 그 일을 기쁨으로 할 수 있는 결단이 필요하다.

벌어서 집에 갖다 줄 것이 없어도 괜찮다. 남이야 어떻게 보든, 내가 기쁘게 할 수 있는 일을 택해 보라. 아니 무슨 일이든지 그 일 자체에 기쁨을 가지는 시도와 훈련이 필요하다.

성경에 나오는 달란트 비유가 바로 그 말씀이다.

한 달란트냐, 두 달란트냐, 다섯 달란트냐가 중요한 것이 아니다. 있는 그 자리에서 주어진 일을 기쁨으로 할 수 있어야 한다.

내가 과거 섬기던 교회의 모 집사님은 환경 미화원이셨다. 쓰레기 치우는 직업 말이다.

그런데 그 일을 얼마나 기쁘게 하시던지… 토요일이면 주일을 지키기 위해서 밤중에 나가 미리 다 수거한다. 그리고는 주일날 멋진 모습으로 가족과 함께 교회에 나와 열심히 봉사하시던 분이셨다.

그 일을 얼마나 긍지를 가지고 하시던지, 제가 존경하는 분 중에 한 분이 바로 그분이다.

나는 나의 목사직분과 그분의 미화원직분이 꼭 같다고 생각한다. 기능이 다를 뿐이지 하나님께서 맡겨주신 일의 가치는 꼭 같은 것이다.

그분의 직분이 어떤 직분인지에 상관없이 그 일을 기쁨으로, 인내와 책임과 자긍심을 가지고 하시는 분은 존경받아야 마땅한 사람이다.

작은 일이라도, 지금 할 수 있는 일을 시작해야 한다.

돈 한 푼 벌리지 않는 일이라 할지라도 기쁨으로 할 수 있는 일을 찾아서 시도하는 것이 좋을 것이다.

지금 중요한 일은 돈 버는 일이 아니다. 성공하는 일이 아니다. 집안 식구 먹여 살리는 반듯한 가장이 되는 일보다 더 중요한 일은 자신감과 자존감을 회복하는 일이다. 이것이 바로 신앙이다. 그러면 하나님께서 길을 여실 것이다.

"사랑하는 자여 네 영혼이 잘 됨 같이 네가 범사에 잘 되고 강건하기를 내가 간구하노라" _요삼 3:12

먼저 잘 되어야 할 일이 영혼이다. 신앙이요, 믿음이요, 영적으로 건강하게 잘 되는 일이 우선이다.

포기하지 말고 용기를 내어야 한다.

그런데 진정한 용기는 그 어떤 일에도 부끄러워하지 않는 자존감의 회복에서 나온다. 그래야 미움과 원망과 분노로부터 벗어날 수 있다. 그때서야 비로소 아내를 위로 할 수 있고, 자녀들을 축복하며 안아줄 수 있게 된다. 그것만으로도 식구들에게 큰 선물이 된다.

오해하지 말아야 한다.

지금 식구들이 내게 원하는 것이 성공과 돈이 아니다. 지금 식구들에게 가장 큰 선물은 천만금을 벌어다 주는 것보다, 아버지의 밝은 표정과 웃음과 격려다.

여기에서부터 회복은 시작될 것이다. 이 믿음에서 하나님의 축복이 시작 될 것이고, 막혔던 담이 무너져 내리게 될 것이다. 그래서 지금은 그 무엇보다 진정한 용기가 필요한 때이다.

사람이 죽기를 각오하면 못 할 일이 없다고 하지 않는가? 극단적인 생각까지 한 마당에 이 정도의 신앙적 모험을 하지 못하겠는가!

진정한 대장부는 큰 소리 치는 사람이 아니라, 낮아져서 하나님의 말씀에 순종하는 사람이다.

다윗은 죽기 전에 이런 말을 남겼다.

"내가 이제 세상 모든 사람이 가는 길로 가게 되었노니 너는 힘써 대장부가 되고 네 하나님 여호와의 명령을 지켜 그 길로 행하여 그 법률과 계명과 율례와 증거를 모세의 율법에 기록된 대로 지키라 그리하면 네가 무엇을 하든지 어디로 가든지 형통할지라"_왕상 2:2-3

대장부가 되라. 그러면 형통한 길이 열릴 것이다.

11. 불신 가정에서 믿음을 지키기가 너무 힘들어요

Q "어제 결국 올 것이 오고 말았습니다.

시댁이 시골에서 제사를 지내다 올 9월부로 이곳 큰집에서 제사를 지내고 있습니다. 여느 때와 같이 기도를 하고나서 봉투에 돈을 넣어 제사 음식을 준비하러 갔습니다. 제가 교회 다니는 것을 모든 가족이 알고 있고, 인정하여 주는 것 같았습니다.

시댁 가운데 경제적으로 평탄하게 사는 분은 큰 시누이입니다.

일종의 기도라고 하는데, 시누이만의 기도로 절에 가서 거의 매일 기도를 하고 온답니다. 얼마 전, 7년 동안 아기를 갖지 못했는데 아기를 가져 집안에서는 아무도 믿지 않을 수 없게 되었습니다. 그러나 저에게는 물질은 있지만 현재까지 아기가 없습니다.

명절 때나 행사 때 항상 제가 물질을 낼 수밖에 없습니다. 나머지 가족은 다 출가한 딸들이고, 큰 집은 형편이 어렵기 때문에 결국 항상 모든 모임 때 의례 모든 행사 경비는 제가 지불합니다. 그러면서도 큰소리 한번 내지 못하고 옵니다. 예수 믿는다는 것 때문에 말입니다.

얼마 전까지 계속 굿을 강요하더니 이제 언어적인 폭력으로 힘들게 합니다.

정말 힘듭니다. 남편은 내가 가고 싶으면 교회도 열심히 나가라 했는데, 이번 토요일 이후부터는 저보고 교회출석을 생각해보라고 합니다. 왜냐하면 교회를 계속 다니다가는 시댁과 더 큰 갈등을 빚게 될 것이기 때문이라는 것입니다.

시누이는 꿈을 꾸고 앞날을 예시한다고 하면서 협박입니다.

몇 년 전 남편이 아팠을 때에도 제게 고함을 치며 왜 미리 방지하지 않았느냐고 난동을 부린 적이 있습니다.

남편 수술시 친척들 중 어느 누구의 도움도 없이 저 혼자 수술실 앞에 있었습니다. 그때 저를 도와주신 분들은 마침 병원에 오셨던 교회의 장로님과 집사님들이었습니다. 그때 이후로 저는 교회에 다니게 되었습니다.

남편은 이제 완쾌되었습니다.

그런데 현재 남편의 형님이 꼭 같은 병으로 누워 있습니다. 그들은 수술이 아닌 계속 다른 미신적인 방법으로 치료하려 합니다.

제가 처한 상황에서 무조건 참아내기에는 제 마음과 육체가 너무 힘듭니다. 제가 앞으로 어떻게 대처를 해야 할까요? 기도만이 살길이라 생각하고 어느 때보다 더 많이 하고 있지만… 제 마음이 흔들리지 않아야 할 텐데 말입니다."

A 고립무원孤立無援이라는 말이 있다. 오직 혼자 깜깜한 곳에 갇혀 있는데 아무도 도와줄 사람이 없어 홀로 절망하는 상태를 뜻하는 말이다.

그러나 이 모든 일을 다 알고 보고 계신 전능하신 하나님께서 어떤 방법으로 은혜를 베푸실지 모르지만, 분명한 것은 하나님의 때에 하나님의 방법으로 역사하신다는 점이다.

왜 하나님은 우상숭배와 미신을 섬기는 자가 큰 소리 치는 것을 보고만 계시는 걸까? 왜 우상숭배자는 그가 한 기도의 영험으로 아기를 가졌다고 큰 소리를 치는데, 왜 전능하신 하나님께 기도하는 자에게는 임신하게 해주시지 않는 걸까? 그리고 이만큼 인내하고 믿음을 지키려 애썼으면 이제 신앙생활이 더 편해져야 할 텐데 왜 핍박은 더 심해지고, 이제 교회 나가는 문제까지 어렵게 되는 걸까?

그러나 여기에서 낙심치 말아야 할 이유가 있다.

왜냐하면 역사상 지금까지 이와 같은 경우에 믿음을 지켜 놀라운 기적과 구원의 은혜를 받지 못한 사람이 없기 때문이다.

지금 본인 자신도 모르고 가족들도 모르겠지만, 당신 자신이 그 집안의 축복의 문이요, 가정의 보배라는 사실이다. 믿음으로 조금만 더 견디면 기적과 같은 그 날을 보게 될 것이다.

지금 기도하고 있지 않는가?

기도는 절대로 헛되지 않는다. 나의 신음소리까지 다 듣고 계시는 무소부재하신 하나님께서 때가 되면 응답하실 것이다. 그래서 주님께서 "기도하다가 낙심하지 말라"고 하신 것이다.(눅 18:1-8)

기도는 꼭 응답된다.

견디기 힘들 때마다 욥의 고백을 기억할 것이다. 인간으로서는 감당하기 어려운 고난을 만난 욥이 얼마나 힘들었겠는가는 차치하고, 욥의 더 큰 고통은 하나님께서 자신의 기도를 듣지 않으시고, 자신을 버리신 것 같이 느껴지는 영적인 절망감 때문이었다. 그래서 욥이 이렇게 탄식한다.

"내가 앞으로 가도 그가 아니 계시고, 뒤로 가도 보이지 아니하며 그가 왼쪽에서 일하시나 내가 만날 수 없고 그가 오른쪽으로 돌이키시나 뵈올 수 없구나" _욥 23:10

그렇게도 기도하며 찾고 응답해 주실 하나님을 바라보지만 보이지가 않더라는 것이다. 욥의 친구들이 얼마나 욥을 조롱하며 정죄하고 빈정거렸는지 모른다. 그러나 욥은 이렇게 선포한다.

"그러나 내가 가는 길을 그가 아시나니 그가 나를 단련하신 후에는 내가 순금 같이 되어 나오리라"_욥 23:10

입으로 시인하고 선포하라

그렇다. 우리를 단련시키시는 하나님의 거룩한 뜻이 있음을 믿어야 한다. 이런 때 믿음을 빼앗기지 말아야 한다. 무엇보다도 욥과 같이 입으로 시인하는 것이 필요하다.

'나는 하나님을 믿는다. 나의 하나님께서 잠시 후에 우리 가정에 복을 주실 것이다. 모든 식구들을 다 구원해 주실 것이다'라고 말이다.

남편에게도 말해야 한다.

"나는 하나님을 믿어요. 나는 날 위해 십자가를 지신 예수님을 확실히 믿어요. 나는 성경의 가르침대로 가정에서 최선을 다해 남편을 섬기고, 부모님께 교훈대로 순종하기 위해 최선을 다할 겁니다. 나는 내 믿음을 지킬 거예요. 당신도 이제 보게 될 겁니다. 무엇이 진리이고 무엇이 바른 길인지, 그리고 하나님이 살아 계시다는 것을 꼭 보여주실 거예요." 이와 같은 신앙고백을 입으로 자꾸 선포해야 한다. 왜냐하면 하나님은 입술의 열매를 지으시는 분이시기 때문이다.

"입술의 열매를 창조하는 자 여호와가 말하노라 먼 데 있는 자에게든지 가까운 데 있는 자에게든지 평강이 있을지어다 평강이 있을지어다 내가 그를

고치리라 하셨느니라" _사 57:19

내가 섬기는 교회에 이런 분이 계신다. 시장에서 가게를 하시는 분이신데, 집안을 절간같이 꾸며놓고 우상숭배하며 온갖 미신에 빠져 사는 분이셨다. 그런데 그의 얼굴이 얼마나 무섭던지 자녀들조차 가까이 가기를 두려워할 정도였다. 세상 모든 사람이 다 예수를 믿는다 해도 그분만큼은 예수 믿지 못할 사람이라고 했던 분이다.

바로 그런 사람이 전도를 통해 예수를 믿게 된 것이다. 그런데 그가 교회를 출석하고부터 달라진 점이 있었다. 바로 그분의 얼굴이다. 평소의 얼굴표정이 자녀들까지 피할 정도로 무서웠는데, 어찌 그렇게 온화하고 다정한 얼굴로 변해버렸는지….

그분의 전도방법은 단순하다.

"내 얼굴을 봐라. 예수 믿고 이렇게 됐다. 예수 믿어야 돼!"

믿음으로 인내하면 바로 그 시누이를 복음의 도구로 사용하시는 하나님의 능력과 은혜를 보게 될 것이다.

5장
직장생활과 인간관계

1. 물질과 직장을 구하는 기도, 제대로 된 믿음인지…

Q "목사님, 저는 세상에서 물질을 쫓다 이제 다시 돌아온 탕자입니다.

저는 기도할 때 당연히 모든 것을 아시는 하나님 아버지께서 주시리라 믿고 '주세요'라는 기도를 안 했었는데요. 제가 지금 물질 때문에 너무 힘이 들어 또다시 물질을 쫓아 세상으로 나가 주일을 지키지 못할까봐, 또 물질로 인해 주위 분들을 힘들게 하지 않기 위해 물질 축복을 위해 기도하고 있습니다. 또 새벽 작정 기도로 주님의 인도하심 따라 살아가게 해 달라고 기도하고 있습니다. 그리고 이를 위해 직장을 달라는 기도를 시작했습니다.

지금까지는 내가 원하는 직장을 찾았지만, 이제 어떤 직장이든지 주님께서 인도하시는 직장으로 가서 일하겠다고 결심하고 말입니다.

이것이 오직 주님만 바라본다는 믿음일까요? 목사님, 제 믿음이 잘못됐나요?"

A 그리스도인이 믿음의 새 출발을 하게 되는 경우 본인의 의지와 결단으로 되는 것이긴 하지만 그 배후에는 하나님의 역사하심이 있다.

세상에 어려움을 겪는 사람, 실패한 사람, 물질 때문에 고통당하는 사람들이 많지만 그 가운데 '이제 하나님만 바라봅니다. 이제부터 전적으로 하나님만을 의지하며 하나님의 은혜만 구합니다.' 이렇게 새로운 신앙의 삶을 위해 결단하고 기도하는 사람은 많지 않다. 이런 결심을 하게 된 것 자체가 바로 하나님께서 사랑하시는 자에게 주시는 은혜요 축복이라 할 것이다.

오늘날도 물질을 쫓아 살다가 물질을 잃어버리고 하나님께로 돌아오는 자들이 많다.

그 숱한 나날들을 나름대로 성공하려고, 벌어보려고, 잘 살아보려고 애를 써보지만 더 어려워지고, 더 힘들게 되고, 더 궁핍해지는 이유는 뭘까? 실력이나 자신의 능력 때문만이 아니다. 인간은 자신의 힘과 노력만으로 사는 존재가 아니기 때문이다.

기어코 교만을 낮추시는 하나님

특히 하나님의 자녀들은 더 그렇다. 하나님의 은혜로 사는 존재임을 가르쳐 주시기 위해 절망 앞에 세우시기도 하시고, 광야 한가운데 버려두시기도 하신다. 힘쓰고 애쓰고 노력했지만 실패의 늪에 빠지게도 하신다.

사랑하는 하나님의 자녀들을 이런 고난에 직면케 하시는 이유는 한 가지 이유 때문이다.

그것은 '교만을 버리고 하나님의 은혜를 아는 겸손한 자가 되도록 하시기 위함' 때문이다.

"너를 인도하여 그 광대하고 위험한 광야 곧 불뱀과 전갈이 있고 물이 없는 간조한 땅을 지나게 하셨으며 또 너를 위하여 단단한 반석에서 물을 내셨으며 네 조상들도 알지 못하던 만나를 광야에서 네게 먹이셨나니 이는 다 너를 낮추시며 너를 시험하사 마침내 네게 복을 주려 하심이었느니라 그러나 네가 마음에 이르기를 내 능력과 내 손의 힘으로 내가 이 재물을 얻었다 말할 것이라 네 하나님 여호와를 기억하라 그가 네게 재물 얻을 능력을 주셨음이라 이같이 하심은 네 조상들에게 맹세하신 언약을 오늘과 같이 이루려 하심이니라"_신 8:15-18

특히 이 말씀을 잊지 말아야 한다.

"이는 다 너를 낮추시며 너를 시험하사 마침내 네게 복을 주려 하심이었느니라"_신 8:16

결국 하나님 앞에서 나의 교만을 다 버리고 완전히 낮아져서 전적으로 하나님을 바라보고 하나님을 의지할 때, 내 노력과 방법이 아닌 하나님의 방법으로 일하기 시작하신다는 뜻이다.

그래서 하나님은 우리에게 기도를 요구하신다.

우리는 하나님을 믿고 하나님의 은혜를 말하지만, 기도하지 않고 이루어지면 '내가 내 힘으로 노력해서, 내 지식과 실력으로 된 것'처럼 생각하고 하나님의 은혜인 줄 모르고 감사를 잃어버리기 쉽다. 감사한다고 해도 형식적으로 하고 말이다. 그래서 "너는 내게 부르짖으라. 내가 네게 응답하겠고 네가 알지 못하는 크고 은밀한 일을 네게 보이리라"(렘 33:3)고 하신다.

'네가 알지 못하는 크고 비밀한(은밀한) 일' 즉 하나님이 하신 일임을 나타내셔서, 오직 하나님의 은혜로 된 일임을 알도록 하시겠다는 뜻이다.

그래서 그리스도인에게는 도무지 길이 보이지 않는다는 것이 문제가 아니다. 하나님은 광야에 길을 내시는 분이시기 때문이다. 인간의 절망은 하나님의 시작이다. 하나님은 죽은 자를 살리시고, 없는 것을 있게 만드시고, 바다를 갈라 마른 길을 내시고, 사막에 강을 내시는 분이시기 때문이다.

실패와 좌절 끝에 모든 것 내려놓고, 오직 하나님만 바라보고, 맡기고, 순종하기로 작정하고 새벽기도를 시작하게 된 것은 하나님께서 기다리고 계셨던 일이다.

물질이 어려울 때 물질을 구하는 것이 잘못된 것이 아니다.

하나님은 우리의 아버지시다. 자식이 아버지에게 용돈이나 필요한 것을 달라고 요구하는 것이 잘못된 일일 수 없다. 또 사업에 실패하고 어려움에 빠졌을 때 아버지에게 도와달라고 요청하는 것은 아주 자연스러운 일이다.

그러므로 그리스도인이 하나님께 물질을 구하는 것은 아주 자연스러운 일이고, 당연한 일이다.

다만 성경은 이렇게 말씀하고 있다.

"너희는 욕심을 내어도 얻지 못하여 살인하며 시기하여도 능히 취하지 못하므로 다투고 싸우는 도다 너희가 얻지 못함은 구하지 아니하기 때문이요 구하여도 받지 못함은 정욕으로 쓰려고 잘못 구하기 때문이라"_약 4:2-3

바로 이 말씀을 기억하여 다시 한 번 나 자신을 살펴야 할 것이다.

특히 새벽기도회에 나가 작정기도 한다는 것은 잘하는 일이다. 하나님께서 그 기도에 응답해 주실 것이다.

다만 '오직 하나님만 바라봅니다. 전적으로 주님만 의지합니다'라는 고백이 단순히 입으로만 하는 고백이 되어서는 안 된다는 점이다.

정말 이제 전적으로 하나님만 의지한다면 그 신앙의 온전한 고백은 '순종'으로 나타나야 한다.

전적으로 의지하고 바라본다고 하면서도 하나님의 말씀에 순종하는 일은 뒤로 미룬다면 아직도 내가 살아 있다는 증거요, 내 생각, 내 의지, 내 뜻을 포기하지 못했다는 증거다.

그러므로 열심히 기도할 뿐만 아니라, 말씀이 주어질 때 그대로 순종하는 증거가 보여져야 한다. 무슨 일에든지 말이다.

순종에 모험을…

그리고 주님은 언제나 교회를 통해서 일하신다는 점을 기억해야 한다. 교회를 통해 주어지는 말씀과 권면들을 좇아서 순종하기를 힘써야 할 것이다. 특히 교회 공동체의 예배 시간에 선포되는 말씀을 통해 하나님의 음성을 듣고, 성도의 교제 가운데 다른 사람들의 경험을 통해 나를 돌아보는 순종의 삶이 필요하다.

인생의 밑바닥까지 내려갔는가? 그러면 이제 올라갈 일만 남은 것이다. 정말 내려갈 때까지 내려갔는가? 그렇다면 두려울 것이 뭔가? 굶어죽기 밖에 더 하겠는가? 죽으면 믿음으로 천국에 갈 것이니 '말씀에 순종하다 굶기면 굶고 죽이면 죽겠습니다!' 해 보라.

그러나 역사상 기도하고 순종하여 응답받지 못한 사람이 없다. 영광스러운 순교로 죽은 사람들은 있어도 하나님의 사람이 의미 없이 죽은 사람은 단 한 사람도 없다.

더 이상 버릴 것도 놓을 것도 없는 마당이니 전적으로 믿고, 전적으로 순종해 볼 수 있는 절호의 기회가 아니겠는가?

더 큰 믿음을 가지라.

장차 '나를 보십시오. 하나님은 살아계십니다. 하나님을 전적으로 믿고 순종의 자리로 나아갔더니 이렇게 회복시켜 주셨습니다'라고 증거 할 수 있는 간증자가 되게 하실 것이라는 믿음으로, 순종의 모험을 해 보라는 말이다.

"믿음은 바라는 것들의 실상이요 보이지 않는 것들의 증거니"_히 11:1

하나님은 약속을 지키시는 언약의 하나님이시다.

2. 직장에서 그리스도인답게 살기가 너무 힘들어요

Q "저는 직장에 다니는 여성입니다. 일의 특성상 특정 시간, 특정일을 제외하고는 시간이 여유로운 편입니다. 그럴 때면 성경을 묵상하기도 하고 그냥 읽기도 합니다.

처음 입사해서 모시던 상사님이 성당에 다니는 분이어서 그런지 성경 읽는 것에 대해 별 말씀이 없으셨고, 가끔씩 성경구절을 집어 주시면서 "이 말씀이 좋다, 한 번씩 읽으면서 마음을 다스릴 필요가 있다"고 말씀하실 때도 있었습니다. 다른 직원들도 별 말이 없었습니다.

그러다가 그분이 퇴사하시고 직원들이 물갈이가 되면서, 성경을 보고 있을라치면 옆에 와서 빤히 쳐다보기도 하고, 성경책을 집어가 뒤적뒤적 하면서 교회에 대해 비판을 하고는 저를 광신도 취급을 하기도 합니다.

그들이 담배 피우고, 신문보고, 음탕한 농담을 던지는 그 시간에 제가 성경을 읽는 것이 뭐가 그리 나쁜 일인지 화가 납니다.

음란 사이트를 근무시간에 서핑하고도 그 본 것을 지우지도 않아서 무심코 컴퓨터를 켤 때 당황했던 일이 한두 번이 아니었습니다.

화가 나서 온라인에 암호를 걸어두고 주소들을 모두 삭제하고 회의시간에 건의도 했지만, 어디서 어떻게 알아냈는지 그런 일들은 계속 반복되었습니다. 지금은 직원들이 미워지고 변태같이 보입니다.

교회에서는 밝은 얼굴로 사람들을 대하지만, 직장에서 직원들과의 사이는 점점 골이 깊어져 가고 있습니다. 이 일을 위해 기도하고 있지만 말입니다.

세상의 빛과 소금이 되지 못하고 오히려 하나님의 영광을 가리는 일만 하는 것 같아서 직장생활이 힘이 듭니다. 올바르게 하는 직장생활은 어떤 걸까요?"

A 그리스도인이 불신자들에게 둘러싸인 직장에서 일을 할 때 겪는 고통과 스트레스는 결코 작지 않는 법이다. 직장에 따라, 또는 불신자라 할지라도 그 인격에 따라 차이가 있겠지만 말이다.

몇 번씩 그만 두고 싶은 마음을 가져 본 분들이 많을 것이다. 더 나아가 신앙생활 잘할 수 있고, 또 믿음의 사람들과 함께 일할 수 있는 직장이 있다면 보수가 적어도 옮기고 싶다는 생각을 가진 분들이 어디한 둘이겠는가?

그러나 꼭 그런 것만은 아니다.

오히려 신앙인들과 함께 직장생활을 하면서 얻는 스트레스가 더 많을 수도 있다. 차라리 불신자들이라면 이해할 수 있겠지만, 신자이면서 신자답지 못한 행동하는 것을 볼 때는 내 영혼에 깊은 상처를 줄 수도 있는 것이다.

어두움을 비추는 빛이기에…

오히려 이렇게 생각해야 하지 않을까?

사무실에서 유일한 그리스도인이라면 그 존재만으로도 이미 소금이요, 빛이 되어 있는 것이라고 말이다. 세상 사람들은 거룩한 빛, 은혜의 빛, 복음의 빛을 싫어한다. 자기에게 해가 되는 일이 아님에도 불구하고, 자기의 어두운 부분이 드러난다고 생각하기 때문이다. 그래서 숨으려고 한다. 그 숨는 행위가 '비웃음'으로 나타나기도 하고, 때로는 '광신자'로 놀리는 공격으로 나타나기도 하고, 음란한 말과 행동으로 그 빛을 가려보려고도 하는 것이다.

"그 정죄는 이것이니 곧 빛이 세상에 왔으되 사람들이 자기 행위가 악하므로 빛보다 어두움을 더 사랑한 것이니라 악을 행하는 자마다 빛을 미워하여 빛으로 오지 아니하나니 이는 그 행위가 드러날까 함이요 진리를 따르는 자는 빛으로 오나니 이는 그 행위가 하나님 안에서 행한 것임을 나타내려 함이라 하시니라"_요 3:19-21

그래서 직장의 불신자들로부터 이런 모욕을 당할 때 수치심을 가지지 말아야 한다. 부끄러워할 필요도 없다. 그런 사람과 함께 지낸다는 것이 신앙적으로 잘못된 것으로, 혹은 내게 손해라고만 생각하지 말아야 한다.

어차피 우리 그리스도인들은 어두움 속에서 비치는 빛들이기 때문이다.

비웃더라도 나는 평안한 마음으로 웃으며 성경을 읽어보라. 단 회사 일에 지장을 주지 않도록 주의해야 한다. 그리고 그들을 위하여 기도하라. 더 따뜻하게 대해주고, 태연하게 편안한 마음으로 그들을 대할 필요가 있다. 예민한 반응을 보이면 더 짓궂게 나올 수 있기 때문이다. 때로 음란한 행동으로 나올 때는 부드러우면서도 신앙적으로 단호한 모습을 보여주면 스스로 부끄러움을 느끼고 조심하게 될 것이다.

그들도 알고 있다

가장 중요한 것은 마음가짐이다.

뭔가 잘못된 직장생활이라는 생각을 지워야 한다. 우리 그리스도인들은 주님 앞에 서는 날까지 그렇게 살아야 한다. 또한 불신자라고 해서 모두가 우리를 이상하게 볼 것이라고 생각할 필요가 없다. 그들도 생각 외로 교회와 신앙에 대해 잘 알고 있다.

그리고 그도 하나님께서 창조하신 인간이기에 그 속에는 하나님을 사모하는 마음이 심겨져 있다. 그 영혼의 갈급함의 표출이 잘못 나타나고 있을 뿐인 것이다.

오래 전에 내가 서울의 어떤 식당에서 점심식사를 할 때였다. 제법 고급식당이었고 손님들도 꽤 많았다. 식사를 하려는데 어디에서 노래 소리가 들렸다. 어린아이들이 꾀꼬리 같이 맑은 소리로 노래를 하는데 '날마다 우리에게 양식을 주시는 은혜로우신 하나님 참 감사합니다'라는 찬송이었다. 알고 보니 선명회 합창단 어린이들이 와서 식사를 하면서 부른 노래였다.

그때 그 식당 안에 있던 모든 사람들이 식사를 중단했다. 어떤 이는 식사하다 말고 눈을 감고 들었다. 모두가 다 경건한 자세로 듣고 있다가 찬양이 끝났을 때 다시 식사를 시작했다. 그들이 모두 그리스도인들이 아니었음에도 불구하고 말이다.

모든 인간의 마음속에는 하나님을 향한 사모함이 있다.(롬 1:19) 다만 마귀 사탄이 하나님을 아는 지식의 길을 막고 있을 뿐이다.

세속적인 언어로 놀리고 비웃는 직장 동료들이지만, 그리스도인 한 사람의 부드럽고 확신에 찬 신앙의 모습과 말 한마디는, 그들의 영혼의 귀에 천사의 찬송소리로 들려지고 있음을 기억해야 할 것이다.

3. 더 나은 신앙생활을 위해
   직장을 옮기는 문제에 대하여

Q "저는 직장을 다니고 있는데, 직장생활로 인하여 신앙생활이 많이 소홀해지고 있어서 고민이 됩니다.

직장을 다니기 전에는 특별한 경우 외에 공적인 예배에는 다 참석했고, 기도생활도 충실히 해 왔었습니다.

그런데 직장생활을 하게 되면서부터 점점 말씀묵상과 기도생활도 소홀하게 되었고, 교회출석도 주일예배를 제외한 공적인 예배는 거의 참석하지 못하는 경우가 더 많아졌습니다.

제 마음에 늘 부담이 되는 것은, 신앙생활 하는데 어려움이 없는 직장을 구해야 한다는 마음 때문입니다. 이런 생각을 하면서도 한편으로는 다시 직장을 구한다는 것이 쉽지 않기에 결단을 내리기가 무척 힘이 듭니다.

늘 지금 내 삶의 모습이 하나님께서 원하시지 않는 삶이라는 마음이 나를 짓누르고, 또 한편으로는 지금의 직장을 그만 두자니 앞으로의 삶이 걱정이 되어 갈등이 크게 일어나고 있습니다. 가족들에게도 직장을 그만 두겠다고 말할 용기도 나지 않고 맙니다. 이럴 때는 어떻게 해야 할까요?"

A '고린도후서 7장 10절'에 보면 '하나님의 뜻대로 하는 근심은 후회할 것이 없는 구원에 이르게 하는 회개를 이루는 것'이라고 말씀한다.

그리스도인이라면 직장생활과 신앙생활 사이에서 일어나는 영적 고민이 없을 수 없을 것이다. 구원받지 못한 심령이라면 죽었다 깨어나도 할 수 없는 거룩한 근심 말이다.

오늘날 많은 그리스도인들이 바로 이 문제로 고민하고 있다.

직장 문제로 인해 주일을 제대로 지키지 못하는 문제, 열심히 봉사하고 싶은데 시간적으로 제약을 받는 문제, 그리고 직장의 분위기나 사람들로 인해 신앙적인 손해를 보는 문제 등등 참으로 직장 문제로 겪는 어려움이 한두 가지가 아니다.

이런 일들이 경우에 따라서, 개인의 환경과 사정에 따라 각기 다르므로 그 적용도 다 다르겠지만, 대체적으로 또는 원칙적으로 참고해야 할 점이 있다.

완벽한 직장은 없다

먼저 기억해야 할 것은, 몇몇 직장을 제외하고는 이 세상 그 어느 곳에도 신앙생활 하기에 완벽한 직장은 없다는 사실이다.

전임사역자Full time 로 복음을 위해 일하는 사람을 제외하고 말이다.

그러나 이 경우에도 알아야 할 것은, 만일 복음을 위한 전임사역자라면 하나님께서 그에게 원하시는 것은, 일반 직장생활 하는 그리스도인에게 원하시는 것보다 훨씬 더 많은 것을 요구하신다는 사실이다.

다시 말하면 신앙생활을 하기에 환경이 아주 좋은 사람에게 요구하시는 일과, 아주 어려운 환경 속에 있는 그리스도인에게 요구하시는 일은 같지가 않다는 말이다.

비록 사람들이 볼 때 신앙생활에 있어서 부족한 것 같아 보이는 자라 할지라도, 오히려 하나님께서는 더 충성스럽게, 더 귀하게 보실 수 있다는 뜻이다. 다만 어떤 환경이든지 그 형편 속에서 하나님을 사랑하는 마음과 말씀에 순종하기 위해 최선을 다하는 삶이 중요할 뿐이다.

그러면 직장생활 때문에 기도가 소홀해지고, 공적인 예배조차 제대로 참석하지 못할 때 어떻게 해야 할까?

이것이 마음에 걸려 일도 제대로 되지 않고, 직장을 옮겨야 한다는 생각이 가득하고, 이 일을 위해서 기도하고 있는 상태라면 말이다.

물론 신앙생활 잘할 수 있는 직장을 얻기 위해 기도할 수 있다.

그러나 이 기도는 사실 직장을 구하기 전에 간절히 해야 할 기도다.

예컨대 결혼하는 젊은이가 평생 해로할 배필을 구하는 기도를 언제 해야 옳은가? 배필을 만나기 전이다. 그렇다면 결혼한 후에 해야 할 기도가 무엇이겠는가? 새로운 배우자를 만나도록 해 달라고 기도하겠는가 말이다.

직장문제를 어떻게 결혼에 비교할 수 있겠는가 만은, 따지자면 그렇다는 뜻이다.

물론 직장생활로 정말 내 영혼에 크게 손해가 된다면 굶어죽는 한이 있어도 그 직장을 그만 두어야 옳을 것이다.

그러나 그 모든 일 이전에 솔직하게 자신을 점검해 보아야 할 점이 있다.

현재 신앙생활에 지장을 주고 있다는 그 직장이 어떤 직장인가?

만일 직장생활 자체가 하나님이 금하시는 죄를 지어야 하는 직장이라면 그 어떤 경우를 막론하고 당장 그만 두어야 할 것이다. 그런 직장에서 일하는 자체로도 죄가 된다면 말이다.

그러나 그런 경우가 아니라면, 다른 직장이 구해지지도 않았는데 사표부터 제출하는 것은 잘못이다.

다니엘과 세 친구는 신앙생활하기에 가장 어려운 형편에 있었지만 그 직장 그 환경 자체를 보이콧하지 않았다. 그 가운데서 신앙을 지켰을 따름이다.

만일 이 땅의 모든 그리스도인들이 신앙생활 하기에 좋은 직장만을 고집한다면, 그리스도인으로서 세상 사람들에게 빛과 소금의 역할은 누가 어떻게 감당할 수 있겠는가?

심지어 예수님은 걱정하시면서도 제자들을 세상에 보내셨다.

> "갈지어다 내가 너희를 보냄이 어린 양을 이리 가운데로 보냄과 같도다"
>
> _눅 10:3

어쩌면 신앙인으로 생활하기 어려운 직장이라면, 하나님께서 그를 그곳에 선교사로 보내셨을 지도 모른다.

거룩한 제사장으로

그러므로 신앙생활하기에 좋은 직장이 생긴다면 주님의 뜻으로 알고 옮기려니와 그렇지 않다면 인내하며 그 가운데서 하나님을 사랑하고 이웃을 사랑하기 위해 힘써야 한다. 그러면 하나님께서 신앙생활하기에 좋은 직장에서보다 바로 그곳에서 더 큰 상급을 주실 것이다.

주일도 제대로 지키지 못하는 그리스도인이 이 땅에 많다는 것을 생각해 보라.

그래도 주일은 지킬 수가 있다면 주일만이라도 멋지게 지키라. 그리고 직장생활 자체를 주님께서 주신 교회생활과 신앙생활의 연장 터라고 생각하고 기쁘고 감사한 마음으로 즐겨야 한다.

교회에서 섬기는 일만 거룩한 일이 아니다. 그리스도인에게 주어진 모든 직장의 일도 거룩한 일이다. 우리는 어디에서 무슨 일을 하든 바로 거기에서 '거룩한 제사장'의 신분이 되어 있기 때문이다.

목사가 주일 설교를 준비하는 일이나 심방하는 일과, 그리스도인이 직장과 사업 처에서 하는 모든 일은 동일한 거룩한 하나님의 일이라는 말이다.

그러므로 그리스도인으로서의 미소와 친절을 잃지 말고 감사한 마음으로 일하고 사람들을 대해야 한다. 그러면 주의 영이신 성령님께서 함께 하실 것이다. 주님과 함께 있는 곳이라면 그곳이 어디든 바로 그곳이 참 교회다.

4. 그리스도인이 직장에서
   거리낌 없이 술과 담배를 즐기는 모습은?

Q 제가 직장을 다니는데요. 저랑 같이 근무하는 남자 직원이 있는데 들어온 지 얼마 되지 않아서 과장이 된 사람입니다.

얼마 전 입사를 축하할 겸 회식이 있었는데, 술도 너무 잘 마시고 담배도 너무 잘 피우더군요. 잘은 모르지만, 남자들 사이에서는 거절하는 것이 힘들다는 이야기를 많이 들었습니다.

그런데 용건이 있어서 과장님 핸드폰에 전화를 했더니, 컬러링이 '당신은 사랑받기 위해 태어난 사람'이라는 곡이 흘러나오는 거예요. 그래서 '요즘 크리스천이 아니더라도 이 곡을 많이 좋아들 하니까 그런가보다' 했는데, 혹시나 해서 "교회 다니세요?"라고 물었더니 "네!"라고 하더라구요.

순간 좀 당황을 했습니다. 그분이 이번 달에 내부 사정으로 인해 다른 직장으로 옮기게 되었는데, "그 일이 잘 진행 되어 가느냐?"고 여쭤봤더니, "하나님께서 나를 이렇게 이끄시나 봅니다"라고 하시더라고요.

목사님, 그냥 참 마음이 아팠습니다. 하나님의 영광이 가려지는 것같아서 말입니다. 그래서 그분에게 말하고 싶습니다. 그냥 참고 있어도 무방하겠지만 그것은 복음을 위해서도, 앞으로의 그분의 신앙생활을 위해서도 올바른 것이 아니라는 생각에서 말입니다.

그런데 저보다 나이도 많은 남자 상관에게 신앙적인 조언을 한다는 것이 쉽지가 않습니다.

지혜롭게 조언할 수 있는 방법이 없을까요?"

A 그리스도인은 세상의 빛과 소금이다. 빛과 소금이 되려고 노력해야 할 사람이 아니라, 이미 존재 자체가 빛과 소금이 되어 있는 것이다. 그래서 그가 원하든 원치 않든, 그의 언행심사는 세상에 영향을 끼치게 되어 있다.

그런데 빛은 빛이로되 복음의 빛, 은혜의 빛, 구원의 빛, 사랑의 빛을 비추어야 한다. 소금은 소금이로되 썩지 않게 하는 소금의 역할, 맛을 내는 소금의 역할이어야 한다.

그러나 그 빛이 남의 허물을 드러내고 수치심을 드러내는 빛이 될 수도 있고, 아픈 사람의 상처에 뿌려져서 더 아프게 만드는 소금이 될 수도 있다는 점이다.

누구를 위한 충고인가

직장 상사의 그리스도인답지 못한 행동에 대해 어떻게 충고할 것인가에 대해 생각해보자.

먼저 그에게 충고해야 할 이유가 있다면, 첫째 목적은 그분 자신을 위해서이고, 그가 바른 신앙생활을 하도록 도와주기 위해서다.

그런데 만일 그가 충고하고 권면하는 말을 듣고 "아, 내가 잘못 살았구나!" 하면서 당장 술과 담배를 끊게 된다면 백번 천 번 말해야 할 것이다.

그러나 그 반대일 수도 있다는 점이 문제다.

아랫사람에게 충고를, 그것도 신앙적 충고를 받는 것에 대해 불쾌하게 여길 뿐만 아니라, 권면하는 자를 바리새인과 같은 율법주의자로 매도할 수도 있을 것이다. 그때는 그를 위해서 권면한 나 자신이 더 깊은 상처를 받게 되거나 신앙적인 갈등에 더 깊이 빠질 수 있다는 점이다. 이렇게 된다면 그를 위해서나 나 자신을 위해서나 유익이 없을 것이다.

또 다른 목적은 그로 인해 하나님의 영광이 가려지고, 그리스도인들에 대한 이미지가 실추되는 일이기에 결국 교회를 욕되게 하는 일이기 때문에 그대로 넘어갈 수 없다는 점이다.

그러나 이 일도 마찬가지다. 잘 받아들인다면야 하나님께 영광이 되겠지만, 오히려 이런 일 때문에 논쟁에 빠지고 얼굴을 붉히는 일이 전개된다면 오히려 하나님의 영광이 더 가려질 수도 있다는 것이다.

이런 점을 감안할 때 신중하게 행동해야 할 필요가 있다는 말이다.

그리고 그분 자신이 스스로 그리스도인임을 밝히고, 핸드폰 컬러링에 찬양 곡을 입력시켜 놓을 정도라면 구원의 확신을 가지고 있는 사람이라고 볼 수 있을 것이다.

다시 말하자면 어느 교회인지는 모르지만 교회에 출석하는 사람이요, 그 나름대로 신앙생활을 하고 있는 사람이라는 것이다. 그렇다면 그에게는 신앙의 지도자가 있다는 말이고, 궁극적으로 그의 신앙을 성숙시켜야 할 책임은 그 교회의 지도자에게 있는 것이다.

기다리는 것도 미덕이다

그렇다면 교회의 입장에서 생각해 보자.

내가 섬기는 교회에도 술과 담배를 끊지 못하고 신앙생활을 하시는 분들이 있다. 집사님 가운데 한 분의 예를 들어보자.

그가 집사의 직분을 받고 교회에 열심히 출석을 함에도 이 문제를 해결하지 못하고 있다는 것을 많은 교인들도 알고 있었다. 율법적으로 하자면, 교단에 따라 아주 보수적인 교회에서는 주초문제를 해결하지 못한 집사는 치리治理해야 한다. 그분의 행위에 대해서 이러쿵저러쿵 말하는 분들이 있었지만, 나는 지켜보면서 교인들이 직접 충고하거나 권면하지 못하도록 했다. 그런데 이제 와서 그분이 고백하기를 "만일 그때 목사님께 책망 섞인 권면을 받았다면 저는 부끄러워서 교회를 나오지 못했을 것이고, 교인들에게 충고를 받았다면 자존심이 상해서 교회를 떠났을 겁니다"라고 했다.

지금 그분은 주초문제를 완전히 해결하고 자유를 얻었고, 교회의 중직을 맡아 일하고 계신다. 아무도 말하지 않았지만, 예배 중 말씀을 듣는 순간 성령의 뜨거운 역사를 체험하고는 그렇게 스스로 노력해도 안 되는 일이 단번에 정리가 되더라는 고백을 했다.

이런 일은 그분을 지도하는 교회에 맡기는 것이 더 옳다는 말을 하는 것이다.

그리고 설사 주초문제가 해결이 안 된 사람이라 할지라도 교회에 출석하도록 해야 하지 않겠는가? 그 문제 해결하고 난 후 교회에 나오라고 한다면 영영 구원받지 못할 사람이 많을 것이다.

비록 지금은 주초문제를 해결하지 못하고 다니지만, 말씀으로 성령으로 다듬어지고 성숙되어 온전한 그리스도인이 되어가는 것이 바로 신앙생활의 내용인 것이다.

하나님이 은혜를 베푸시면 이런 문제는 한 순간에 해결하고 끊어버릴 수 있는 문제다.

이런 일에 너무 답답해할 필요가 없다.

오히려 긍정적으로 생각할 필요가 있다. 그래도 그분이 자기를 그리스도인이라고 밝히고 있는 것을 말이다. 왜냐하면 오늘날 많은 그리스도인들이 직장에서 그리스도인임을 숨기고 있는데 말이다.

그래도 사랑과 덕으로…

버젓이 교인이라고 밝히면서도 당당하게 술잔을 기울이고, 담배를 물고 즐기며 불신자들과 어울리는 모습이 가증스럽게 느껴지기도 하고 속이 상할 수는 있다. 그리고 신앙 양심상 같은 그리스도인으로서 "그러면 안 된다"고 말하는 것이 옳지 않은가에 대한 갈등도 있을 수 있다.

그러나 '모든 것이 가하나 모든 것이 유익한 것은 아니요, 모든 것이 가하나 모든 것이 덕을 세우는 것은 아니니'(고전 10:23)라는 말씀과 같이, 유익과 덕을 위해 '내가 그분을 권면해야 할 위치'에 있는지를 고려하는 것이 필요하다. 동기와 과정과 결과가 다 중요하기 때문이다.

이 정도의 권면이라면 어떻겠는가!

심각하게 신앙적으로 충고를 한다든지 가르치려는 태도가 아니라, 그저 일상적인 대화 가운데 "과장님, 처음 저는 깜짝 놀랐어요. 과장님이 크리스천이라는 것을 알고는 얼마나 기뻤는지 몰라요. 사실 과장님이 술도 드시지요, 담배도 피우시잖아요? 그래서 과장님이 교회에 다니시리라고는 상상도 못했잖아요. 그런데 과장님이 교인이라니까 얼마나 좋던지…."

대화가 잘 풀려 그분이 "나도 끊으려고 하는데, 직업상 잘 안되네요"라고 한다면 "과장님은 하실 수 있을 거예요. 그러면 더 멋있을 거예요. 과장님을 위하여 기도하겠습니다." 이정도로 말이다.

"우리는 구원 받는 자들에게나 망하는 자들에게나 하나님 앞에서 그리스도의 향기니…." _고후 2:15

5. 직장에서 인간관계 때문에 힘들어요

Q "저는 오랫동안 현재의 직장에서 일하고 있습니다.

하나님께서 이곳으로 보내주셨다는 믿음으로 열심히 일을 하고 있는데요, 요즘 인간관계 때문에 이곳에서 일하는 것 자체가 참으로 힘든 시간을 보내고 있습니다. 다른 사람들과는 문제가 없는데, 같은 부서에서 일하는 한 분과 인간관계가 어렵네요. 여러 가지로 마음이 힘들다 보니 일을 해도 예전처럼 기쁨이 없고, 또 인간관계가 좋지 않다 보니 함께 해야 하는 일에 힘든 점들이 많습니다.

또 최근에는 다른 곳에서 일을 해 보지 않겠냐고 하는 제안이 있어서 좀 갈등이 됩니다. 오랜 기간 동안 한 곳에 있다 보니 이곳의 일이 제게 맞아서인지 쉽게 떠날 수가 없네요.

한편으로는 하나님께서 이곳에 저를 보내셨다고 생각하는데 일이 제대로 되지 않는 것 같아 마음이 무겁습니다. 그 사람과의 관계회복을 위해 기도도 많이 했습니다만, 하나님의 뜻이 어디에 있는지 인간관계를 회복하기가 너무 힘드네요. 관계가 회복되지 않은 채 너무 많은 시간이 흘러버려서 제가 어떤 일을 해도 좋게 보이지가 않나 봐요.

계속 있으면서 관계를 회복해야 하는 건지, 아니면 새로운 곳으로 직장을 옮기는 것이 좋을지… 이곳에서도 회복하지 못하는 인간관계가 다른 곳에 간다고 잘 될 수 있을지도 걱정 되고요.

마음은 떠나고 싶은데… 이것이 올바른 생각인지 모르겠습니다."

A 매일 대하는 사람과 불편한 관계에서 오는 고통은 어쩌면 지

옥과 같은 삶일 수 있다.

잘잘못을 떠나서 서로 해결하지 못하고, 용서하지 못하는 상태의 긴장이 계속되면 그것이 나를 찌르는 가시가 된다. 이 가시는 상대가 나를 찌르는 가시가 아니라 내속에서 생긴 가시다.

상대가 뭐라고 하지 않았는데도 욕을 하는 것 같고, 뒤통수를 치는 것 같고, 저주를 하는 것 같은 생각을 스스로 하게 된다. 그러니 자연히 나 자신이 긴장을 하게 되고, 그 사람을 보는 것만으로 스트레스를 받게 되는 것이다.

이상한 것은, 회사 사람 백 명 중 아흔아홉 명이 다 나를 좋아하고 단 한 명이 나를 싫어하면, 나를 좋아하는 아흔아홉 명 때문에 즐거운 생활을 하기 보다는 그 한 명 때문에 내 생활이 스트레스를 받고, 괴로운 시간들을 더 많이 보내게 된다는 점이다. 그러므로 잘못된 인간관계는 빨리 회복해야 한다.

그러나 문제는 어떻게 해결할 수 있느냐의 문제다. 지금까지 오랜 시간을 두고도 해결하지 못한 문제니 말이다.

'용서하라', '화해하라', '참으라', '원수도 사랑하라 하지 않았느냐', '나보다 남을 낫게 여기라', '잊어버려라', '무시해버려라', '그냥 다른 직장으로 옮겨버려라', '기도하라' 이렇게 권면하는 일이야 누가 못하겠는가?

다만 문제는 하나님의 말씀대로 순종하기가 어렵다는 것이고, 우리가 가진 믿음을 행동으로 옮기는 용기를 내기가 쉽지 않다는 점이다.

문제의 해결을 위해 먼저 조언하자면 스스로 자책하는 마음에서부터 벗어나라는 것이다. 마음 한구석에 상대방에 대한 원망도 문제일 수 있지만, 사실은 나 자신에 대한 자책이 더 문제가 될 수 있다.

즉, 그리스도인이면서 먼저 화해하지 못한 일에 대한 자책감 말이다.

잘못을 깨닫고 회개하는 일이야 그리스도인으로서 당연히 해야 할 일이지만, 바로 그 일에 대해 회개하고 기도했으면 하나님은 이미 용서하신 일이다. 하나님은 더 이상 기억도 않으신다고 하셨는데, 내가 자꾸 그 일을 마음에 두고 자책의 가시로 나 자신을 찌르고 있으니 문제다.

그러나 하나님이 용서하셨다면 인간관계의 문제도 회복시켜 주셔야 되는 것 아닌가 하는 점이다. 인간관계의 회복을 위한 기도에 대한 응답이란 바로 그 사람과의 인간관계의 문제가 해결되는 것이기 때문이다.

하나님은 우리의 기도에 신실하게 응답하시는 분이시다. 그래서 "기도하고 구한 것은 받은 줄로 믿으라"고 하셨다.(막 11:24)

그러므로 이미 기도에 하나님께서 응답하셨고, 그래서 인간관계의 문제가 해결되어 있다고 믿어야 할 것이다.

다윗과 골리앗 이야기에서 얻는 지혜

다윗이 골리앗과 싸울 때, 나타나는 환경과 눈에 보이는 현실은 게임이 안 되는 싸움이었다. 그러나 실상 그 게임은 다윗이 이기게 되어 있었다. 사람들이 보기에는 전혀 반대였지만 말이다.

만일 다윗이 겁먹고, 숨어 있는 이스라엘 군대처럼 골리앗의 덩치만 보고 피했다면 역사는 이루어지지 않았을 것이다. 하나님이 이미 이기게 해 놓으신 것과 상관없이 말이다.

이미 끝난 일을 두고 자꾸 문제가 남아 있다고 생각하지 말라는 뜻이고, 이제 일을 정리하고, 마무리하고, 자유해야 할 때라는 말이다.

이 일을 위해 기도했고, 관계 회복을 원하고 있고, 용서할 마음도 가지고 있지 않는가? 그리고 하나님과의 문제도 이미 해결했고 말이다.

그러니 내가 속 끓이고 그 사람을 대할 필요가 없다. 그럼에도 여전히 냉전이 계속되는 것은 내가 선언을 안했기 때문이다. '상황 끝!' 이렇게 선언을 해버릴 때 마귀 사탄도 '아, 이제 끝났구나!' 이렇게 물러날 텐데, 선언을 안 하니까 자꾸 덤비는 것이다.

선언을 하라

그렇다면 어떤 선언을 말하는 것인가?

커피 한 잔 뽑아서 그분에게 건네며 "미안합니다. 제가 속이 좁아서 그래요. 앞으로 잘할게요" 이렇게 하는 것이 승리를 선포하는 일이다.

입으로 선언하기가 힘들다면 카드를 사서 '그동안 미안했습니다. 제가 부족해서 그랬습니다. 그러나 제 속마음은 그렇지 않았습니다. 아무튼 앞으로 존경하고 사랑하는 마음으로 살게요' 뭐 이런 간단한 글 하나 써서 책상에 갖다 놓아보라는 말이다.

이것은 자존심의 문제가 아니다. 이것은 그리스도인으로서의 승리를 선언하고 선포하는 일이다.

그렇게 해도 상대가 계속해서 찬바람 일으키고 외면을 한다면 일은 끝난 것이다. 이제 전적으로 모든 책임은 그에게로 넘어가버린 것이다. 나는 자유하면 되는 것이다.

이렇게 보면 사실 그 사람은 나의 성숙의 도구다. 그는 걸림돌이 아니라 축복을 위한 디딤돌이요, 근거요, 신앙교육의 영적 교재인 것이다.

이런 일 때문에 직장을 옮기는 일은 바람직하지 않다.

조건이 더 좋다든지, 여러 가지 다른 이유라면 몰라도 한 사람과의 인간관계 때문이라면 말이다.

우리는 모두 성자가 아니다. 완벽한 인간이 아니다. 하나님께서 더 잘 알고 계신다. 그 어느 누구도 완벽하게 인간관계를 하고 사는 사람은 없다. 내가 다르고 네가 다른데 어떻게 그 일이 가능하겠는가?

다만 우리 그리스도인들은 이런 일을 통해서 한 걸음 한 걸음 더 성숙해 가게 되는 것이고, 나는 약하지만 믿음과 성령의 도우심으로 죄를 이기고 나갈 뿐인 것이다.

이렇게 생각하라.

'나는 그 사람과 인간관계를 완벽하게 잘할 수도, 스스로 해결할 수도 없다. 그러나 믿음으로 말씀을 따라 화해를 선포할 뿐이다' 이렇게 생각하고 자유와 승리를 선언하고 선포해버리는 것이다. 그 후의 일은 주님께서 책임져 주실 줄로 믿고 말이다.

주님은 완벽한 분이시다. 내가 인간관계를 엉망으로 만들어놓고 주님께 떠넘기는 '나의 기막힌 억지와 떼'를 기쁘게 받아주시는 분이시다.

지난 세월을 돌아보니, 나는 사고치고 다녔고 주님은 따라다니시면서 사고처리해 주시고 뒷수습해 주신 분이셨다. 내게 주님은 언제나 그런 분이셨다.

그래서 염치없지만 나는 주님이 참 좋다.

6. 회식자리에서 상사가 술을 권할 때

Q "저의 직장은 다른 회사들에 비해 회식자리에서 술을 많이 마시고, 특히 술 강요를 많이 당하는 편입니다.

물론 저는 어렸을 때부터 교회에 다녔기 때문에 술을 마시지 않으려고 나름대로 엄청 애를 많이 씁니다.

그런데 기독교인이라고 밝혀도, 기독교인이라고 하는 사람들 가운데 대부분의 사람들이 아무렇지도 않은 듯 술을 받아 마시고 있기 때문에 "왜 너만 안 마시냐?"라고 하며 강요를 해 옵니다.

아예 술을 못 마신다고 해도, 처음에는 다 그런 것이라고 하면서 막무가내입니다. 비슷한 연배의 동료들이 강요할 때는 좀 강하게 거부하면 더 이상 강요하지 않지만, 상사들이 강요하거나 특히 저보다 직급이 아주 높은 사람들이 직접 술을 따라주면서 강요할 때는 도대체 어떻게 거절해야 할지 너무 힘들고 부담이 됩니다.

무슨 말을 해도 계속해서 강요할 땐 어쩔 수 없이 술을 마시는 척하면서 다른 곳에 버리기도 하고, 그것마저도 들키게 되면 다시 입에 머금고 있다가 휴지 같은 데 뱉어내기도 하곤 합니다.

그러나 제가 이렇게 술을 마시지 않으려고 행동하기 때문에 동료들과 상사들은 저를 많이 싫어하고 각종 모임에서도 많이 소외되고 있습니다.

술은 마시지 못해도 얘기 잘하고, 재미있고, 잘 놀고 하면 그나마 괜찮겠지만, 저는 많이 내성적이라서 그런 쪽으로라도 그들의 마음에 들게 하지 못하기 때문에 더 소외되는 것 같습니다.

어떤 분은 저처럼 그렇게 술을 안 마시면 승진에도 많이 불리하다고 충고를 합니다. 승진이야 그렇다고 쳐도 가장 힘든 점은 사람들로부터 소외된다는 것이 너무 힘듭니다.

대학교 때부터 술 때문에 친구들로부터 많이 소외당해왔습니다.

어떤 때는 제가 술을 마셨더라면 더 많은 사람들과 친해졌을 것이고, 제 인생이 더 좋은 쪽으로 바뀌지 않았을까 하는 생각까지 해 봅니다.

항상 무슨 일에나 술자리와 연관이 되고 걸리기 때문에, 어떤 때는 그냥 나도 아무렇지도 않은 듯이 마실까 하는 생각이 들기도 하구요.

솔직히 제가 믿음이라도 좋다면 모르겠는데, 믿음도 좋은 편이 아닌지라 더 혼란스럽고 괴롭습니다.

제가 보기에 믿음이 좋은 사람들은 오히려 기독교인이 많이 있는 직장이나 술 강요를 거의 하지 않는 직장에 들어가는 것 같은데, 왜 하나님은 믿음도 약한 제게 이런 시험이 있는 직장으로 인도하신 걸까요?

어떻게 해야 할까요? 제게는 아주 심각하고 중요한 문제입니다.”

Ⓐ 그리스도인이 직장생활을 하면서 겪는 곤혹스러운 일 가운데 하나가 회식자리에서의 음주 문제다. 동료나 상관들이 강력하게 요구할 때는 정말 괴로운 일이다.

사실 요즘 술 문화가 많이 달라져서 건강상 먹지 않는다고 하면 권하지 않는 것이 예의가 되어가고 있지만, 아직도 술 권하는 문화는 그리스도인들의 사회생활에 늪과 같은 함정이 되고 있는 것이 현실이다.

그러나 어찌하겠는가. 피할 수 없는 환경이라면 맞닥뜨리는 수밖에. ‘고치지 못할 병이라면 견디는 수밖에 없다’는 말이 있다.

이 말은 포기하고 죽으라는 말이 아니다. 어차피 앓는 병이고, 그 병이 고치지 못할 병이라면 병 때문에 고민하지 말고, 그 병 고치려고 사방팔방 뛰어다니느라 시간 낭비하지 말고, 그 시간에 보람된 다른 일을 하라는 말이다. 가진 병 때문에 부정적인 생각을 하는 것보다 즐거운 일을 생각하고, 실제로 기뻐할 수 있는 일을 적극적으로 하다 보면 오히려 병을 치료하는 지름길이 된다는 것이다.

지금 당장 회사의 음주 분위기를 바꿀 수 없는 상황이라면 그것 때문에 고민하지 말라는 말이다. 그리고 한탄할 필요도 없다. 그들은 술 문화를 즐기고 있는데 나는 왜 고통을 받아야 하는가? 저들이 좋아서 술을 먹고 권한다면, 나는 술 안 먹음으로 즐기고 기쁨을 얻어야 옳다. 이것이 '마귀를 대적하라'는 성경말씀의 교훈이다.

생각을 바꾸려고 애를 써야 한다.

저들이 술 권하는 것을 재미로 여긴다면, 나는 거절하는 것을 재미로 삼으면 될 것이다.

이것이 어떻게 현실적으로 가능하겠느냐고 하겠지만 가능하다. 마음먹기에 달렸다. 왜냐하면 이것은 영적인 싸움이기 때문이다.

싸움의 대상은 술 권하는 친구도 상사도 아니다. 그들의 친절(?)을 이용해서 나를 시험하고, 자책하게 만들고, 고민하게 만들고, 좌절하게 만드는 마귀와의 싸움이다. 그러므로 그들을 미워하거나 원망할 필요가 없다.

평소에 인간관계에 있어서 내성적이고 소심한데, 거기다가 술자리에서도 잘 어울리지 못하니 이래저래 회사에서 따돌림을 받게 될 것 같고 상사들에게도 미움을 받게 될 것 같아 걱정을 할 수 있지만, 사실 그것은 기우에 불과하다. 그런 생각이 스스로를 자꾸 위축시킬 뿐이다.

사탄의 속임수

상사가 주는 술을 거절하면 진급에서 손해를 볼 것이라고 속삭이는 친구의 말을 믿지 말라. 그건 몰라도 한참 몰라서 하는 말이다. 오히려 그 반대임을 알아야 한다.

당당하게 거절할 것 거절하고, 정직하게 성실하게 일을 한다면 상사는 오히려 점수를 더 주게 되어 있다.

술자리에서 권하는 술을 거절했다고 상대가 불쾌하게 생각하고 나를 좋지 않게 볼 것이라는 생각을 버려야 한다. 정말 그렇게 생각하는 상사라면 별 볼일 없는 상사니까 더더군다나 걱정할 필요가 없다.

내가 섬기는 교회의 여 집사님의 말이다.

남편이 모 회사 중역으로 계신 분으로 아직 교회에 출석하지 않고 있는 분인데, 하루는 퇴근해서 하는 말이 "오늘 회사에 회식이 있었는데, 늘 술을 권하면 교회에 나가는 교인이라고 하면서 거절하는 친구가 있단 말이야. 그래서 오늘 그 친구 한번 꺾어보려고 화를 내면서 권했는데도 안 넘어가더라고. 그 친구 진짜 교인인 것 같던데, 아주심지가 굳어. 괜찮은 애 같더라고……"

더 중요한 것은 그가 어떻게 생각하든, 주님께서 보고 계신다는 점이다. 사람을 높이고 낮추시는 분은 하나님이시다.

"여호와는 가난하게도 하시고 부하게도 하시며 낮추시기도 하시고 높이시기도 하시는 도다"_삼상 2:7

그러므로 술 거절하는 것 때문에 불이익을 당할 것이라는 생각은 잘못된 생각이다.

또 인간관계가 나빠질 것이라고도 생각하지 말라. 이 생각이 내 얼굴에 수심의 그림자를 드리우게 하고 표정을 어둡게 만든다. 그래서 점점 더 밝은 교제의 삶을 망가뜨리게 되고 말이다. 바로 이것이 마귀가 노리는 바다.

회식자리에서 술을 거절하는 것이 곤혹스럽겠지만, 단호하고도 명랑하게, 믿음으로 거절하고도 그들에게 선한 마음을 품으면 언젠가 그들이 포기하고 음료수를 권하게 될 것이다. 자긍심으로 당당해야 한다.

내가 NGO 사역의 일로 평양에 갔을 때마다 겪은 일이다.

국가보위부에서 나온 사람들과 여러 안내원들과 함께 식사할 때마다 곤혹스러운 것이 바로 술 문제였다. 내가 남한의 목사인줄 알면서도 술을 끈질기게 권한다. 남한에서 온 분들 다 한잔씩 하더라고 하면서 '그렇게 거절하면 우리의 성의를 무시하는 것밖에 되지 않는다'고 하면서 한 잔만 받으라고 한다. 역정까지 내면서 말한다. 자칫 그 문제 때문에 북한을 방문한 목적이 성사되지 않을 수도 있다고까지 말하면서 말이다.

그들의 회유가 계속되던 어느 날 내가 이렇게 물었다.

"김 동무, 지금까지 수령님의 뜻을 거절해 보신 적 있습니까?" 술잔을 기울이다가 벌떡 바로 앉으며 정색을 하고는 "무슨 그런 소리를 합네까?"라고 소리를 질렀다.

"만일 김 동무가 외국에 볼일이 있어 나갔는데, 아무도 안 본다고, 아무도 없다고 수령님이 금하신 일을 할 수 있겠습니까?" 하고 다시 물었다.

그랬더니 부동자세로 "우리는 위대한 수령님이 교시하신 일은 목숨을 걸고 사수하고 지킵네다!"라고 대답을 했다.

그때 내가 이렇게 말했다.

"김 동무가 알다시피 나는 목사입니다. 내가 하나님의 뜻에 순종하는 것은 김 동무가 수령님의 뜻을 좇는 그 이상입니다"라고 대답했더니 "아니, 하나님이 술 먹지 말라고 한 적이 있습네까?"하고 따졌다.

그때 나는 또 이렇게 대답했다.

"그건 둘째 치고, 남쪽에 있는 우리 교회 교인들은 '어떤 일이 있어도 우리 목사님은 우리가 보지 않는다고 몰래 술을 마실 분이 아니다'라고 믿고 있습니다. 그런데 우리 교인들이 안본다고 내가 여기서 술잔을 받아 마시면 교회의 지도자로서 자격이 있겠습니까? 그리고 솔직히 내가 당신들 권하는 술 받아 마시면 당신들은 나를 어떻게 생각하겠습니까? 가짜 목사라고 하지 않겠어요?"라고 했더니 아무 소리도 하지 않았을 뿐 아니라 그 이후부터는 절대로 술을 권하지 않을뿐더러 어디로 가든지 그들이 먼저 음료수를 내 옆에 갖다 놓았다.

더 당당한 자부심으로

한번 무너지면 그것이 올무가 되어 다 무너지기 쉽다. 그러므로 더 당당해야 한다.

특히 '다른 사람들은 교회에 다녀도 적당히 술을 마실 줄 알던데, 왜 당신만 그렇게 유별나냐? 당신만 잘 믿는 거냐?'라는 말에 흔들리면 안 된다.

그래서 더 자부심을 가져야 한다. 그리고 이제 수비적인 자세에서 적극적인 자세로 바꾸어야 할 필요가 있다.

그리스도인은 생명을 살리는 자들이다. 저들은 전도대상자들 아닌가? 그러니 늘 수세에 몰리는 태도를 버리고, 그들에게 생명의 복음을 전하는 자세로 바꾸어야 한다.

늘 권하는 술을 거절함으로 인해 서먹해진 동료나 상사가 있다면, 서점에 가서 간결하고도 삶에 지혜와 도움을 주면서 쉽게 읽을 수 있는 경건 서적을 사서 선물해보라.

'제가 재미있게 읽은 책인데 심심할 때 읽어보십시오. 늘 존경하던 ○○님이 생각이 나서 한권 샀습니다'라는 쪽지와 함께. 그리고 기회가 될 때마다 '늘 기도하고 있습니다' 한 마디씩 하면 그들의 영혼 속에 잠재해 있는 신의식神意識이 반응하게 될 것이다. 그리고 다음 번 회식 때의 태도는 사뭇 다를 것이고 말이다.

그리스도인으로서의 당당함과 자부심이 우리에게 필요하다.

절대로 기죽지 말아야 한다. 왜냐하면 우리는 하나님이 지켜보고 계시는 하나님의 자녀들이요, 그리스도인들이기 때문이다.

"여호와를 바라는 너희들아 강하고 담대하라"_시 31:24

"이것을 너희에게 이르는 것은 너희로 내 안에서 평안을 누리게 하려 함이라 세상에서는 너희가 환난을 당하나 담대하라 내가 세상을 이기었노라"

_요 16:33

7. 내가 한 말로 인한 상처와 치유에 대하여

Q "같은 직장 안에서 교회를 다니는 분이 있습니다. 그분이 잘못한 일이긴 한데, 제가 그 잘못한 일에 대한 이야기를 하다가 본의 아니게 말에 실수를 하고 말았습니다. 다시 회복하기를 바라는 마음인데 이전과 같은 관계로 회복하기가 너무 어렵습니다.

주일날 설교 말씀에 '심은 대로 거둔다'고 하셨는데, 제가 그런 상황인 것 같습니다.

매일 같은 일을 함께 하는 사람이라 관계가 서먹하다 보니 마음이 불편해서 일을 할 수가 없습니다.

기도도 해 보지만 잘 안 되구요. 제가 왜 그런 말실수를 했는지 깊이 반성하고 있고, 그분에게 잘못했다는 말도 했지만 쉽게 회복되지가 않습니다. 그분도 그리스도인이라는 생각을 하니 더욱 마음이 아픕니다.

기도를 할 때 어떻게 하는 것이 좋으며, 이런 불편한 마음에서 어떻게 하면 자유로울 수 있을는지요?"

A 말이란 한번 내뱉으면 다시 담을 수가 없다.

그래서 성경에는 이 '말'에 대한 교훈이 많다. 심지어 말이 '온몸을 더럽히고 생의 바퀴를 불사른다'고 하며 '죽이는 독이 가득하다'고 까지 표현하고 있다.

"혀는 곧 불이요 불의의 세계라 혀는 우리 지체 중에서 온 몸을 더럽히고 삶의 수레바퀴를 불사르나니 그 사르는 것이 지옥 불에서 나느니라"_약 3:6

"혀는 능히 길들일 사람이 없나니 쉬지 아니하는 악이요 죽이는 독이 가득한 것이라"_약 3:8

사실 그렇다.

사람에게 육체의 상처보다 말 한마디로 입은 마음의 상처가 더 치명적일 수가 있다. 반면에 말 한마디로 사람을 살릴 수도 있고, 한 인생을 바꾸어 놓을 수도 있다. 그래서 '말 한마디로 천 냥 빚도 갚는다'고 하는 것이다.

내가 한 말 때문에 직장의 동료와의 관계가 불편해졌다는 문제를 살펴보자.

잘못 말한 내용이 어떤 내용인지는 모르겠으나, 상대가 나 때문에 직장에서 더 어려움에 처해졌다면 그 상처가 오래갈 수 있을 것이다. 그리고 나에 대한 좋지 않은 감정도 쉽게 없어지지 않을 것이다. 같은 신앙인인지라 잘못을 사과했을 때 '괜찮다'고 대답했겠지만, 그 마음 한구석에 나에 대한 섭섭한 감정은 오래도록 남아 있을 수가 있다.

위기는 기회

그러나 이미 엎질러진 물이다.

내가 한 말 다시 주워 담을 수도 없거니와 상대와 서먹해진 관계는 현실이므로, 이 현실을 인정하는 자리에서부터 최선의 해결방법을 찾아야 한다.

먼저 '위기는 기회'라는 점을 기억하라.

이런 경우 어떻게 하느냐에 따라 관계가 더 멀어질 수도 있지만, 반대로 과거보다 더 친밀한 관계가 될 수도 있다는 점이다.

아직 두 사람이 예전과 같이 대화하기에는 서먹한 분위기가 지속되고 있다면, 이런 때 진지하게 다시 사과한다는 것이 쉽지도 않거니와 더 어색할 수 있을 것이다. 그렇다고 아무 일 없었던 것처럼 대할 수도 없고 말이다.

이럴 때 간단한 쪽지 편지라도 건네면 어떨까?

'정말 괴로웠습니다. 어떻게 사과해야 할지, 나 자신이 너무 미워 고통스럽고 기도도 해 보지만 여전히 답답합니다. 그러나 뱉어버린 말을 주워 담을 수 없지만, 입안에서 맴돌기만 하는 따뜻한 마음의 말을 간직하고만 있을 뿐입니다'라고 말이다.

그리고 상대가 그 편지를 읽고 어떤 모습으로든지 내게 가까이 다가올 때 손이라도 꼭 잡아주고 나면 상처가 치유될 수도 있을 것이다.

그러나 한편으로는 상대방이 받은 상처도 크겠지만, 나 자신이 입은 상처도 치료해야 한다.

상대를 볼 때마다 죄의식에 빠진다는 자체가 이미 나 자신이 큰 상처를 받았다는 증거다. 사람은 누구나 완전하지 않다. 특히 말에 실수가 없는 사람은 단 한 사람도 없다.

"우리가 다 실수가 많으니 만일 말에 실수가 없는 자라면 곧 온전한 사람이라 능히 온 몸도 굴레 씌우리라"_약 3:2

이 말씀의 뜻은 말을 잘해야 한다는 뜻도 되지만, 말에 실수가 없는 자가 없다는 뜻도 된다.

그러므로 비록 말 실수를 했을지라도, 그것으로 너무 자책만 해서는 안 된다. 그것도 어떤 의미에서는 교만이다. 왜냐하면 이 세상에 말 실

수 하지 않는 완벽한 사람은 없기 때문이다.

이 일을 두고 괴로워도 했고, 탄식했으며, 상한 마음으로 하나님 앞에서 기도하며 용서를 빌었으니 이것으로 이미 하나님의 사람이라는 증거를 얻었고, 예수 그리스도의 이름으로 용서를 구했을 때 하나님은 약속대로 이미 용서해 주셨다.

다만 '기도를 해도 아직 마음이 찜찜하다'는 것은 자신의 느낌일 뿐이다. 하나님의 용서의 은혜는 내 느낌에 따라 결정되는 것이 아니라, 하나님의 무한하신 사랑에 의해 결정되어지는 것이다.

그러므로 이 문제는 상대방이 입은 상처를 위로하고 풀어주어야 할 문제이기도 하겠지만, 더 중요한 것은 먼저 나 자신이 이 문제로부터 자유로워져야 한다는 점이다.

그래야 상대에게 밝은 마음으로 다가갈 수 있게 될 것이고 말이다.

특별히 우리는 이런 경우를 통해서 인생의 가장 귀하고도 중요한 체험을 하게 된다. 말 한마디의 소중함을 깨닫게 되는 경험 말이다. 그러니 적극적으로 생각하면 잃는 것보다 얻는 것이 더 많은 것이다.

하나님의 말씀은 일점일획도 틀림이 없음을 기억하고 이제 남은 인생 소태같이 쓴 약이지만 돈 주고 살 수 없는 보약을 먹었다고 생각하면 될 것이다. 그리고 남은 평생 한 번 더 생각하고 지혜롭게 말하는 그리스도인이 되어야 할 것이고 말이다.

"경우에 합당한 말은 아로새긴 은쟁반에 금 사과니라"_잠 25:11

어느 수녀의 기도문
17세기의 '어느 수녀의 기도문'이 있다.

주님, 주님께서는 제가 늙어가고 있고
언젠가는 정말로 늙어버릴 것을
저보다도 잘 알고 계십니다
저로 하여금 말 많은 늙은이가 되지 않게 하시고
특히 아무 때나 무엇에나 한 마디 해야 한다고 나서는
치명적인 버릇에 걸리지 않도록 하소서

모든 사람의 삶을 바로잡고자 하는 열망으로부터 벗어나게 하소서
저를 사려 깊으나 시무룩한 사람이 되지 않게 하시고
남에게 도움을 주되 참견하기를 좋아하는
그런 사람이 되지 않게 하소서

제가 가진 크나큰 지혜의 창고를 다 이용하지 못하는 건
참으로 애석한 일이지만
저도 결국엔 친구가 몇 명 남아 있어야 하겠지요
끝없이 이 얘기 저 얘기 떠들지 않고
곧장 요점으로 날아가는 날개를 주소서

내 팔다리, 머리, 허리의 고통에 대해서는
아예 입을 막아 주소서
내 신체의 고통은 해마다 늘어가고
그것들에 대해 위로 받고 싶은 마음은
나날이 커지고 있습니다
다른 사람들의 아픔에 대한 얘기를 기꺼이 들어줄

은혜야 어찌 바라겠습니까만
적어도 인내심을 갖고 참아줄 수 있도록 도와주소서

제 기억력을 좋게 해 주십사고 감히 청할 순 없사오나
제게 겸손한 마음을 주시어
제 기억이 다른 사람의 기억과 부딪칠 때
혹시나 하는 마음이 조금이나마 들게 하소서
나도 가끔 틀릴 수 있다는 영광된 가르침을 주소서

적당히 착하게 해주소서. 저는 성인까지 되고 싶진 않습니다만
어떤 성인들은 더불어 살기가 너무 두려우니까요
그러더라도 심술궂은 늙은이는 그저
마귀의 자갈거리가 될 뿐입니다

제가 감히 눈이 어두워지는 건 어쩔 수 없겠지만
저로 하여금 뜻하지 않은 곳에서 선한 것을 보고
뜻밖의 사람에게서 좋은 재능을 발견하는 능력을 주소서
그리고 그들에게 그것을 선뜻 말해 줄 수 있는
아름다운 마음을 주소서
아멘.

8. 이런 직종으로 창업을 해도 될까요?

Q "목사님, 안녕하세요.

이번에 인터넷 성인방송과 관련하여 사업을 시작하려고 준비 중인 사람입니다. 아무래도 성인관련이다 보니… 성에 관한 내용이 주를 이루기 마련이고, 성인회원들만을 대상으로 하는 상업용 사이트인데, 기독교인으로서 신앙에 위배되는 일인지 여쭙고 싶습니다.

나름대로 고민을 많이 하고 있는데 확실한 답을 찾지 못해 조언을 부탁드립니다."

A 어느 때보다 건전한 성생활을 위한 교육의 장이 필요한 시대다.

그러나 아무리 좋은 교재나 도구라 할지라도, 그것을 이용하는 대상에 따라서는 선이 될 수도 있고, 해가 되는 악일 수도 있다.

예컨대 '영화'를 보자. 오늘날 수많은 범죄들이 영화나 잡지들을 본 사람들에 의한 모방범죄가 주를 이루고 있다.

영화를 심의하는 기구들이 있지만, 그런 기구에서 '이건 안 된다'라는 평가를 내리면 영화를 만든 사람들은 극렬히 항의를 한다. 소위 표현의 자유를 주장하기도 하고, 예술의 발전을 가로막는 행위라고 야단들을 한다.

사실 영화를 만든 사람의 입장에서 보면 무슨 영화든지 예술성이 있고, 작품을 통해 주는 메시지가 있기 마련이다.

'도둑질 이렇게 하라', '사람을 죽이는 방법은 이렇다', '강간을 이렇게 하라'는 의미에서 영화를 만드는 사람은 없다.

영화를 보면 '범죄를 저지르는 사람은 결국 이렇게 비참한 벌을 받게 된다든지, 사회에 악을 끼치는 자는 비참하게 되고 의로운 사람이 승리한다'는 메시지가 들어 있다.

그러나 그 영화를 보고 난 사람들의 마음속에 남는 것은 '아, 저렇게 하면 인생을 망치게 되는구나. 저것은 죄악이구나!' 이렇게 올바른 교훈을 받는 것이 아니라, 오히려 그런 행위들이 미화되어 마음에 남고, 또 다른 모방범죄의 자리까지 이르게 하는 것이 대부분이라는 점이 문제인 것이다.

심지어 〈사건 25시〉나 〈추적 60분〉 같은 방송 프로의 목적이 '이런저런 범죄 수법이 있으니 조심하라'는 경고의 뜻으로 제작된 것이지만, 오히려 범죄 수법을 가르쳐주는 결과를 초래하게 된다는 것을 부인할 수가 없다.

비록 나는 선의로 한 일이지만, 그 결과가 많은 부분에서 악으로 나타난다는 것을 예상할 수 있는 일이라면 그리스도인으로서 택하지 말아야 할 직종일 것이다.

술 가운데 아주 유명한 **짐빔** Jim Beam 이라는 양주가 있다.

이 술은 미국 켄터키 주 중앙부에서 만들어 내고 있는데, 이 술을 최초로 만들어 판 사람의 이름이 '짐빔'이라는 사람이다.

바로 자기 이름을 따서 양주의 이름을 지은 것인데, 세월이 흘러 짐빔은 그 양조장을 다른 사람에게 팔았다. 그러나 그 술은 계속해서 '짐빔'이라는 이름으로 팔려나갔다.

얼마 후에 짐빔은 예수를 믿고 새 사람이 되었다. 자기 잘못을 하나하나 청산하던 중, 자기 이름으로 팔리는 그 술 때문에 수많은 사람들이 폐인이 되고, 가정이 파괴되고, 사회가 문란해지고 있은 것에 마음이 아팠다.

그래서 그 양조장을 다시 매입해서 없애려고 했지만, 새 주인은 되팔지 않았으며 지금까지도 '짐빔'은 죄의 향취로 동서양에 팔려 나가고 있다.

미국 산호세에 있는 어떤 목사님이 이런 말을 했다.

"수입만을 생각하고 사회면을 생각지 못한 생업은 보지도 말고 만지지도 말라. 더욱이 창업은 못하리라. 당신이 좋으면 하라. 당신의 아내가 해도 좋을 것이면 남에게 시키라. 당신 자식에게 주고 싶은 것이면 남에게도 주라. 주님의 간절한 말씀을 생각하라. 무엇이든지 남에게 대접을 받고자 하는 대로 너희도 남을 대접하라(마 7:12)."

우리가 좀 더 신앙의 통찰력을 가지고 살펴보면 하나님의 뜻을 알수가 있다. 첫발을 들여놓는 것이 얼마나 중요한 일인지 모른다. 평생을 그 길을 가야 할지도 모르기 때문이다.

평생에 하나님께 영광이 되는 일을 선택하기 위해 힘쓰라.

"그런즉 너희가 먹든지 마시든지 무엇을 하든지 다 하나님의 영광을 위하여 하라"_고전 10:31

9. 신앙의 친구가 친구 이상의 감정을 가질 때

Ｑ "새 생명 전도축제 때 전도를 하다가 한 형제를 만나게 되었습니다.

그는 주일학교부터 대학부 때까지 아주 열심히 교회를 다닌 형제였습니다. 그런데 교회의 어떤 일을 하다가 인간관계를 통해 상처를 받고 정상적인 교회생활을 하지 않고 있었습니다.

저는 그 형제가 다시 정상적인 신앙생활을 하게 되기를 바라면서, 그가 힘들어 할 때마다 다시 교회출석을 권유하며 위로해 주려고 애를 썼고, 전화를 할 때마다 따뜻하게 대해 주었습니다.

그런데 그 형제가 오해를 하는 건지는 모르겠지만 저에게 친구 이상의 마음을 가지고 있는 것을 느끼게 되었습니다.

그러나 저는 그 형제에게 신앙의 친구 그 이상의 다른 마음은 가져 보지 못했고요, 그에게 그런 마음이 있다는 것을 감지하고 난 후부터는 그 형제를 대하는 것이 좀 부담스럽게 되었습니다.

그렇다고 그 형제가 싫다거나 그런 건 아닌데, 저는 '나는 믿음의 배필을 만나야 하고 그런 사람과 교제해야 한다'는 생각을 가지고 있기 때문에, 지금 저의 애매한 행동이 하나님께 죄를 짓는 것 같은 느낌이 듭니다.

그래서 아직 교회에 출석도 하지 않고, 정상적인 신앙생활도 하지 않는 형제와의 교제가 부담스럽습니다. 연락해 오는 형제에게 이전처럼 대하려고 하니 그것도 힘들고, 예전과 다르게 대하자니 인간관계로 닫혀 있는 그 형제의 마음에 더 큰 상처를 주게 될 것 같아 이러지도 저러지도 못하고 있습니다.

하나님께서 저를 통해 그 형제가 다시 정상적인 신앙생활을 하게 하시려는 뜻인지…. 그렇다면 제가 그 형제를 어떤 태도로 대해야 하는 것인지 갈등이 됩니다."

A 미혼남녀의 관계란 아무리 순수하다 해도 이성으로서의 감정을 완전히 배제하기 어려운 법이다. 그래서 전도의 대상자가 얼마든지 신앙의 관계 그 이상의 마음을 가진다는 것이 이상한 일은 아니다.

즉, 아무리 내가 순수한 신앙심으로 대한다고 할지라도 그것이 100% 순수할 수가 없을뿐더러, 설사 내가 100% 순수하다고 할지라도 상대방은 그렇게 받지 않을 수도 있는 것이 이성 간의 관계다.

태도를 분명히

그러므로 정말 친구 이상의 감정을 가지고 접근해 오는 형제가 부담스럽다면 이제 태도를 분명히 해야 한다. 그렇지 않으면 서로에게 유익이 되지 못한 치명적인 결과를 초래할 수도 있기 때문이다.

그러나 이미 교회에서 상처받은 형제의 마음에 더 깊은 상처를 주게 될까봐 걱정이 되고, 그래서 분명한 태도를 보이기에 주저 되는 점이 있다는 말인데….

그러나 이런 상태가 더 길어지게 되면 염려하는 것보다 훨씬 더 큰 상처를 남길 수 있다는 점에서 분명한 태도를 보이는 것은 빠를수록 좋다.

그렇다고 매정하게 대하라는 것도 아니고, 절교하라는 것도 아니다.

복음을 전하는 일, 교회에 출석하기를 권면하는 일에 순수해야 한다. 이를 위해 자신의 신앙을 분명히 보여주어야 할 필요가 있다.

비신앙적인 생각과 세속적인 삶은 나 자신과는 전혀 어울리지 않는다는 것을 상대가 분명히 알 수 있도록 말이다. 자신이 얼마나 주님을 사랑하는지, 얼마나 복음을 순수하게 전하는지를 바로 보여주어야 한다.

그리고 가능하면 혼자서 짐을 지려고 하지 말라.

그 형제의 영혼을 구원하기 위한 열심은 필요하지만, 이제 신실한 믿음의 친구들의 도움을 요청할 필요도 있다. 그것도 형제들의 도움이라면 더 좋을 것이다. 그러면 오해도 줄어들게 될 것이고 나는 자유를 얻을 수 있을 것이다.

복음 전도에 순수하라

복음 전도는 복음을 전하는 것으로 최선을 다해야 한다. 전도를 하기 위해서 이성 간의 교제까지 나아가서는 안 된다는 말이다.

하나님의 택한 백성인지 아닌지 모르지만 우리는 모든 사람들에게 복음을 전해야 한다. 그 일을 위해서 우리는 교제도 하고, 권면도 하고, 하나님의 말씀을 나누기도 해야 한다. 이성 간에서도 말이다.

그러나 주님께서는 만민에게 복음을 전하라고 하시면서도, 믿지 않는 자와 멍에를 같이 메지는 말라고 하셨다.

"너희는 믿지 않는 자와 멍에를 함께 메지 말라 의와 불법이 어찌 함께 하며 빛과 어둠이 어찌 사귀며 그리스도와 벨리알이 어찌 조화되며 믿는 자와 믿지 않는 자가 어찌 상관하며 하나님의 성전과 우상이 어찌 일치가 되리요 우리는 살아 계신 하나님의 성전이라"_고후 6:14-16

즉, 모든 사람에게 복음을 전하기 위해서 교제하는 것과, 멍에를 함께 할 배필과의 교제는 다르다는 말이다. 복음을 전하기 위해서 주님의 사랑을 베푸는 것이야 아낌없이 베풀고 또 베풀어야 하겠지만, 평생에 마음과 뜻을 나누어야 하는 사귐은 피해야 한다.

그럼에도 불구하고 믿지 않는 자와 결혼을 했을 경우, 거기에서 오는 아픔과 괴로움은 평생 스스로 져야 하는 법이다.

'고린도전서 7장'에 보면 이에 대한 가르침이 기록되어 있다.

만일 믿지 않는 남편과 함께 살 때에 그 남편이 헤어지기를 원하지 않을 경우에는 스스로 남편을 떠나서는 안 된다고 했다.

다시 말하면, 평생 불신 남편과 살면서 당하는 고통을 받아야 한다면 받을 수밖에 없다는 것이다. 뿐만 아니라, 자기 때문에 남편이 구원을 받아 거룩하게 되도록 헌신적인 삶을 살아야 한다고 했다.

"믿지 아니하는 남편이 아내로 말미암아 거룩하게 되고, 믿지 아니하는 아내가 남편으로 말미암아 거룩하게 되나니 그렇지 아니하면 너희 자녀도 깨끗하지 못하니라…"_고전 7:14

"아내 된 자여 네가 남편을 구원할는지 어찌 알 수 있으며 남편 된 자여 네가 네 아내를 구원할는지 어찌 알 수 있으리요"_고전 7:16

그러니 하물며 결혼도 하지 않은 젊은 남녀의 경우에, 전도할 목적이라는 구실로 만난 믿지 않는 자와 멍에를 같이 멜 수가 있겠느냐는 말이다.

그러므로 분명한 태도를 취해야 한다.

만일 이성적인 상대의 신앙회복에 초점을 맞춘다면, 다른 사람의 도움을 지혜롭게 요청하는 것이 좋다. 그래야 그가 다시 신앙생활을 시작해도 자신에게 부담이 되지 않을 것이다. 그리고 새로운 다른 영혼에게 전도를 시작하라. 그러면 지금 부담이 되는 그가 많은 전도 대상자 중에 한 명일 뿐이라는 점을 알게 될 것이다.

10. 교역자들과의 인간관계가 어려워요

Q "사랑하는 목사님! 오늘 말씀해 주신 '병든 자'가 바로 저였습니다. 병이 들거란 걸 알고 있었지만, 시간이 너무 지나버려 이제 어디서부터 잘못되었는지 모르겠습니다.

며칠간 밤마다 외로움과 괴로움 속에 지내며 주님의 말씀에 귀를 기울여 보았지만 해결책을 찾지 못하고 이렇게 고통 속에서 몸부림치며 눈물만 흘립니다.

다름이 아니라, 어느 날부터 교역자들에 대한 신뢰가 사라져 버렸다는 것입니다. 왜 이렇게 되었는지 모르겠습니다만, 이제 주님께서 내게 무엇을 말씀하시는지 말씀도 귀에 들어오지 않고 그러다 보니 순종의 삶도, 마음도 없어져 버렸습니다. 이제 교우들과의 관계마저도 다 깨어져 버릴 것 같은 위기감이 가득합니다.

그래서 마음은 답답하고, 괴롭고… 이런 내 모습이 너무 싫어서 미칠 것 같습니다.

왜 제 눈에는 이렇게 부정적으로만 보일까요?

내 영혼이 왜 이렇게 병들어 버렸는지 모르겠습니다."

A 그리스도인에게 영적침체가 찾아올 때가 있다. 결코 이상한 일이 아니다.

그것도 무엇인지 뚜렷한 원인도 없이 영적으로 침체에 빠져들 때가 있다. 그리고 그것이 마귀 사탄의 짓인 줄 뻔히 알면서도 말이다.

그러나 하나님은 합력하여 선을 이루어 주시는 분이시다.

모든 그리스도인에게는 이런 시험과 영적침체를 통해 결국 우리를 유익하게 해 주시는 하나님의 은혜가 있다.

"우리가 알거니와 하나님을 사랑하는 자 곧 그의 뜻대로 부르심을 입은 자들에게는 모든 것이 합력하여 선을 이루느니라" _롬 8:28

'아픈 만큼 성장한다'는 말이 있다.

그래서 일단 너무 자신을 비하시키거나 학대하거나 자신을 초라하게 여겨서는 안 된다. 마귀가 노리는 점이 바로 그 점이기 때문이다.

특히 하나님 앞에서 자신의 죄를 깨닫고 자신의 부족을 알면 알수록 '나는 안 돼!'가 아니라 '그럼에도 불구하고' 나를 택하시고, 지명하여 불러 하나님의 자녀 삼아주신 은혜에 감사하고 감격해야 할 뿐이다.

우리가 시험에 들거나 영적침체에 빠질 수 있다. 그렇다고 하나님을 부인하거나 주님을 떠난 것은 아니면서도 말이다. 하나님을 믿으면서도, 하나님의 말씀에 순종해야 한다는 것을 알고 있으면서도 순종할 마음이 없어져 버렸기에 더 좌절하고 낙심하게 될 수 있다는 것이다.

순종할 마음이 없어졌다고 하자.

그러나 '순종하지 못해서 그렇지 순종하기만 하면 약속대로 은혜와 축복을 받게 된다는 것'은 알고 믿고 있지 않은가? 그걸 알고 있기에 순종하지 못하는 자신이기에 괴로워하는 것이고 말이다.

억지로 하는 순종이 더 가치 있다

그렇다면 이렇게 생각을 바꾸어 보라.

'까짓 것 순종도 어렵고, 순종하지 않아도 이렇게 고통스럽고 괴로울 바에야 눈 딱 감고 순종해 보자!'고 말이다.

순종은 기쁜 마음으로 하는 것이 좋지만, 억지로라도 순종하는 것이 거역하는 것보다는 낫지 않겠는가?

그러나 사실 순종할 마음이 없는데도, 말씀이기에 억지로라 순종하는 것이 진짜 순종이라는 점이다.

그럼에도 우리는 대부분 내 속에서 스스로 기쁜 마음으로, 즐겁게 순종할 마음이 왜 사라져 버렸느냐는 것이고, 왜 내가 이 모양이 되어 버렸느냐는 것 때문에 괴로워하고 있는 것이다.

가만히 따지고 보면 이것도 내 자존심 때문이다. 즉, '내 속에서 스스로 우러나는 마음에서 순종해야지, 억지로 하는 것은 순종이 아니야, 이런 나를 용납할 수 없어!' 이런 마음 때문이라는 것이다.

그러나 순종은 내 생각에 옳게 보이든지, 옳게 보이지 않든지에 상관없이 하나님께서 명령하셨기 때문에 그대로 하는 것을 가리켜 순종이라고 하는 것이다.

그러므로 스스로 기뻐서 하는 일만을 순종이라고 생각하지 말라. 그러면 참된 순종의 삶을 살 수 없다. 왜냐하면 내 기분이 내킬 때만 순종할 것이기 때문이다.

인간의 마음은 조석변개한다. 그 어느 누구도 한결같은 마음으로 살수 없다. 나 자신이 근본 죄인이기 때문이다.

그러므로 내가 말씀에 순종할 마음이 생기지 않는다는 것 때문에 내가 비정상적인 그리스도인인 것은 아니다. 그럼에도 불구하고 순종해야 할 뿐인 것이다. 참 이상하다. 억지로라도 순종하기 시작하면 은혜가 임하게 된다는 점이 말이다.

보기 싫은 사람에게 억지로 인사를 하다보면 그 사람을 사랑할 마음이 생기게 된다. 그러나 '사랑하는 마음이 생기면 친절하게 대해 주리라'고 한다면 영원히 기회가 오지 않을 수도 있다는 것이다.

교역자들에 대한 신뢰가 왜 사라지게 되었는가?

어떤 연유에서인지는 모르겠으나, 그렇다면 그 교역자를 신뢰했을 때는 그들이 천사 수준이라서 신뢰했었던가?

사실 그때나 지금이나 그 사람이 그 사람이다.

내가 그를 신뢰하고 좋아할 때도 사실 그 모양 그 꼴의 사람이었다는 것이다. 다만 내 마음이 그때와 지금이 달라졌을 뿐이다.

'그런 사람인 줄 몰랐는데 이제 보니 아니더라!' 이래서 문제가 되기도 하겠지만, 그러나 바로 그렇고 그런 그 사람을 하나님께서 택하여 교역자로 세우셨다는 사실이다. 그런 사람인줄 다 아시고도 말이다.

완벽을 기대하지 말라

하나님이 사역자들을 부르실 때 그의 자격여부를 보시는 것이 아니라고 성경이 증거하고 있다. 오히려 부족하고 약한 자 불러 쓰시기를 기뻐하신다고 하셨다.

"형제들아 너희를 부르심을 보라 육체를 따라 지혜로운 자가 많지 아니하며 능한 자가 많지 아니하며 문벌 좋은 자가 많지 아니하도다 그러나 하나님께서 세상의 미련한 것들을 택하사 지혜 있는 자들을 부끄럽게 하려 하시고 세상의 약한 것들을 택하사 강한 것들을 부끄럽게 하려 하시며 하나님께서 세상의 천한 것들과 멸시 받는 것들과 없는 것들을 택하사 있는 것들을 폐하려 하시나니 이는 아무 육체도 하나님 앞에서 자랑하지 못하게 하려 하심이라"

_고전 1:26-29

하나님께서 가장 싫어하시는 일이 자기 자신을 자랑하는 교만이다. 그래서 바울의 자랑은 자기의 능력이 아니라 자기의 약함이었다.

"그러므로 도리어 크게 기뻐함으로 나의 여러 약한 것들에 대하여 자랑하리니 이는 그리스도의 능력이 내게 머물게 하려 함이라"_고후 12:9

이로 볼 때 하나님은 부족함이 더 많은 사람들을 교역자로 부르셨는지 모른다. 그 약함을 붙들고 평생 하나님의 은혜를 구하도록 하시기 위해서 말이다.

그래서 교역자들을 거룩함에 있어서나 인격과 실력에 있어서 완벽을 기대하지 말아야 한다. 그러면 상처받게 된다. 허물을 보기 시작하면 내가 손해를 보게 될 것이다.

교역자는 교역자대로 끊임없이 훈련하고 모든 면에서 지도자로서의 덕망과 실력을 쌓아나가야 할 것이다. 그 가운데서 교역자들은 성도들 못지않은 절망과 좌절과, 자신의 부족하고 처참한 모습 때문에 멀리 도망쳐버리고 싶은 영적침체와 시험에 얼마나 많이 시달리는지 모른다.

그러므로 오히려 주의 종들을 불쌍히 여기는 마음으로 바꾸어보라. 즉, 교역자보다 큰 사람이 되라는 말이다. 오히려 그들을 위해 기도하고, 그래도 고쳐지지 않는 부분이 있다면 그대로 품어버리기로 작정하고 그들의 약점을 보충해주는 큰 사람이 되라는 말이다.

그것이 나 자신을 위한 길이요, 그것이 내게 상급이 될 것이기 때문이다. 왜냐하면 그래도 하나님께서 그 약한 자들을 세워 말씀의 통로, 축복의 통로로 삼고 계시지 않는가? 그리고 하나님은 세상 끝날까지 바로 그 방법으로 자신의 뜻을 자기 백성들에게 전하실 것이다.

왜 모든 것이 부정적으로만 보일까?

사실 잘못 본 것이 아니라 바로 본 것이다. 그렇게 보는 것이 틀린 것은 아니다. 그것이 세상이기 때문이다.

그러나 또한 그럼에도 불구하고 긍정적인 면으로도 볼 수 있다는 점이다. 언제나 긍정적인 면을 보느냐, 부정적인 면을 보느냐에 따라 그 인생이 나눠지는 법이다.

있는 그대로

특히 그리스도인들에게는 아무리 부정적인 일이라고 할지라도 사실을 뛰어넘는 하나님의 능력이 있다. 이렇게 보면 부정적인 일은 없어져 버리고 마는 것이다.

무엇보다 나 자신에게 얼마나 부정적인 부분이 많은가?

그럼에도 불구하고 내가 비록 조석변개의 믿음을 가졌고, 툭 하면 시험에 빠질 수밖에 없는, 초라한 사람이지만 하나님이 나를 택하셨고, 나를 자녀 삼아주셨을 뿐만 아니라, 날 위해 십자가에 죽기까지 하신 나의 주님께서 결단코 나를 포기하시지 않는다는 것이다.

그래서 내게 희망이 있고, 소망이 있는 것이고, 그래서 나 같은 사람을 어떻게든 훈련시키셔서 하나님의 자녀답게 세워주실 거라는 말이다.

그러므로 있는 그대로 주님께 맡기는 믿음이 필요하다.

대단한 신앙인이 되어서 나를 주님께 드리려고 생각하지 말아야 할 것이다. 있는 그대로, 생긴 모습 그대로 주님께 나아갈 때 주님께서 더욱 불쌍히 여기시고 사랑해 주실 것이다.

부모는 자기 자식이 있는 그대로 부모 품에 안길 때 더 사랑하게 된다. 하물며 우리 주님이시겠는가?

특별한 방법으로 영적침체에서 벗어나려고 생각하지 말라. 지금 그대로가 정상이다. 그런 고민도 안한다면 오히려 그게 더 문제다.

비록 스스로 자신을 볼 때 형편없는 것 같이 보여도 그렇지 않다는 것이다. 그러므로 '주님 감사합니다' 하면서 교회에서 활보하라. 자식은 아버지 집에서 아무 부담 없이 뛰어다니는 법이다. 한 대 얻어맞았다고 할지라도 말이다.

11. 교인들이 무서워 사역을 포기하고 싶어요

Q "날씨가 포근해서 두꺼운 옷을 벗어버려야 할 때가 되었는데도 저의 마음은 시간이 갈수록 더욱 추워집니다.

세상에서 썩어질 인생을 주님께서 변화시켜 주시고 신학공부를 하도록 불러 주시고 인도해 주셨습니다. 그래서 주님을 위해 평생을 감사로 섬기기를 원했고요. 그런데 요즘 교회를 섬기면서 시간이 가면 갈수록 교회가 무섭고, 교인들이 무서워서 사역이 너무 힘드네요.

이런 책을 읽은 기억이 납니다.

"당신이 고민하고 있는 문제의 답을 이미 당신은 알고 있다."

어쩌면 이렇게 목사님께 글을 쓰면서도 저 자신은 이 상황에서 어떻게 하는 것이 주님의 뜻인지 알고 있다는 거죠.

그러나 지금은 넘어간다 하더라도, 계속해서 새로운 교회에서, 또 다른 교인들에게 상처받고, 힘들어 하고, 눈물을 흘려야 한다는 생각에 너무 무섭습니다. 사실 지금 상황에서 제 마음을 바르게 표현하기도 어렵고, 어찌해야 할 줄을 모르겠습니다.

한 못나고 부족한 신학생 올림."

A 인생이 복음을 위한 사역자가 되기를 작정하고 신학교에 들어간다는 것은 특별한 부르심과 결단이 있어야 가능한 일이다.

그런데 막상 교회 사역에 뛰어들고 보니 사역도 사역이거니와 사람들로 인해 입는 상처가 적지 않은 법이다.

교역자로부터 상처받는 교인이 있고, 성도들로부터 상처받는 교역자가 있는 곳이 바로 교회다.

이제 신학을 시작하고 교회에서 봉사하는 한 젊은이의 외침이 바로 나 자신의 삶을 보는 것 같아 가슴이 뭉클해진다.

측은한 마음이 들기도 하지만, 이렇게 약한 자 부르셔서 강한 자를 부끄럽게 하실 하나님의 인도하심을 생각하니 기대가 더 크다.

그리고 다음과 같이 권면하고 싶다.

부교역자가 겪는 어려움들

첫째, 신학공부를 하면서 교회 사역을 함께 한다는 것이 쉽지 않다는 점이다.

무엇보다도 맡은 일에 최선을 다하지 못하고 있다는 자책감이 사역 자체의 어려움보다 더 클 수가 있다.

거기다가 담임목사가 요구하는 사역의 열매가 부담스러울 뿐만 아니라, 함께 일하는 선배 교역자나 후배 교역자와의 관계에서 오는 갈등과 스트레스가 결코 작지 않다는 것이다.

만일 작은 교회에서 부교역자의 역할을 혼자서 다 해야 한다면 더 말할 것도 없고 말이다.

둘째, 사람들과의 인간관계에서 오는 스트레스다.

특히 성도들과의 관계도 그렇지만, 내가 맡은 부서에서 함께 일하는 사람들로부터 상처를 받기가 쉽다.

예컨대 교육부서의 부장, 교사, 담당 당회원 등과의 관계가 그렇다. 이들과의 만남들은 대부분 사역의 열매를 얻기 위한 회의, 점검, 지시 등이기 때문에 미진한 부분들에 대한 대책마련을 하기 마련이다.

이 과정에서 어떤 지시는 어쩔 수 없이 책임추궁과 같이 되고, 그것이 잘못되면 오히려 그 책임이 교역자에게 되돌아오는 방향으로 흘러 가기가 쉽다. 이 때 교역자가 받는 스트레스와 받는 상처는 아주 크다.

셋째, 일반 성도들과의 관계에서 오는 스트레스다.

주로 일반 성도들은 담임목사 중심으로 신앙생활을 하기가 쉽다. 그래서 때로는 자존심 상하는 대우를 받기도 하고, 말 한마디에 상처를 입는 경우가 많다.

넷째, 담임목사와의 관계에서 오는 스트레스다.

사역에 있어서 늘 과도한 요구를 해오기 때문이다. 최선을 다하는데도 늘 부족한 면에 대한 질책만 부각되는 것 같이 느껴진다.

신학교 공부를 감당하기도 힘든 판인데, 시험기간과 교회 행사가 겹치기라도 하는 날에는 정말 힘들게 된다.

이와 같은 것들이 교회에서 부교역자들이 일반적으로 받는 스트레스의 원인이라고 할 수 있을 것이다.

여기에서 생각해 보자.

우선 목회의 길을 걷게 된 것이 자신의 선택이 아니라 하나님의 뜻이라는 사실이다.

우리는 모든 것이 하나님의 섭리에 의해 된다는 것을 믿는다. 그래서 어떤 경우에서도 쉽게 포기해서는 안 된다.

만일 여기에서 포기하고 세상의 다른 직업을 얻는다 해도, 한평생 패배주의 의식 속에서 살 수밖에 없을 가능성이 크기 때문이다. 그리고 신앙생활과 교회생활은 어떻게 되겠는가?

그러니 방향은 하나뿐이다. 아무리 어렵고 힘들어도 앞으로 나아가야 한다. 그렇다면 기왕에 가는 길 '생각'이 큰 문제가 된다는 점이다.

헤드기어를 쓰고 보면

먼저 '이것이 내 길이다'라고 적극적으로 생각해야 한다.

두려움과 부담을 주는 교인들과의 인간관계나, 내 능력보다 더 크게 주어지는 사역들이라는 것이 어쩔 수 없이 해야 하는 일이 아니라 이 일 때문에 하나님이 나를 부르셨다는 것이다.

하나님은 완전한 분이시며, 전지하신 분이시다.

내 능력의 정도도 아신다. 나의 부족도 아시고 나의 약함도 다 아시는 분이시다. 그리고 그런 나를 부르신 하나님이시라면 감당할 수 없는 일을 맡기시겠는가 말이다.

나는 교역자가 이런 존재라고 생각한다.

복싱 연습을 할 때 선수에게 맞아주는 스파링 역할을 하는 사람과 같다고 말이다.

그들은 아예 맞을 각오를 하고 머리에 헤드기어를 쓰고 시작한다.

목회란 헤드기어를 쓰고 링에 오르는 스파링 파트너가 아닐까? 그런데 이런 각오를 하고 링에 서면 맞아주는 것이 목적이니까 맞으면 맞을수록 보람이 있는 것이다. 맞았다고 자존심 상할 것도 없고 좌절할 것도 없고 부끄러울 것도 없지 않은가?

참으로 이상한 것은(내 경험으로 보아), 맞지 않으려고 변명하고, 자존심 지키려고 애를 쓸 때는 너무 힘들었는데, '나는 스파링 파트너다. 이 일 때문에 나를 교회로 부르셨다'는 각오를 하고, 헤드기어를 쓰고 나니까 너무 편하더라는 사실이다.

그런데 더 이상한 것은, 그렇게 링에 올라가니까 그때부터 내가 맞는 것이 아니라 주님께서 다 맞아 주시더라는 것이다. 나는 폼만 잡고 있고 말이다.

그때 나는 이 진리의 말씀을 깨달을 수 있었다.

"수고하고 무거운 짐 진 자들아 다 내게로 오라 내가 너희를 쉬게 하리라 나는 마음이 온유하고 겸손하니 나의 멍에를 메고 내게 배우라 그리하면 너희 마음이 쉼을 얻으리라" _마 11:28-9

"내게 와서 내 멍에를 메라. 그러면 네가 쉼을 얻게 될 것이다."
왜? 주님께서 짐을 져 주시고 멍에를 메주시고 내 대신 맞아주시니까 말이다.

다윗과 같이

두 번째로 소위 교회에서 나를 괴롭히는 사람들(?)을 이상하게 볼 것이 없다는 것이다.

그 사람들을 '내가 존재해야 할 목적의 사람들'로 보아야 한다. 그런 사람이 없다면 목사나 교역자가 왜 필요하겠는가? 자기들끼리 신앙생활 잘하고, 예수 잘 믿을 것 같으면 목사나 교역자 없어도 잘할 것 아니겠느냐는 말이다.

오히려 그런 사람들 때문에 내가 필요한 것이고, 그 일 때문에 하나님이 나를 불러 주셨다고 생각해버리면 속이 편해진다. 세상 말로 하자면 내게 치료받으러 오는 손님인 셈이라는 말이다. 환자가 찾아와 아프다고 소리 지른다고 쫓아내는 의사가 있겠는가! 그가 자신의 밥줄인데….

이점에서 다윗을 예로 들어보자.

다윗은 그에게 오는 모든 사람들을 다 하나님께서 보내신 도움의 사람들로 보았던 사람이다.

다윗은 원수가 많았다. 아니 다윗을 원수로 보고 괴롭힌 사람들이 많았다. 어쩌면 다윗의 전반기 인생은 이런 원수들에게 쫓겨 다닌 세월들이었다.

그런데 다윗은 자기를 괴롭히는 그 원수들을 철저하게 받아들인다.

먼저 사울 왕이다. 다윗은 끝까지 사울을 감싸고 사랑한다. 사울이 죽었을 때는 통곡을 하고 울었다. 그걸 보고 사울 편에 섰던 사람들이 감동을 받고 결국 다윗에게로 돌아온다.

다윗이 유대 왕이 되었을 때, 사울의 아들 이스보셋이 북이스라엘의 왕이 된다. 이 때 북이스라엘의 장군 아브넬이 죽었을 때도 다윗이 운다. 또 이스보셋이 죽었을 때도 다윗이 운다. 압살롬이 죽었을 때도 운다. 자기를 저주하던 시므이도 하나님의 뜻이 있어 세운자로 용납한다.

바로 이 다윗을 하나님은 '내 마음에 합한 자'라고 하셨다.

나는 개인적으로 다윗이 참 부럽다.

가슴이 탁 트인 사람 다윗, 무조건 자기 눈앞에 오는 사람은 모두 사랑해버리기로 작정해버렸던 다윗! 이 다윗의 태도가 너무 부럽다.

사람을 골라가면서 사랑하려면 힘이 드는 법이다. 그러나 모두를 사랑해버리기로 작정해버리면 사람 대하는 데 긴장감이 없어지게 되는 법이다. 내 편 네 편 고를 필요가 없기 때문에 말이다.

요셉과 같이

세 번째로 하나님은 섬기는 자에게 은혜를 베풀어주신다는 점이다.

나는 이점에서 '요셉'이 그 예의 적격자라고 생각한다. 요셉은 형제들에게 버림을 받고 모진 고난 끝에 자수성가한다. 애굽의 총리가 되어 자기를 버린 원수 형제들이 그 앞에 무릎을 꿇게 된다.

그러나 요셉은 자기 형들에게 자기가 역사의 주인공이 아니라고 말한다. 오히려 역사의 주인공은 형들이라고 말한다. 하나님께서 요셉의 형들을 살리기 위해 자기를 애굽의 총리로 세우셨기에, 자기는 오히려 역사의 들러리요, 엑스트라라고 말한다.

그의 말대로 구속의 역사는 아브라함 - 이삭 - 야곱에 이어 요셉이 아닌 그의 형 유다로 이어진다.

요셉의 역할은 유다를 보전하는 데 있었던 것이다.

그러나 하나님은 자기 스스로 '나는 엑스트라요, 들러리요, 섬기는 자'라는 태도로 산 요셉에게 복을 주시고, 부끄러움을 당하지 않게 하시고, 죽는 순간까지 부귀영화를 손에 쥔 초강대국의 권세가로 살게 하신다.

그래서 나는 요셉을 가리켜 '복을 받을 수밖에 없는 사람'이라고 부른다.

생각을 바꾸라

일이 힘들고, 사람들에게 상처를 받지만 이것을 마땅한 일로 여기고 헤드기어를 써보라. 맞기로 작정하면 억울할 것도, 자존심 상할 것도 없다.

또한 하나님은 누구를 막론하고, 그가 교역자든지 평신도든지 다 하나님의 사람으로 세우시기 위해 단련시키신다. 하물며 교역자이겠는가?

내 아들이 군에 입대하여 훈련을 받을 때 이런 편지를 보낸 적이 있다. "기왕에 받는 훈련 힘들지만 멋지고 즐겁게 받아라!"

어차피 피할 수 없는 훈련인데 불평하는 마음으로 받으면 죽을 지경이 되고, 원망스런 사람이 많아지는 법이다.

그래서 까짓것 기왕에 받아야 할 훈련 다른 사람 도와주면서, 오히려 옆 전우 고통을 더 짊어져 주는 마음으로 훈련받자는 것이다.

그렇게 훈련받고 있다는 답장을 받았을 때, 나는 내 아들이 정말 자랑스럽게 느껴졌고, 하나님께 더 큰 감사를 할 수 있었다.

"내가 가는 길을 그가 아시나니 그가 나를 단련하신 후에는 내가 순금 같이 되어 나오리라"_욥 23:10